関東足利氏の歴史

第5巻

足利成氏とその時代

黒田基樹［編著］

戎光祥出版

はしがき

本書は「関東足利氏の歴史」シリーズの第五冊目として、古河公方足利氏初代でもある足利成氏についてまとめたものである。関東中世史を通観しようとした場合、もっとも解明が遅れているのが室町時代、すなわち鎌倉府の時代であろう。この「関東足利氏の歴史」シリーズでは、鎌倉府の首長であった鎌倉公方足利氏の歴代ごとに一巻をあてて、基本的な動向や情報をまとめていこうとするものである。

内容は、各公方について基本動向、主要な事件、さらには関東管領・守護の補任状況、上杉氏の動向なども取り上げて、各公方の時代についての把握も図っている。そしてそこでは、これまでの研究成果を集約しつつ、さらに新たな成果を盛り込むことで、今後の研究進展のための土台としたいと考えている。それらの内容は、基本的には新稿とし、執筆にはこれからの関東中世史研究を担っていくであろう若手研究者にあたってもらった。

本巻に関しては、成氏期の政治動向をまとめたもの五本、成氏に関する基礎的な情報を集約したもの四本によって構成し、付録として発給文書目録や文献目録など基礎情報を整理したもの三本を収録した。もっとも成氏の治世は、関東戦国史の幕開けとなる享徳の乱を含んでおり、むしろ長い後半生は戦国期の古河公方として存在していた。そのため本巻の内容は、享徳の乱以降に関する動向が多くを占めるものとなっている。しかし同時に、これらによって室町期の公方の在り方と、戦国期の公方の在り方の違いとその変化について、多少ながらも理解が図られるように思う。

当初予定した本シリーズの刊行は、ひとまず本巻で終了するものとなる。しかし、今後も引き続いて関東足利氏研究の進展を図ろうとすれば、古河公方歴代や公方連枝についての刊行も必要かもしれない。機会があればあらためて検討したいと思う。ともかくもこの「関東足利氏の歴史」シリーズ五冊の刊行により、鎌倉公方に関する基礎研究は大幅に進展をみたことは間違いないと確信している。今後、それらの成果をもとにより一層、鎌倉府・関東足利氏研究の進展がみられていくことを期待したい。

二〇一七年十二月

黒田基樹

目次

足利成氏とその時代

Ⅰ

足利持氏没後の騒乱と鎌倉公方足利成氏の成立

石橋一展

はじめに

本稿では、永享の乱で足利持氏が死亡した後の騒乱＝いわゆる「結城合戦」と、その後の都鄙の様々な政治的動向の結果としての足利万寿王＝成氏の鎌倉公方就任までを考察する。

「結城合戦」とは、永享十二年（一四四〇）から翌永享十三年（改元して嘉吉元年）に勃発した鎌倉公方足利持氏遺児や遺臣、および与同勢力らによる、関東上杉氏や幕府に対する反乱の総称である。持氏の遺児安王丸・春王丸とそれを擁立した勢力が兵を挙げると、東国各地で与同勢力が蜂起する。安王丸・春王丸らは下総結城氏朝の結城城に入り、結城氏らの後援を受けつつ戦争を行った。しかし、幕府・上杉軍に包囲され、永享十三年四月に結城城は落城、氏朝や桃井憲義ら有力武将は戦死し、持氏遺児のうち、安王丸・春王丸の二名は斬首された。

まずは研究史の整理を行う。ただし、すべてを挙げると煩雑になるので、ここでは代表的なもの、重要な指摘があったものに限り、各論的なものはこの後の各節および註に回すものとする。これらの合戦について、最初に本格的な考察を加えたのは渡辺世祐氏の研究である。氏は、その著書の中で安王・春王の長幼の指摘、合戦の概況を整理している。(1) その後、周辺自治体史の編纂が進む中で、多くの研究者が結城合戦について言及していった。百瀬今朝雄氏は『神奈川県史』通史編において、東国政治史における結城合戦の位置づけを行い、結城方に参陣したのは、①持氏に近い武士、②北関東の武士、③稲村公方満貞に近い武士であり、常陸については上杉氏の影響力が強まってきたので反上杉の立場を取ったとも考えられるとした。(2) 永原慶二氏は、「憑ム―憑マレル」の関係により春王・安王を庇護、他の武士に挙兵を呼びかけた、とした。(3) 一方、市村高男氏は結城氏の立場から合戦を読み解こうと試みた。その中で、①合戦参加者の検出から、結城方は公方近臣と公方派大名、上杉方は国人一揆と鎌倉府体制に排除されていた大名であったこと、②合戦の背景として「公方専制体制の支柱となっていた結城氏が、永享の乱によって鎌倉府の実権をほぼ手中にした山内上杉氏と雌雄を賭けて展開した権力闘争」であったこと、③小山氏・山河氏は結城からの自立を志向しており、結城合戦はそのさらなる契機となったことなどを指摘している。(4) これら関係自治体史が編纂されたのは一九八〇年以前であり、一次史料の検出が十分になされていなかった。よって詳述は避けるが、文化史からの視点でも研究が深められた。(5)

八〇年代の後半から、文献史学の分野でも定説や史料の見直し、新出史料などを基にした指摘が登場した。佐藤博信氏は「角田石川文書」の検討を通して、①安王・春王は常陸鹿島方面に潜んでいた、②挙兵当初から結城城入城を企図していた、③小山氏との合戦は擁立主体である結城氏と小山氏との対抗関係にある、④安王・春王は岩松持国・桃井・結城の「三大将制」を採り、三者の役割がそれぞれ異なっていたこと、などを主張した。(6) 内山俊身氏は『茨城県史料』未収録の鳥名木家文書を紹介し、①結城合戦と連動する形で「信太庄争乱」が起きていたこと、②結城合戦終了後の嘉吉二年十一月以前に、上野白井で軍事的緊張があり、これは万寿王丸の復権活動に起因するものであったが、幕府が万寿王丸の関東足利氏家督相続を認めたため、解決したこと、などを指摘した。[7] 木下聡氏は「政所方引付所収文書」の翻刻から、①結城氏は当初、幕府方として反乱軍の追討をしており起請文まで提出していたが、途中で安王・春王方となったこと、②結城合戦を通じて、扇谷上杉氏の地位が上昇したこと、などを指摘した。[8] 前川辰徳氏は安王・春王の辿った経路を詳細に検討し、当初から「籠城ありき」ではなく、挙兵から結城に至る経緯は「北関東の東西ルート」を押さえるためであった、とした。[9] 荒川善夫氏は『下総結城氏』の総論にて、①その後の動向から、氏朝は永享の乱時には持氏方であったと推測できる、②合戦の背景として、「基光時代の結城氏の繁栄と栄光を求める限り、関東管領上杉氏と打倒し、鎌倉公方を復活させ、自らの地位を回復していかざるをえなかった」とした。[10]

これら研究史を通覧すると、多くの研究がありながらも、乱の全体像が明らかでないという課題がある。よって本稿では、合戦における基本的な情報を可能な限り明らかにする。

一、結城城の合戦に至る過程

安王・春王の潜伏と挙兵

まず、合戦の流れを見ていきたい。その際、もっとも有用と思われる史料1および2を挙げておく（文中丸囲みアルファベットおよび、傍線、丸囲みカタカナは筆者註）。さらに、全体の流れを把握しておくために関係年表も示す（全てを挙げると膨大になるため、主要なもののみとする）。煩雑さを避けるため、文中で述べる内容の根拠となる史料が表中にある場合は、重ねて記載せず、表中の項目番号を記す。また、史料の省略例についても表の脇に載せる。一次史料では把握できない事項については、やむなく典拠を明示したうえで、比較的実録的な二次史料によって述べる部分もある。

【史料1】筑波潤朝軍忠状案写（「古証文二」神六一八七）

築（筑）波大夫潤朝謹申亡父法眼玄朝并親類等軍忠之次第之事、

Ⓐ一去永亨（享）十年七月廿四日、亡父玄朝罷出在所、同八月十五日、武州府中御発向令供奉、従府中属一色刑部（持家）少輔手、上州カンナ河（神流川）ニ在陣仕、其後海老名御陣江参、従御所中、可致警固旨、蒙仰間、鎌倉江罷上、同十一月朔日、当大御所様（足利持氏母）・若君様於小八幡社頭警固申、自其而扇谷江御出、以我等之手計供奉申、其時当大御所様、御モリニハ家人又次郎男参候、御感ニ下賜御衣、其後亡父玄朝至于翌年二月令当参訖、

Ⓑ一永亨十三（二）年三月四日、於常州中郡庄木所城、儀兵、其時者叔父熊野別当朝範以親類等談合、先一人則四日馳参令供奉、亡父玄朝者、同十三日伯父美濃守定朝・同伊勢守持重、其外親類等引率而木所へ馳参、同日小栗御出令供奉、同十八日同国伊佐へ御出令供奉、同廿一日結城中務大輔氏朝、不黙先忠厚恩、存弓箭之順儀、奉入我舘、玄朝親類等御供仕、致宿直警固、同四月十八日、中岫（中久喜）江御出令供奉、其後長沼淡路守（秀宗）企陰謀、在所江引込之間、氏朝不廻時日及度々合戦、第二度之合戦ニ玄朝三ヶ所被疵、同名彦八郎并家人小倉新兵衛・同四郎左衛門尉・肥田太郎次郎手負、伊勢守持重家人アマノ、与四郎被疵、帰本陣死去仕、定朝・持重・朝範数ヶ所被疵及半死半生、玄朝父子者、以御評議留城中奉守護、

Ⓒ一同七月七日、持重・朝範新田岩松（持国）方大将、東方江出陣令供奉、致宿直警固、

Ⓓ一同九月六日、持重・朝範又以上意、城中江罷帰、同十月五日、於玉岡与京勢合戦仕、兄千手丸被疵、
Ⓔ一嘉吉元年正月一日、兄千手丸於城之丑寅致合戦、朝範者、（於脱カ）如来堂口与甲斐勢致合戦、三ヶ所被疵、其日御感、何茂雖為抜郡（群）、於城中与命共失之間、不及所持者也、惣於城中数ヶ度之合戦、為始玄朝、親類・家人等被疵事不知数、
Ⓕ一同二月十六日、小栗寄之時、筑波山衆徒中了達房栄尊法師・真家民部少輔・小倉新兵衛、其外数輩与佐竹（義憲）・完戸勢同道仕、栄尊打死仕、
Ⓖ一同四月十六日、城攻之時、与越後・信濃勢、従辰刻申尾相戦、玄朝・定朝・持重者、於城中打死仕、家人伊藤勘解由供仕致打死、朝範・千手丸数ヶ所被疵、自合戦場越後国人サハシ（佐橋）ノ森（毛利）ノ大沢ニ被成生捕、同月廿日、於陣中被截訖、結城之面々存知分明歟、可有御尋者哉、
Ⓗ一嘉吉二年三月廿三日、家人小倉四郎左衛門、其時節潤朝依為幼少、為代官属完戸安芸守持重（里）之手、完戸庄内於泉城打死仕、従持重（里）方証判明鏡成、其時之敵者、安房守（上杉憲実）家人長尾弾正也、
（中略）

享徳四年二月日　　筑波別当大夫潤朝謹状

【史料2】仙波常陸介書状写（「安得虎子」(11)）

（前略）

宇都宮右馬頭被申候、結城事ハ我々如前一族被官同心之儀候者、以万可被計略処、近年無力ト申、彼御息様依有御座、当城如此候、且他国御勢御粉骨之事、無面目次第候、仍城危可申候時節、何期可被待哉、可申立

人体ヲハ如何様方便ニテモ可致扶持哉、落行雑人共ニ対シ不可立其用、然者可御延引、自然而就他国凶事出来候者、不可然間、㋐急速可被責由被申候、（中略）小笠原入道申事、尤近々被責事可然存候、乍去是程大城御息様以下宗徒者共数輩館籠候、㋑哀ニ早々可責承度申成、其故者自諸方落集人体、兵粮限候間、不落内ニ可被責事肝要候歟、然共粗忽被責候者、㋒用害習自然而責損手負以下候者、古河・山河其外御敵等出張候者、陣中野心族可得力候間、不可然候、（中略）

如此諸陣意見可承定候由、自兵庫頭（清方）方申候処ニ、各之儀心得申候、所詮上意早々被責候者、可然由入道方へ可申旨返事候、去ル十三日、房州（憲実）方へ罷出、此子細具ニ申談候処ニ、被申者、既当城四方通路境（絶）、取寄詰陣候上者、早々可被責事勿論候、雖然城中時宜能々模（ママ）人体肝要候間、了簡藤（最）早良延引候、篇目申而不立者、京都様（足利義教）へ注進申事大事候、次㋓山河身上事、属長沼申子細候間、先可在陣候由申候処ニ、猶以兎角申題目、如此之計略共候勿（間）、疎忽成事有而ハト存、是等左右聞定、早々被責由、諸軍へ可申旨候、愚身房州へ申事、諸勢両篇雖被申候、其内ニ早々一篇調儀ヲ被定候者、其段可致注進候、㋔去年於永安寺、両三人御警固候処ニ、彼御息様討漏申方依有而、如此御大事出来候歟、況大城事候間、堅雖被取巻候、自然而一人モ有御忍而御漏候者、猶以可為御大事候間、片時モ早々被責候者、可然哉由、令申候テ帰候、日限治定候者、重而可致注進、於愚身無油断尽（昼）夜走廻候、以此旨可有御披露候、恐惶謹言、

永享十二年十月十五日　　仙波常隆介（在判）

伊勢守（伊勢貞国）殿

御披露

表一　足利持氏没後における騒乱関係年表

No.	年月日	事項	出典	史料集
1	1440（永享12）1.13	一色伊予守、鎌倉を逐電する。長尾憲景・太田氏光が討伐のため相模今泉に向かうが行方知れずとなる。	持氏記	室町軍記総覧
2	1440（永享12）2.17	細川持之、安保宗繁に対し、関東の雑説が現実のものになったら馳せ向かうよう命じる。	安保文書	神5996
3	1440（永享12）2.19	岩松持国、鹿島護国院に対し、若舎人郷内根地木村を（安王丸ヵが）安堵する旨を伝える。	護国院文書	茨Ⅰ－16
4	1440（永享12）2.21	伊勢貞国、千葉胤直・三浦時高に対して一色伊予守を糾明するよう義教の御内書が出たので、等閑のないよう伝える。	政所方引付所収文書	木下7
5	1440（永享12）3.3	安王春王、某所を発向。	石川文書	神5999
6	1440（永享12）3.4	安王・春王、常陸中郡木所城で挙兵、筑波熊野別当朝範、馳参。	古証文二	神6187
7	1440（永享12）3.4	足利安王丸、常陸賀茂社に願文を納め、簗田景助これを奉じる。	常陸賀茂社文書	神5997
8	1440（永享12）3.13	筑波玄朝・定朝・持重、木所城へ馳参。安王春王軍、小栗へ。	古証文二	神6187
9	1440（永享12）3.15	上杉憲信・長尾景仲、鎌倉を立って各々苦林野・入間川へ着陣する。野田氏の被官加藤氏ら足利庄野田の高橋城に籠る。これより以前に、野田右馬介、古河城に籠るか。	鎌倉大草紙・持氏記	埼8－1 室町軍記総覧
10	1440（永享12）3.17	伊勢貞国、上杉持朝、千葉胤直に対して常陸の「野心之輩」についての注進を賞し、合戦の準備をするよう伝える。また、武蔵一揆にも御内書が発給される。	政所方引付所収文書	埼史469、472など
11	1440（永享12）3.18	安王春王、常陸伊佐郡へ移動。	古証文二	神6187
12	1440（永享12）3.21	結城氏朝、安王春王を結城城へ迎える。	古証文二	神6187
13	1440（永享12）3.27	細川持之、等持院（柏心）に対し、憲実に政界復帰を進言するように命じる。	足利将軍家御内書并奉書留	桑山104

14	1440（永享12）3.28	足利義教、上杉持朝に対し、大内左近将監が安王春王と合戦したことを賞する。	箱根神社文書	神5998
15	1440（永享12）3.28	安王丸、石川中務大輔に対し、上杉憲実・持朝を討伐すべく、3月3日に発向したことを伝え、忠節を尽くすよう命じる。	石川文書	神5999
16	1440（永享12）3.29	伊勢貞国、結城氏朝に対し、日名田の首のことや起請文のことについて連絡する。	政所方引付所収文書	木下9
17	1440（永享12）4.2	幕府、上杉持朝・清方に対し、小山氏から安王春王結城入城の連絡を受けたことを伝え、すぐに対応するよう命じる。白河結城直朝、京都で「関東の若公様」が中条で挙兵し、「結城殿・名越殿御同心」との連絡を国から受け取る。	成簣堂文庫所蔵文書 結城錦一氏所蔵文書	埼史476 白506
18	1440（永享12）4.4	上野守護代大石憲儀、足利攻撃のため、上野角淵に着陣（9日に攻落）。	鎌倉大草紙	埼8－1
19	1440（永享12）4.17	岩松・桃井・結城が4月17日に下野宿城を攻めたが、これを小山持政が撃退する。	山川光国氏所蔵文書	茨Ⅲ－8
20	1440（永享12）4.18	安王春王、下野中久喜に出陣。その後長沼氏と合戦。	古証文二	神6187
21	1440（永享12）6.24	足利満直、南奥の春王安王方と合戦して自害。	積達館基考	福島県史
22	1440（永享12）7.1～4	一色伊予守、武州北一揆と共に武蔵の上杉勢を攻撃する。上杉憲信・長尾景仲、一色氏らと合戦する。	持氏記	室町軍記総覧
23	1440（永享12）7.7	安王春王方、岩松持国を大将として、「東方」へ出陣。筑波氏従軍。	古証文二	神6187
24	1440（永享12）7.9	上杉清方、結城へ着陣。	鎌倉大草紙	結25－2
25	1440（永享12）7.10	沙弥禅元、石川持光に対し、足利満直・結城氏朝・京都の情勢について伝える。	石川文書	茨Ⅴ－14
26	1440（永享12）7.10	鳥名木氏・行方氏ら、常陸長堀原で安王春王方軍勢と合戦。	鳥名木文書	茨Ⅰ－26
27	1440（永享12）7.29	小山氏ら、籠城軍と合戦。	小山文書	結66－2
28	1440（永享12）9.6	安王春王、東方に出陣中の筑波氏を結城城へ呼び戻す。	古証文二	神6187

29	1440（永享12）9.17	義教、結城館がなかなか落城しないことについて、小山持政に対し、諸陣談合を行い、早く落居させるよう連絡する。	山川光国氏所蔵文書	茨Ⅲ－9
30	1440（永享12）10.5	籠城軍、結城城付近の玉岡で京勢と合戦。	古証文二	神6187
31	1440（永享12）10.13	攻城軍、籠城軍と合戦。	上杉家文書	茨Ⅴ－6
32	1440（永享12）10.15	仙波常陸介、結城在陣の諸将から清方が聞き取った意見を、伊勢貞国に報告する。	安得虎子五	埼5－798
33	1440（永享12）10.21	山河氏義、春王安王方から、幕府方に寝返る。	喜連川判鑑	結23－4
34	1440（永享12）12.12	小山氏、籠城軍と合戦。	小山文書	茨Ⅵ－21
35	1441（永享13）1.1	籠城軍、結城城如来堂口で甲斐の軍勢と合戦。越後勢・下野勢らも参加。	古証文二・建内記	神6187・結26－1
36	1441（永享13）1.30	柏心周操、石川持光に対し、結城残党が所領内に来たら対処せよとの幕府の意向を伝える。	石川文書	神6017
37	1441（永享13）2.1	氏朝、田中庄玉取・池田・倉持各郷内の地を健田須賀社の六郎大夫に奇進する。	健田須賀文書	茨Ⅲ－16
38	1441（永享13）2.1	系種、石川持光に対し、結城軍残党が所領内に来たら対処せよとの幕府の意向を伝える。	石川文書	神6018
39	1441（永享13）2.16	春王安王方のうち、佐竹・宍戸・筑波衆徒ら小栗城を攻撃する。	古証文二	神6187
40	1441（嘉吉1）3.6	鳥名木氏ら行方西蓮寺で、安王春王方と合戦する。	鳥名木文書	茨Ⅰ－25
41	1441（嘉吉1）3.15	力石右詮、鳥名木氏に対し、感状が出たことを悦び、近々「当城」が責められるので用心するよう伝える。	鳥名木文書	内山5
42	1441（嘉吉1）4.16	結城城落城し、結城氏朝・持朝は討ち死に、安王春王らは長尾実景に捕縛される。	古証文二・喜連川判鑑	神6187・結23－5
43	1441（嘉吉1）4.17	野田右馬介、古河城を退去する。被官矢部氏らは討たれる。	持氏記	室町軍記総覧
44	1441（嘉吉1）4.23	京都に結城城落城の情報届く。	建内記・看聞御記	結26－3、結27－1

45	1441（嘉吉1）5.2	義教、長尾実景に対し、佐竹を攻撃するにあたり陣を下野か常陸に構えることを述べ、細川持之の指示を受けるよう命じる。	上杉家文書	茨Ⅴ-8
46	1441（嘉吉1）5.4	義教、氏朝らの首実験を行う。また、陸奥に潜む余党を討伐するよう命じる。	建内記・看聞御記	結26-7、結27-2
47	1441（嘉吉1）5.16	春王安王、美濃垂井金蓮寺で殺害される。	建内記	結26-1
48	1441（嘉吉1）閏9.20	憲実、安保憲祐が金田に着陣したことを賞する。	安保清和氏所蔵文書	埼史484
49	1441（嘉吉1）カ12.1	憲実、安保宗繁が「信州之勢」について注進したことを賞し、長尾景仲を遣わすので出陣することが肝要であると伝える。	安保文書	埼5-800
50	1441（嘉吉1）カ12.3	憲実、安保宗繁が「高山辺」について注進を了承し、病気であるといっても味方が無勢であるので、出陣してほしい旨を伝える。	安保文書	埼5-801
51	1441（嘉吉1）カ12.6	憲実、安保宗繁に対し、那波と右馬助入道（上杉憲信）が「当宿」にいるのは野栗口を警戒していることと、一族を長尾景仲にさし添えて出陣させてほしい旨を伝える。	安保文書	埼5-802
52	1441（嘉吉1）12.29	足利万寿王丸、石川氏に対して軍勢催促状を出す。	石川文書	茨Ⅴ-18
53	1442（嘉吉2）3.23	筑波氏家人小倉氏、幼少の潤朝に代わり宍戸持里に属して常陸宍戸庄泉城で長尾弾正と合戦、討死する。	古証文二	神6187
54	1442（嘉吉2）カ11.13	（力石）右馬丞右詮、憲実カが白井御陣から帰陣する旨を鳥名木氏に伝える。	鳥名木文書	茨Ⅰ-30
55	1442（嘉吉2）カ11.13	兵部少輔元□、憲実カが白井御陣から帰陣すること、柏心が下向すること、宍戸についての労いなどを鳥名木氏に伝える。	鳥名木文書	内山10

［出典略例］埼…埼玉県史資料編　神…神奈川県史資料編3中世　茨…茨城県史料中世編　結…結城市史一巻古代中世資料編　木下…本文註木下論文　埼史…埼玉史料叢書11巻　桑山…桑山浩然編『室町幕府引付史料の研究』（科学研究費補助金研究成果報告書、一九八八九年）　白…白河市史資料編　内山…本文註内山論文

※略号以降は文書番号である。ハイフンのあるものは、ハイフンの前が巻号（結城市史は史料番号）となる。本文の略号も同様となる。

最初に考察したいのは、春王・安王がどこに潜伏し、どのように挙兵に至ったかである。永享の乱後の安王・春王は、史料2傍線部㋔から永安寺にいたことがわかるので、どこかの段階で父持氏と合流し、その後、持氏が攻められる際に脱出したのであろう。永安寺までの護衛を筑波氏が行っていた可能性もあろう。(12)

その後、両名はどこに潜伏したのであろうか。これには日光山説、筑波山説または鹿島説がある。江田郁夫氏は『日光山常行三昧新造大過去帳』の記述から、挙兵前の安王・春王が日光にいたことを指摘した。(13) また、木下氏の指摘のように、初期段階で日光近辺に名字の地を持つと思われる日名田氏が関与していること、また、『東寺執行日記』のみの記述であるが、合戦後に結城氏らの頸と共に「日光山別当」が上洛したことが見えることか(14)ら、逃亡期間の大部分を日光付近で過ごした可能性が高い。ただ、「進発」が永享十二年三月三日であること（№5）を考えると、最終的な潜伏先は、翌四日に挙兵した木所城まで一日圏内でなくてはならない。萩原義照氏は①木所城の所在地について、旧岩瀬町上城橋本山の吉所城である、②安王・春王が隠れたのは筑波山であるなどの指摘を行った。(15) 後述する通り、二月十九日には鹿嶋護国院への所領安堵を行っていることから、常陸に一定期間は潜伏していた可能性が高く、その場合の候補地は鹿島が想定されてもよい。なお、史料1Ⓑのように、筑波氏は軍勢（一族）の集結に時間がかかっているようなので、筑波に潜んでいたとの見解は支持できない。

関東において乱の兆候がうかがえるのは、永享十二年（一四四〇）一月十三日に一色伊予守が鎌倉を逐電し、相模今泉に向かったとする『持氏記』(16)の記述である。持家は持氏の近臣であり、長尾氏や太田氏が討伐に向かったが行方不明になったという。一次史料で確認できるのは、同年二月十七日の細川持之書状（№2）である。持之は武蔵安保氏(17)に対し、「雑説」が現実のものとなったらすぐに対応するよう命じている。また、足利義教は二十一日には千葉胤直・三浦時高に対して、一色伊予守の糾明を命じている（No.４）。よって、『持氏記』における一色氏の動向は事実を反映したものであろう。

安王・春王自身は、二月十九日に鹿島護国院への所領安堵を約したのが一次史料上、最初の動向である（No.３）。発給者は岩松持国であるが、安王丸の意志を奉じている可能性が高い[18]。その後、三月四日に常陸中郡木所城で挙兵、同日賀茂神社に願文を納める（No.７）。そこに筑波朝範が早速馳せ参じる。十三日には他の筑波一族も参向し、小栗に移動する。それに呼応する形で野田右馬介（氏行）が古河で蜂起、野田氏の被官加藤氏が足利庄内の高橋城に籠もり、同じく矢部氏は関宿城に籠もったとされる（No.９、後述）。安王・春王は十八日には伊佐へ至り、二十一日には結城城入城を果たす（史料１Ⓑ）。

これら安王丸の動向を支えてきた関東足利方の有力人物が、岩松持国と桃井憲義である。その後、結城入城に際して結城氏朝も加わり、彼らは「三人による『大将制』」と評された[19]。しかし、これまで明確に言及されてはいなかったが、もう一名、重要な人物が挙兵に際して協力している可能性がある。佐竹義人である。

【史料３】白河結城氏朝上洛進物次第（「結城錦一氏所蔵文書」白五〇六）

（前略）卯月二日ニ入洛候、勢多の橋を御渡候て、石山へ御参詣候、逢坂の入口大津の於茶屋、國よりの飛脚到着候、其故ハ、関東の若公様中条ニ御旗を御上候、結城殿名残《ヒ》越殿御同心の由、注進の飛脚也、（後略）

ここに出てくる「名残《ヒ》越殿」とは、実際には「名越殿」と読むのが正しいと思われる（残《ヒ》の字はミセケチ）。当時この呼称で呼ばれたのは、名越大宝寺に屋敷があり、「上杉系図大概」「康応記録」にも「名越殿」と記される佐竹義人しか考えられない。春王・安王は、義人の後援もあって常陸での挙兵に至ったと思われる。挙兵時に足利氏を支える有力者は四人いたのである。この乱当初の佐竹氏の動きは、後述するように結城合戦中、またはその後の佐竹氏の立場を大きく規定したといえる。

さて、幕府・上杉方は三月十五日に庁鼻和上杉憲信と長尾景仲を発向させ（No.9）、十七日には太田・上杉持朝・千葉・二階堂・武蔵一揆等に合戦の準備と情報収集を命じる（No.10）。さらに、二十七日には伊豆に隠遁していた上杉憲実に復帰を命じている（No.13）。ところが、結城城に安王・春王が入ったことは察知できなかったらしい。二十九日の段階でも、結城氏に対して同氏が戦功を挙げた「日名田事」についての恩賞に関する連絡をしている（No.16）。結局、結城氏の離反は小山持政の通報により、四月二日以前に幕府に伝わる（No.17）。

史料上、最初に安王春王軍と合戦したことが見えるのは大内左近将監なる人物である。三月二十八日には足利義教に褒賞されているので（No.14）、それ以前に合戦が行われたのであろう。また、史料には表れないが、結城氏が日名田氏を討った合戦もこの頃行われたと思われる。むしろ、日名田氏の首のことについて、結城氏に感状が出される旨を記した文書（No.16）が二十九日付けで作成されたことを踏まえると、大内氏が戦功を挙げた合戦が、日名田氏を討った合戦であった可能性も高い。近隣の武士で大内を名乗るものを検索すると、佐竹一族の大内氏か、下野芳賀郡内大内荘を拠点とする結城一族大内氏がいるという[20]。現時点ではいずれの大内氏か判断できないが、結城氏も参加したこの合戦は下野か常陸で行われたことになる。首が二十九日には京着していることを考えると、合戦は三月中旬（入城前）と見るのが妥当であろう。木下氏は、この日名田は「一色伊予守に呼応して挙兵」としたが、具体的には安王・春王を日光方面から警固していたことも想定できよう。そうなると、日名田氏が常陸に抜けようと同国に隣接する下野大内荘を通過する際に大内氏との合戦が起こり、大内氏の同族であり、近隣の結城郡を本拠とする結城氏が加勢した、という構図が描けるかもしれない。

結城入城と上杉軍の集結――安王・春王の目的と誤算

幕府は四月二日には上杉持朝・清方に対し、結城氏への対応＝討伐を命じた（No.17）。さらに同日、幕府政所執事の伊勢貞国は持朝に対し、関東に下向する関東衆の兵糧不足への対処を命じている（「政所引付所収文書」埼史四七七）。なお、『持氏記』では、四月四日には上野守護代の大石憲儀が足利庄高橋城攻めに出向し、九日には攻落させていること、六日に上杉憲実が伊豆を出立したことが述べられる。また、同十九日には関東への使節として永泰院周隆・臨川寺周沅を派遣することを決し、翌々日には下向させた（『蔭凉軒日録』[21]）。合戦の当初の段階で協議が行われたのであろう。

東国では、四月十七日・十八日以降に大きな動きがあった。十七日には岩松持国・桃井憲儀・結城氏朝の軍勢が小山持政勢力下にある下野宿城で同氏と合戦し、撃退されたのである（これを「宿城合戦」と称する）。十八日には安王・春王が中岫（中久喜）に動座した[22]。同地には結城氏の中久喜城が存在し、小山氏の勢力圏に近接している。その後、長沼淡路守（秀宗）が離反し、在所（長沼庄か）に引きこもったので、結城氏朝は何度か合戦したという（史料1Ⓑ）。同行した筑波氏も一族が大けがを負うなど打撃を受け、「城中」の「守護」を命じられたのである。ここに、安王丸軍は停滞を余儀なくされたと言ってよい。

小山攻めについて、佐藤氏は結城氏と小山氏の対立関係を想定した。これに対し、前川氏は東西ルートの確保のためとした。小山祇園城前には奥大道と交差し、天明・足利方面へと繋がる「鎌倉街道上道下野線」（一部は

「小山大道」とも仮称される[23]がある。実際に、小山義政の乱の際には武蔵からこの経路を辿って軍勢が進んだのであった。よって、軍事的にここを押さえることは理に適っており、前川説は説得力がある。ただ、問題は「宿城」を前川氏は「祇園城」とし、佐藤氏も「宿城」＝小山城（祇園城）に比定していることである。宿城は六十年ほど前に起こった小山氏の乱の際に、義政が使用した五つの城「鷲城・祇薗〔園〕城・岩壺城・新々〔城〕・宿城」（「明王院文書」神五〇二六）として登場しており、同時に記される祇園城とは別物であると考えられる。両氏の説は、宿城を小山大道に面し、当時小山氏の本城であった祇園城と比定したことが前提である。たしかに、祇園城は小山氏の中核的な城であり、宿城合戦の前後に下野嶋津氏が入城した形跡はあり[24]、また、後述のように上杉長棟が入城するので、重要な拠点であったことは間違いないであろうが、合戦があったと断定できるのは宿城のみであり、先行研究には再考の余地があろう。

　宿城の比定については、第一次小山氏の乱の際に攻撃された義政屋敷（神鳥谷曲輪）とするか、第二次の乱の主戦場となった鷲城と祇園城の間に位置する長福城とするかで説が分かれる。また、長福城と義政屋敷の間に「字宿屋敷」と呼ばれる地区があるので、どちらかに比定できると考えるが、筆者は第二次の乱の経過から、宿城を義政屋敷とする立場を取っている[25]。これに関して、秋山隆雄氏は近年の発掘調査から、奥大道の幹線道路としての機能を持ち、境を経由し松戸・野田方面に抜ける「境大道」の存在を見出した[26]。図1の通り、宿城に比定できる義政屋敷はその道に面している。よって、宿城攻撃はこの経路を押さえる過程にあった可能性も指摘できる。その際重要だと思われるのは、三月二十八日付け石川氏宛て源安王丸書下（No.15）に見える「近日可環著者也」との言葉である。関東足利氏が「環著」するのは鎌倉以外には想定できないことから、結城城に入った安王

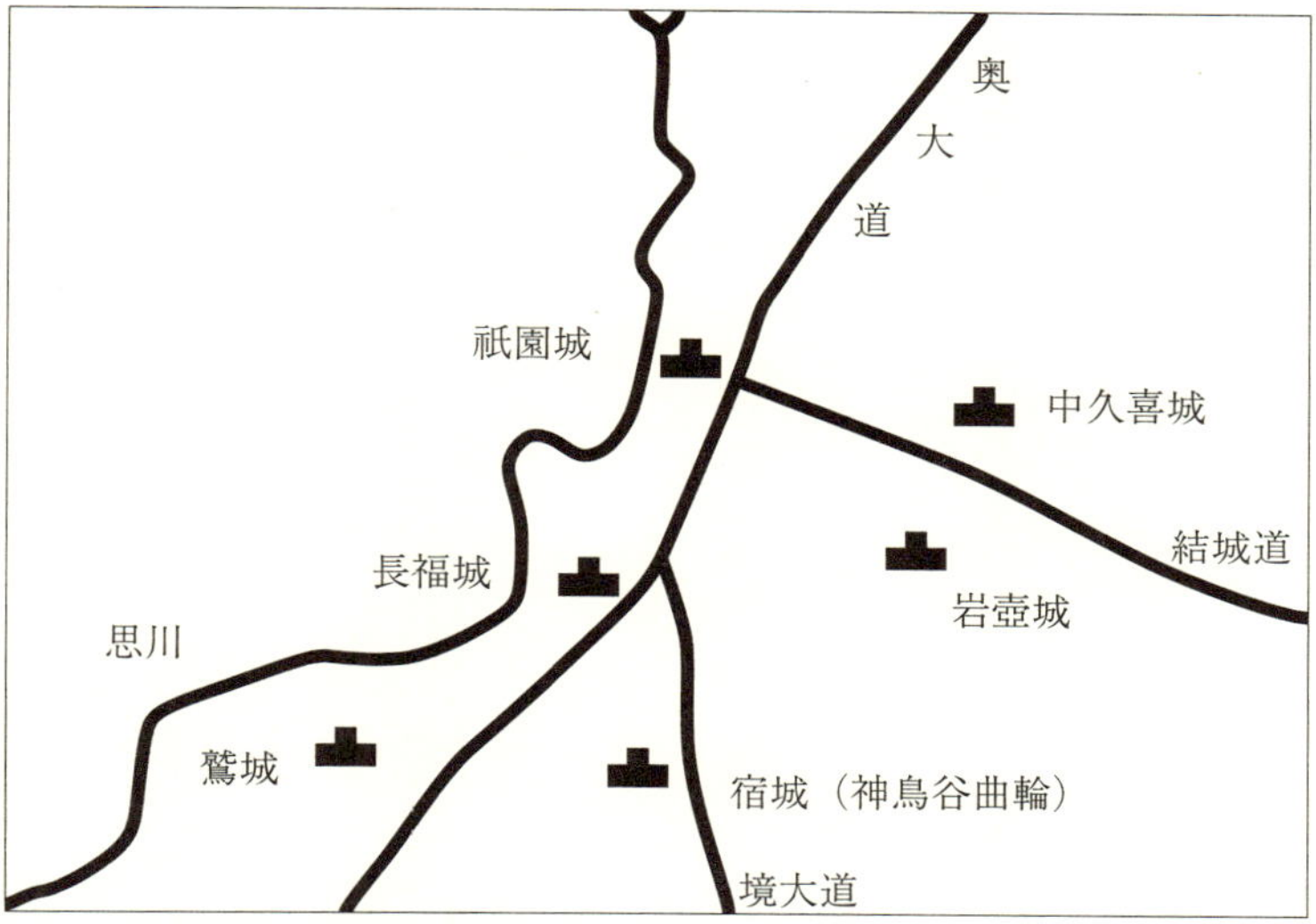

図１　宿城周辺図（秋山論文を加筆修正）

丸は「近日」の鎌倉「環著」を望んでいたことがわかる。境大道を南下すると現松戸近辺で鎌倉街道下道とぶつかり、そのまま江戸湾沿いに鎌倉に入ることも可能である。小山氏の主力がいる祇園城付近を抜け、すでに高橋城が陥落した足利庄を通過する小山大道や、武蔵岩付を通過する奥大道などを通るより、遥かに安全な経路である。(27)そして、場合によっては古河の野田氏らとの連携も可能である。以上のように考えると、主力がすべて宿城合戦に向かったり、安王・春王が動座したりした背景をより理解できよう。三大将の宿城合戦と安王・春王の中久喜動座は鎌倉「環著」を目的としていたのである。しかし、宿城合戦に敗北したこと、長沼氏に離反されたことにより、戦況は停滞してしまった。これが安王丸側の大きな誤算であろう。

宿城合戦と同時に上杉清方の発向準備がされた。『大日記』には、四月十九日に鎌倉を出発したと記される他、長尾忠政が烟田氏に、清方が十五・十六日の間に出向するであろうことを伝えている（『烟田氏史料』一二八号）から、ほぼこの間に出向したと思われる。鎌倉が手薄になることを警戒してか、三浦時高が二十日に鎌倉に入った。さらに、五月一日に京都の上杉持房が御旗を持って鎌倉に下向するなど、周辺の勢力も合戦の準備を整えつつあった。憲実は五月十一日には相模神奈川に移動し、七月九日に同所を出立、武蔵の野本・唐子を経て、八月九日に下野祇園城に入った（『持氏記』）。一方、清方は七月二十九日、結城に着陣した（№24）。

また、出奔していた一色伊予守が、七月一日に武蔵に侵入した。上杉憲信と長尾景仲は武蔵で三日・四日に一色と合戦し、撃退した（№22）[28]。安王・春王方も、七日に岩松持国が「東方」へ出陣し、筑波持重・朝範も供奉した（史料1Ⓒ）。

二、結城城の合戦と局地戦の展開

局地戦の勃発と過程

安王・春王の蜂起に呼応・関係する形で、各地で合戦が起きた。ここでは、安王・春王の進軍・籠城戦と並行する形で展開した、それら局地戦を見ていく。

【下野（足利・佐野等）】永享十二年三月十五日、足利庄高橋城に野田氏の被官（加藤氏）が籠城し（№9）、上野守護代大石氏に攻落された（№18）。この合戦は一次史料に全く見られない。ただし、相模から下野祇園城に入ったとされる上杉憲実が、佐野庄秋山・佐野千坂両所で行われた合戦について感状を発給している（「青木氏蒐集文書」群七―一四七五、「武家書簡所収西谷岩松文書」）。合戦が行われた日は明確ではないが、同一庄内のものであるので、関連した（あるいは同じ）合戦であった可能性が高い。また、千坂は比定できないが、秋山は足利庄に近いので、足利庄で行われた合戦の余波で起こった合戦であることも考えられる。千坂合戦で感状を得ているのは上野の西谷岩松氏なので、これらの合戦も足利攻撃と同様に上野勢が担ったと思われる。

なお、年未詳四月五日付け足利義教感状（「小山文書」小三七二）から、下野国内「野木原」（小山よりやや南）にて小山被官人が合戦の上、「武藤・石崎等」を討ち取ったこともわかっている。こちらも関連する合戦であろうか。

【古河・関宿】足利に先立ち、古河で野田氏が挙兵したと伝える二次史料がある（№9）。史料2㋒を見ると、反幕府勢力として古河勢が登場するので、一定の事実に基づいていると思われる。なお、関宿でも野田氏被官の矢部氏が挙兵したといわれるが、こちらの真偽は不明である。

【霞ヶ浦周辺】内山俊身氏は、永享の乱から結城合戦までの間、数度の「信太庄争乱」とも呼ぶべき合戦があったと指摘している。先述の通り、岩松持国が永享十二年七月七日に「東方」へ出陣し、その麾下として筑波氏が出陣したことが明らかになっている（史料1Ⓒ）。十日には鳥名木氏や行方氏が常陸の長堀原で結城軍と合戦しているることがわかるので（№26）、東方とは常陸を指すのであろう。長堀原の場所については比定できていないが、信太庄近辺には上杉氏の勢力があり、安王・春王方が上杉氏攻撃か、鎌倉街道下道があるので、別経路の模索のために出陣した可能性が高い。

また、嘉吉元年三月六日には行方西連寺で合戦が行われ、上杉氏方として鳥名木氏が活躍したことがわかる

（No.40）。佐藤氏はこの合戦に基づき、行方に安王・春王方勢力が存在し、潜伏先になっていたと主張した。ただ、その後内山氏が紹介した嘉吉元年ヵ三月十五日付け力石右詮書状（No.41）によって、西連寺合戦の日時と近接する十五日段階で、信太庄惣政所土岐原氏麾下の城＝「当城」が攻撃されることが予測されており、霞ヶ浦一帯で戦争状態が続いていたことがわかる。

【小栗】嘉吉元年二月十六日には佐竹（義人方ヵ）・宍戸・筑波衆徒（籠城していない筑波勢）らによる小栗城攻撃があった。「記録御用所本古文書　小栗仁右衛門信崇書上」[29]内に所収される五七二号文書「結城陣図」に「嘉吉元年二月六日出城」とあるので、小栗氏が結城方から寝返り、小栗に帰城したことへの報復である可能性が高い。小栗氏は応永末期に没落した後、しばらく篠川公方に祇候していたこともわかっているので（「記録御用所本古文書」五六七号）、南奥から結城城に合流し、その後幕府軍に帰属したのであろう。

【南奥】結城城に入った安王丸は石川氏に軍勢催促を行った。一方、これまで幕府方として活動してきた篠川公方足利満直は、永享十二年とみられる三月二十九日付けの文書で石川庄内の地を氏満期の寄進に遡って安堵し、祈祷を求めた（「鶴岡八幡宮文書」神六〇〇六）。石川氏への牽制と、鎌倉への影響力を考慮した結果であろう。なお、白河結城氏は結城氏朝挙兵の報を聞き、上洛を短縮して本領に戻った。

そのような状況の中、満直は攻殺されてしまう。これは二次史料の記述であるが（No.21）、その後満直の動向は一切追えず、事実であろうとされる。その主体は畠山氏、石橋氏、石川氏などといわれるが[30]、実際は不明である。しかし、史料4傍線部㋕のように、石川氏が安王・春王方と思われる禅元なる人物から、「佐々河　上様」の事で「御忠節目出候」と言われており、渡辺世祐氏が述べた通り、満直殺害に関わったかと思われる。

［史料4］沙弥禅元書状（「石川文書」茨Ⅴ—十四）

㋕就佐々河　上様御事、委細承候、中〳〵是非を不及申候、各御忠節目出候、仍大将結城殿より重被成御奉書候哉、郡々面々御忠節無是非候、弥被致御忠節、可然様ニ御料簡可目出候、京都其方如此成行候、可成御本意候間、大慶此事候、就中二橋㋖上様御跡続、兼而御約束候、御一所ニ御座候間本意と申、旁以可然候哉、定御悦喜候哉、此御方悉御静謐候者、定奥　上より両国へ可被成御教書候哉、目出候、仙道時儀連々可有御注進之次東海道面々無是非候、㋗高野庄辺へ致出陣可被致忠之由、及度々被申候て、于今無其儀候、比興候哉、諸事期後信候、恐々謹言、

七月十日　　沙弥禅元（花押）

謹上　石川中務殿

また、傍線部㋗の如く、禅元は南奥の石川氏に「高野庄」への出兵を依頼している。高野庄は常陸多珂にある荘園であるが、石川氏に充てられていることを考えると、南奥の白河結城氏の所領である高野郷である可能性が高い。「東方」への出兵と並行して、白河結城氏を牽制する動きも計画されていたのである。しかし、石川氏は白河結城氏との抗争、那須出兵など、「私戦」に明け暮れ、なかなか動くことはなかった。

結城城の合戦

次に、戦いの中心となる結城城の合戦について考察したい。結城城への最初の攻撃は、永享十二年七月二十九日であった。軍勢がある程度そろった段階で攻撃をしかけたと思われ、小山氏らへの感状が残る（No.27）。その

後しばらく合戦の形跡がないが、九月八日には合戦の流れが芳しくないことを懸念した義教から軍監の仙波常陸介に対し、結城城に兵糧が運び込まれているので警戒を怠らないよう指示が出された（「足利将軍家御内書并女房奉書留」結二）。実際に、二日前には「東方」へ遠征していた筑波勢が帰城しており（史料1Ⓓ）、城への間道を押さえきれていないことがわかる。さらに、九月十七日には義教から諸陣談合[31]を行うよう命令が出され、十月十五日にはその結果が幕府へともたらされようとしている（No.29・32）。史料2傍線部㋐㋑により、東国諸将の意見は概ね早期の攻撃で一致したことがわかる。実際に十五日までの間に結城城付近の福厳寺口や玉岡での合戦が行われている（「上杉家文書」茨Ⅴ―十、No.30）。また、結城方であった山河氏義が長沼氏を通じて幕府方に寝返る動きがあり（史料2㋓）、十月二十一日に幕府方へ帰参したことが伝えられる（No.33）。ただこれ以降、十二月十二日に合戦が行われた（No.34）以外、年内には大きな動きは見えず、攻城側も決定打がなかったと思われる。

明けて永享十三年は元日から大規模な攻撃が行われたようで、甲斐・越後・下野・上野などの軍がかかわったことが見える（No.35）。これらの合戦の成果か、一月中にはほぼ終結の見通しが立ったと思われ、月末から二月頭にかけて、残党への処置について幕府方から石川氏へ連絡がいったり（No.36）、佐竹攻めの準備がされたりしている（「安保文書」茨Ⅵ―2）。一方、安王・春王方は巻き返しを図ったようで、先述の小栗攻撃（史料1Ⓕ）や行方西連寺合戦（No.40）が起こっている。しかし、安王・春王方の劣勢を挽回するには至らず、四月十六日、総攻撃により結城城は落城、結城一族はほぼ死亡し、安王・春王らは捕縛される（No.42）。

戦後処理

結城落城の知らせは四月二十三日に京都に入った（No.44）。これらを受け、義教はすぐに佐竹討伐の準備を命じた（No.45）。五月初頭には結城勢の首実験が行われた（No.46）。十六日には美濃金蓮寺で安王・春王が切腹し（No.47）、五月下旬には感状が出された（「小笠原文書」結一三九―一など）。

ただ、戦争状態が続いていた地域もあった。ひとつは内山氏が指摘した白井で、もう一つは史料1Ⓗに見られる常陸宍戸（小鶴）庄泉城での合戦である。

白井について、安保文書には当該期信濃・上野付近の様子が記載されている。特に詳細がわかるのは、年未詳十二月一日付け「上杉長棟書状」（No.49）および年未詳十二月六日付け「上杉長棟書状」（No.51）である。これらは従来、永享十二年から嘉吉元年までの文書とされてきたが、黒田基樹氏は安保氏の官途名から嘉吉元年から嘉吉二年のものと想定した[32]。結城合戦終了後の嘉吉元年十二月一日の安保宗繁の報告により、信濃での不穏な動き＝敵の軍事活動を察知した上杉憲実は、長尾景仲・上杉憲信を上野板鼻に派遣し、自身も上野へ向かったのであった。黒田氏はこの敵軍を岩松氏であると想定した。岩松持国が副状を発給した嘉吉元年十二月二十九日付け足利万寿王丸軍勢催促状（No.52）があることを考慮すれば、信濃の軍勢は万寿王丸の意を受けていた可能性が高い[33]。

なお、内山俊身氏は嘉吉二年段階に上杉氏が上野白井に出陣する事態＝白井御陣があったこと主張したが、これらの研究成果を整理すると、嘉吉元～二年までの間の継続性をもった軍事行動であったと思われる。また、内山氏は白井に在陣した人物を上杉清方と比定したが、黒田説を踏まえると、憲実であったと考えた方がより整合的であろう。ただし、実際に白井在陣が大井氏ら万寿王丸側との合戦を想定したものであった事態かは断定できる史料はない。また、岩松氏や大井氏との対陣を考えた場合、終始白井を本陣としたかは検討の余地がある。

常陸泉城には宍戸氏を中心に筑波氏の残党らが籠もったらしく、内山氏が紹介した嘉吉二年ヵ十一月十三日付け兵部少輔某書状案（№55）に出てくる「完戸事」とはこの合戦のことであると思われる。常陸で起こったため、信太庄付近の山内勢が出陣したのであろう。

また、この他に嘉吉二年（一四四二）五月三日には甲斐にて武田氏と逸見氏の合戦があったようである（「一蓮寺過去帳」[34]）。逸見氏は持氏の時代から鎌倉府に擁護されて度々武田氏と抗争を繰り広げてきた。しかし、結城城包囲中も甲斐で逸見氏は兵を挙げる可能性があったらしく、[35]一向に在地の矛盾が解決していない様子がうかがえる。

さらに、幕府方はすでに合戦の最中から計画をしていた、佐竹攻撃のために常陸金田に陣を設けたのであった（№48）。また、帰還しようとする軍勢を留め、合戦の準備をさせた[36]（№45）。この動きは、結城合戦とは別に常時幕府方の山入佐竹氏の存在を脅かす佐竹氏を討伐するものと評価されてきた。しかし、繰り返しになるが、当初から佐竹氏が乱に関与していたことが認められたことから、乱の与同者（しかも有力な）を討つ戦後処理の一環とすべきだろう。実際には、将軍義教が暗殺されてしまった後も、関東宛ての文書には、佐竹氏を迅速に討伐する旨記載があるので、この合戦はかなり重要視されていたことがわかる。幕府首脳部は今回の騒乱の敵対者を壊滅させることで、東国の無為を図ろうとしたのであろう。

持氏遺児の鎌倉府再建構想

安王・春王らはどのような政権を構想していたのであろうか。史料４の傍線部㋑にその一端が見える。「一橋上様御跡続」なる人物が安王・春王と「一所」＝結城城にいること、また、合戦が終了したらその人物が「奥上」から「両国」へ「御教書」を出すことを述べている。二橋という地名は全国にあるが、「上様」＝公方が居住していたことを考えると、鎌倉十二所の二ツ橋が想定される。浄明寺付近に居住した鎌倉公方とは別人で、奥州のことを述べていることを考えても、この「二橋　上様」は、永享の乱以前に奥州から鎌倉に戻った稲村公方満貞であろう。満貞は『持氏記』にも「二橋上方」として記される。(37)その後継者がいたのである。(38)そして、合戦が終了した後には安王・春王は鎌倉で、満貞「跡続」は奥州で活動することになっていたものと思われ、合戦中は城内にいたことがわかる。「和田房資覚書」（「三浦和田中條文書」神六一七二）は、「御息数多」が籠城し、「御息二人」を越後勢が捕らえたと述べている。『持氏記』には、越後の長尾実景が捕らえた様子も見える。満貞遺児が含まれていたかは不明であるが、上洛した定尊がいたことは確実であろう。このように遺児らが結集したことも、再建に向けた動きであった。以上のような点は従来指摘されてこなかったが、安王・春王の鎌倉府再建構想として、先の「環著」志向と共に重要視されるべきである。

持氏没後の騒乱については、著名な『結城合戦絵詞』の存在と結城城の落城で大勢が決したこともあって、「結城合戦」の呼称が用いられてきた。しかし、今回見てきたように蜂起に伴って各地で起こった戦乱も、永享の乱までの矛盾を孕んだ同種の合戦として、一体的に評価すべきであろう。その際、内乱の別称を定めることを含めて、新たな意義が付されるべきと考える。論題に「結城合戦」の文言を使用しなかった所以である。さらに、公方遺児らの目的は「結城城に籠って上杉氏らと戦う」ことではなく、「上杉氏らの打倒を見込んだ勢力回復＝鎌倉還御と奥州も含んだ新政権の樹立」であり、のちの成氏の公方就任に繋がる遺児たちの復権運動の初段階という評価をしたい。よって、次章では、成氏の公方就任までを考察する。

三、鎌倉公方足利成氏の成立

鎌倉公方に対する幕府の姿勢

これまで見たように、安王・春王の公方復権運動は失敗に終わった。これらの事態を受け、信濃大井氏に匿われていた万寿王丸、のちの成氏はどのように行動したのであろうか。ここではその動向の概要を見通し、その背景について考察したい。ここでも略年表を記すので、随時参照されたい。

そもそも永享の乱後、幕府は鎌倉公方について、どのような政治的志向を持っていたのであろうか。先行研究からも明らかであるが、将軍足利義教は自らの子息をもってその後継に据える考えを持っており、持氏自害後の約五か月後の永享十一年七月にはその方針を表明していた（『師郷記』など）[39]。この人物については、近年、清水克行氏が、『御産所日記』や『諸家系図纂』所収『足利系図』を検討し、足利義永なる人物であることを指摘している[40]。実際に七月二日に義教がその計画を提示すると（『蔭涼軒』）、同月十四日には、臨川寺周沅が鎌倉への使者、中佐首座が奥州への使者としてそれぞれ選定され（『蔭涼軒』）、十六日には使者が鎌倉と奥州に派遣され、関東（憲実ならん）からその案に対する賛意が寄せられていた（『建内記』）[41]。都鄙は、「将軍子息を新公方に」という方向で一致を見たのであった。

しかし、この計画は三つの問題によって頓挫してしまった。第一に正統な後継者ともいうべき安王・春王の挙

表二　足利成氏の成立および鎌倉府再建関係年表

No.	年	西暦	月日	事項	出典
1	永享十一	一四三九	7・2	将軍足利義教、子息の一人を鎌倉公方として下向させるとの計画が出る。	師郷記・蔭凉軒日録
2	嘉吉元	一四四一		持氏遺児乙若君（蓮花光院＝定尊）が筑波根で捕縛され、上杉清方に連行される	簗田系図・判鑑
3			5・16	安王および春王、美濃垂井金蓮寺で殺害される。美濃にもう一人生き残りがいたと伝わる。	建内記（五月四日、七月二十八日）、周易抄
4			6・24	足利義教暗殺される。	看聞日記など
5			7・28以前	幕府、方針を変更し、持氏の遺児を鎌倉府の長とする意向を固める。鎌倉での蜂起に備え、遺児を、京都に留め置く。遺児は、土岐氏の宿所へ。	建内記（七月二十八日）
6			12・1	万寿王丸を奉じると思われる信濃勢力が挙兵する。	埼5―800
7			12・29	万寿王丸、石川氏に軍勢催促状を発給。	茨Ⅴ―18
8	文安元	一四四四	11～12	万寿王丸、信濃で御代始	鑁二四九・一三・二五二
9	文安二	一四四五	4・25	伊勢貞国、高倉永豊に対し、「鎌倉殿」の直垂を誂えるよう依頼がある。	高倉永豊卿記
10			6・10	永豊、「鎌倉殿」直垂の残りの料足を受け取る。	高倉永豊卿記
11			6・17	永豊、「鎌倉殿」の直垂一具を進上する。	高倉永豊卿記
12			9・27	前但馬守定之、鑁阿寺に対し、「環御」に伴う祈祷環巻数の返事をする。	神六〇四三
13	文安四	一四四七	3・13	幕府、上杉憲実の隠遁を、綸旨で止めようとする計画が持ち上がる。	建内記
14			3・23	鎌倉御遺跡が、京都御連枝か持氏卿子息か、憲実に決定させ、かつ関東管領に就任するよう命じる綸旨を発給する案が出される。	建内記
15			3・24	すでに持氏の後継者＝鎌倉公方が決定したとの報が入る。関東管領就任を命じる、憲実宛ての綸旨が起草される。	建内記
16			6・5	上杉憲実、この日までに伊豆に隠遁したか。	『群馬県史』資料編七―一五四四・一五四五など

17			7・4	幕府、上杉憲実の慰留を諦め、龍忠丸を綸旨をもって補任することに決める。	建内記
18			8・20	前但馬守定之、鑁阿寺に対し、「環御」に伴う祈祷環巻数の返事をする。	鑁五八七
19			8・27	万寿王丸が鎌倉に環御するか。	鑁三七二
20			9・5	細川勝元、上杉憲実に「御両所様」が鎌倉にいることを承ったこと、また十分に意思をうかがうよう伝える。	神六〇七三
21	文安五	一四四八	9・	八幡宮、「弘法大師御筆」を宇津宮公方へ進上。	供僧次第
22			11・21	この日までに上杉憲忠関東管領就任。	神六〇七二
23				某、祈祷巻数を御所・同大御所・管領に送ったとする。	神六一一三
24	文安六（宝徳元）	一四四九	6・19	上杉憲忠、初めて万寿王丸の「仰」を受けた寄進状を発給。	神六〇七七
25			7・3	万寿王丸の名前が「成氏」に決定する。また、官途については、左兵衛佐か左馬頭が候補に挙がる。	康富記、判鑑は元服を文安二年とする。
26			8・10	土岐持益の屋敷にいる定尊（故鎌倉の持氏息）、関東環入と伝わる。	草根集
27			8・19	定尊（持氏息）、関東下向か。	草根集
28			8・27	成氏の官位が左馬頭に決定する。	判鑑・康富記（宝徳二年五月二十九日には「昨年」のみ）

［註記］『草根集』は『丹鶴叢書　草根集　上』（国書刊行会　一九一二年）、『看聞日記』は『続群書類従補遺二　看聞日記　下』、『周易抄』は『神奈川県史　通史編一』本文をそれぞれ参照にした。

兵、第二にその直後の義教の死亡、そして第三に清水氏も指摘する通り、幕府の方針転換である。幕閣は①安王・春王の兄弟（おそらく弟）である人物が「相続」すること、②上杉憲実を関東管領とすること、を決した。そして、混乱に乗じて「鎌倉万一謀反之輩」に備え、七月二十八日に垂井から京都に呼び寄せ、管領宿所に入れない東国の混乱を避けたのであろう。
とは言えよう。ただちに下向する方針がとられなかったのは、やはり佐竹氏討伐に関連して惹起されるかもしれ
れたが[42]、佐藤博信氏によって、定尊に比定されている[43]。この時期は、定尊が後継公方の最有力候補になっていた
たのである。なお、宿所はのちに土岐の所に変更した（『建内記』）。この人物は、百瀬今朝雄氏によって尊倣とさ

万寿王丸が後継公方として決定する

一方、東国では別の動きが見えた。万寿王丸の復権運動が展開されたのでる。まず、万寿王丸の動向がはっきりと見えるのは、嘉吉元年（一四四一）十二月二十九日付け石川氏宛て軍勢催促状である。その性格上、万寿王丸の復権運動も、当初は軍事行動を伴うものであったことに注意したい。同年とみられる十二月一、三、六日に、「信州之勢」に対して上杉憲信、長尾景仲、安保、那波などが軍勢を出しているの（表一№49～51）も、万寿王丸方の軍勢であったとみられる。石川氏への連絡といい、安王、春王の動向を継承するものであったと評価できるだろう。これは、定尊による東国への働きかけが見えないのと対照的である。彼自身が京都に留め置かれた理由が、鎌倉と距離を置かせることであったのだから当然ではあるが、この東国への対応の違いが、万寿王丸公方就任の伏線のひとつであろう。また、結城合戦時には途中から動向が知れない岩松持国が副状を発給していることを考えると、万寿王丸の東国への積極的な姿勢は、持国の助言もあった可能性もある。安王春王の軍事行動は失敗に終わったが、将軍足利義教が横死した後とあって、幕府軍の動きはうかがえず、上杉軍も万寿王丸の軍勢に決定打を与えられなかったようである。ただ、嘉吉二年以降、万寿王丸方と上杉氏の合戦がうかがえる史料は見

えないので、万寿王丸は上野に侵入できなかったようである。結城城落城後の上杉氏方の軍事的優位が確定したこともあり、万寿王丸方は武力による公方復権―鎌倉還御を想定できなくなったと評価できるだろう。そのため、文安元年冬までのある段階で、万寿王丸方は復権への手段を変更したと思われる。すなわち、軍事的復権から政治的復権への転化である。それは、具体的には次に見る「御代始」に代表された。一方、佐竹討伐の話は史料に見えなくなるので、信濃および白井での不穏な動きに対処することが優先され、沙汰止みになった可能性がある。また、上杉憲実と佐竹義人が関係を修復していたとする説[44]もあり、それも原因であろうか。

この万寿王丸の公方就任を幕府が了承したのはいつか。この問題は、百瀬氏・佐藤氏の説と、内山俊身氏の説が有力であり、確定には研究の進展が待たれる。百瀬・佐藤両氏は、無年号文書の年代比定を進めながら、文安元年（一四四四）十一月〜十二月の間に万寿王丸が私的な「御代始」（鑁二四九[45]）を行い、実際の公認は文安四年三月とする。内山氏は、無年号文書＝表一No.54・55を嘉吉二年十二月とした上で東国に下向した「白心」＝柏心周操が上杉氏に幕府の万寿王丸公認の意思を伝えた、とした。つまり、先の嘉吉二年「御代始」を内山説では「幕府公認」と評するのである。しかし、（万寿王丸が下向するまで）五年経つうちに「実態を失」ったとした。

なお近年の成果で、文安二年四月段階では京都にて「鎌倉殿」と呼ばれる人物がいたことがわかっている（『高倉永豊卿記』[46]）。百瀬・佐藤説をとれば、この人物は先の定尊とするのが自然であろう。これに対して内山説をとれば万寿王丸ということになる。万寿王丸側は「還御」＝鎌倉への帰還を願う祈祷を行うなど、復権への足掛かりを政治的に獲得するようになってきた（鑁三十二）。このように、祈祷巻数の返信を行う奉行層の存在があったことは、万寿王丸の東国での存在感を示していよう。

一方、幕府では鎌倉公方の復活には、隠遁の意思が固い上杉憲実が関東管領に復帰する必要があるとの考えが根強く、そのため文安四年三月には、異例にも綸旨をもって憲実の復帰を命じる準備がなされていた（『建内記』文安四年三月十三日）。綸旨の準備に当たった武家伝奏万里小路時房は、同月二十三日段階では、持氏の後継について「或京都御連枝欤或持氏卿子息欤、両様未決」（『建内記』）と述べているにもかかわらず、次の日には「於御人躰者已一定欤之由有其説也」（『建内記』）と述べているので、ここからそう遠くない時期に幕府内で内定していたものと思われる。その際、問題となるのは内山説との関連である。しかし、内山説は嘉吉二年に公方として公認された万寿王丸が、なぜ五年もその還御を伸ばされたのかという問題に（論文中にて幕府の動向・鎌倉府の問題・万寿王丸自体の問題と「想像」するものの）、明確な「成案」がない点で、やはり説得力に欠けると言わざるを得ない。幕府は「公方の就任には上杉憲実の協力が不可欠である」という認識を、嘉吉の乱以降持ち続けており、憲実が関東管領の復帰を承認しないうちに、幕府・上杉双方がこの時点で万寿王丸を公認するのは極めて不自然である。

私見では、同月十三日には、「新公方は、持氏息にする」との方向性が定まり、二十三日までの間に最終的な決定をみたと考えている。佐藤説に準じるものとなるが、その根拠は以下の通りである。

まず、文安三年三月十三日に憲実についてなされた幕閣の議論の中で憲実の意思は、「故鎌倉殿子息被立申可補佐之由、不存之」とのことであるとされた。これは「持氏息を公方に立てて、補佐するつもりはない」と解釈すべきである。しかし、あえて憲実の補佐の対象として、ここで「鎌倉殿御遺跡」等ではなく、「故鎌倉殿子息」との文言が登場するということは、幕閣（そして彼らと関わる時房の認識）の方向性として、すでに後継は持氏息に傾いていたように思える。ただし、憲実には補佐する意思はないということなのである。

ここで注意したいのは、この条の続きに「但於他人者、二階堂已下大名等雖在之、管領重職無其例歟之上、必上杉也」」との文言がある通り、十三日の主題は、「だれを公方にするか」、ではなく「だれを関東管領にするか」ということである。つまり、ここでもうかがえるのは公方は持氏子息として、あくまで関東管領には上杉氏（とくに長棟）の就任を模索するという幕府方の姿勢である。

ではなぜ、同月二十三日の段階で先述の通り「或京都御連枝歟或持氏卿子息歟、両様未決」という事態になるのであろうか。実はこの後は「唯可然之様安房入道可計申、同可補佐申し之趣、被成下　綸旨」と続く。阿部能久氏も指摘するところであるが[47]、この『建内記』同年三月二十三・廿四日条を通覧すると、当初は長棟宛てに公方後継者の決定と関東管領の就任を命ずる綸旨を作成する予定から、二十三日の決定を受けて、結局関東管領就任についてのみを記した綸旨を作成することになったことがわかる。つまり、ここでも長棟の関東管領就任の実現に向けた動きが主題であった。しかし、十三日条にて「鎌倉殿子息被立申可補佐之由、不存之」と長棟が述べたとあるので、「京都御連枝」も選択肢に入れて「可然之様」長棟が「計」ることを提案しようとしているのである。よって、ここに至るまで幕府の方針自体が未決定であったのではなく、長棟の翻意を期待した臨時の対案と考えるべきであろう。一時は公方の選定を長棟に任せてもよいとするほど、彼の関東管領復活を願っていたのである。しかし、最終的には公方の後継については長棟に決定させるのは止め、関東管領に任じる内容のみの綸旨が発給されたのである。つまりこれと同時に、「新公方は持氏子息にする」ことが最終決定したと言えよう。紆余曲折あった二十四日の「一定歟之由有其説」という曖昧な表現から、慌ただしい決定の様子が窺がわれる。

公方の決定であるが、ようやく解決が図られたのであった。

ただ、定尊が在京していたとすれば、万寿王丸も定尊も「持氏卿子息」であるのに、万寿王丸が公方となったのはなぜかという疑問が残る。あるいは、いつかの段階で定尊はそもそもの後継候補から脱落したのであろうか。万寿王丸決定の背景について、佐藤氏は何点か述べているが、大まかに①在京都の「（鎌倉において）権力基盤のない」候補者に比して万寿王丸の復権運動が奏功したこと、②幕府・鎌倉府双方の意向が持氏遺児の公方後継で一致したこと、③鎌倉府内部における条件の整備＝憲実の了解があった、とされた。谷口雄太氏もこれらに関連して、おおむね佐藤説と同様な見解を述べている[48]。さらに、黒田基樹氏も「関東諸士」（『判鑑』）の働きかけ、また、文安年間に入っても持氏派の残党とみられる一色伊予七郎も文安年間に挙兵し、上杉方に打撃を与えていた（埼史四九三）ので、これらを抑えるには、持氏子息で東国に認知されている万寿王丸しか選択肢がなかったとしている。本稿もこれらの説に同意したい。佐藤氏も指摘するように[49]、上杉氏の支配に対する反発は各所で起きていたのである。そこに公方空位期の東国の矛盾をみる必要があろう。加えて、「一色伊予介子息之児」（伊予守孫か）を日蓮宗関係者が保護していたとの動向が京都でも確認された（「本法寺文書」千五―五号）。このような持氏遺児・残党の動向は、京都の政情不安につながったであろう。

新公方決定までの期間が長期にわたった背景としては、これまで述べてきたように上杉憲実の去就と関東管領職の行方が決定しなかったことがまず挙げられよう。また、山田邦明氏は当該期の幕府政治が不安定であったことも原因として挙げる[50]。注目すべき見解であろう。

それでは、実際に万寿王丸の鎌倉還御はいつのことだろうか。かつては定尊の帰還年月日と混同されていたが、佐藤博信氏による文安四年八月二十七日説(51)が有力である。これは、「去廿七日還御」との文言がある無年号八月二十九日付け前但馬守定之書状（鑁三七二）と文安四年八月二十日付け前但馬守定之書状（鑁五八七）の定之花押が一致することによる。その後、同年九月五日(52)とされる上杉憲実宛て細川勝元書状（「喜連川文書」神六〇七三）には「御両所様在鎌倉事、御註進之趣承候了」とあり、万寿王丸ともう一名足利氏（多分に兄弟か）がいたことが分かっている。江の島合戦後、宝徳二年五月ごろと見られる事書（「喜連川文書」戦古六）に雪下殿定尊と勝長寿院門主成潤の二名が見えるので、このころ成氏の周辺にいた兄弟はこの二人であった。そのうち定尊は、宝徳元年に鎌倉に下向したので、「御両所」の一名は成潤であった可能性が高い(53)。

『大草紙』によると、成氏は上野白井から武蔵府中をへて鎌倉に環御し、龍興院、後に浄智寺にて御所の完成を待ったという(54)。翌文安五年九月には、「宇津宮公方」なる人物に鶴岡香象院珍祐が「八幡御影」を進上したとされるので、万寿王丸は宇都宮辻子を座所としていたことになろう。

次に、万寿王丸の元服と官途について述べたい。これについては『康富記』(55)に詳しい。まず元服については、文安六年七月三日の項に、長尾景信(56)からの求めに応じて「成氏」と決定されたとある。歴代同様、将軍＝義成（のちの義政）からの偏諱であろう。

また、官途のことについては左馬頭か右兵衛佐のいずれかを希望したが、左馬頭は将軍義成が在職中であったので、右兵衛佐に任官する運びとなったが、同年義成が参議になるにあたり、左馬頭を成氏に譲ったという

（『康富記』宝徳二年五月二十九日）。宝徳元年（文安六年七月二十八年改元）八月二十七日に従五位下左馬頭に任官した（『判鑑』）。これに対する祝賀が、畠山持国から九月十一日にもたらされている（「喜連川文書」神六〇八二）。また、同三年二月二十八日には従四位下になったという（『判鑑』）。

つづいて、公方の復帰と不可分の関係にあった関東管領についてまとめたい。文安四年三月二十四日に憲実を関東管領にするための綸旨が起草された（『建内記』）。そもそも、憲実を関東管領に復帰させることは、嘉吉の乱後の幕閣の基本方針であった（『建内記』嘉吉元年七月二十八日）。しかし、文安四年七月に至っても憲実は関東管領職には就かず、そのため、嫡男龍忠（のちの憲忠）を関東管領にする綸旨が同年七月四日に出された（『建内記』文安四年七月十日）。就任の時期を示すものとして、文安五年十一月二十一日に京都泉涌寺領を同寺雑掌に沙汰付けるように管領細川勝元から命じられているものが初見文書（「覚園寺文書」神六〇七二）である。百瀬氏がすでに指摘しているように(57)、ほぼ同様の命令が同年十一月十三日には幕府管領から守護に直接出されているので、十三日から二十一日の間に就任したと思われる。

以上のような流れで鎌倉公方足利成氏は成立した。もう一度画期を見通すと、成氏の代始めは嘉吉二年十二月か文安四年十二月、持氏後継の鎌倉公方に最終的に決定したのが、文安四年三月十三から二十三日の間、鎌倉下向が同年八月二十七日、元服が文安六年七月三日以降、叙任は同年八月二十七日となっている。後に成氏の兄弟が集結したり、東国武士の出仕が再開されたりして、徐々に鎌倉府が再建されたのである。

おわりに

最後に、本稿の内容をまとめたい。

いわゆる「結城合戦」については、首謀者に佐竹氏が加わっていたこと、結城城のみでなく、極めて広い範囲で合戦が展開された内乱であると評価した。一方、この乱に参加した関東足利氏の一族は鎌倉への帰還を目的とし、鎌倉と奥羽を中心に体制を立て直すという明確な政権構想を有していた。よって、この内乱は成氏一派によるそれと同様に、公方復権運動であったと見ることができる。前者が合戦を伴い、後者は複雑な政治交渉と判断によった、という質の違いがあるものの、志向としては同じものであった。その変質のきっかけが、結城城落城に代表される公方方の合戦での敗北であった。生き残った関東足利氏の一族は、自らの復権を合戦によって成し遂げることが不可能であることを悟り、方針の変更に迫られた。

一方、幕府の方でも永享の乱に続く内乱で東国の政治情勢の複雑さを実感したに違いない。義教横死後の混乱の中で、新公方を「義教子息の中から擁立する」という方針を「持氏遺児の中から擁立する」に路線変更したのであった。義教の子息はまだ健在であったのだから、この路線変更は義教の横死のみによるものとは考え難い。幕閣は、関東はやはり関東足利氏に継承させることで混乱の終息をみようという方針に落ち着いたのである。成氏がすでに復権運動を展開し、鎌倉の奉行人層との関係を有するなど、政治活動を行っていたことも要因のひとつであろう。享徳の乱前半までの成氏の政権運営は、上杉氏（およびその被官）とは対立しても、幕府の意向には服するというものであった。その政治姿勢は、以上のような公方成氏誕生の過程に規定されている。

なお、論じ残した問題として、結城氏が持氏遺児に協力した背景に関する考察がある。結城氏はこれまで、鎌倉府の外様衆のうち、特に親鎌倉の立場であったと評価されてきた一方、同族である小山氏が鎌倉府軍によって滅亡するという事態に直面している。上杉氏や幕府と対峙することが、どのようなことになるか、認識できていたはずである。よって、その背景を解明するため、結城氏はもとより、周辺地域（特に常陸）の動向や両軍の構成を精緻に検討する必要がある。今後の課題としたい。

註

（1）渡辺世祐『関東中心足利時代之研究』（新人物往来社、一九七四年）。なお、とくに断りのない限り本文で引用する各氏の説は先行研究整理で挙げた論文に拠る。

（2）百瀬今朝雄「主なき鎌倉府」（『神奈川県史』通史編一　原始・古代・中世　第三章第三節、一九八〇年）。久保田順一「関東の情勢と上杉氏」（『群馬県史』通史編三　第五章第一節、一九八九年）も百瀬説をほぼ踏襲している。

（3）永原慶二「結城合戦」（『結城市史』第四巻　古代中世通史編　第三編第四章、一九八〇年）。新田英治「室町幕府と鎌倉府」（『茨城県史』中世編　第三章第四節、一九八六年）も永原説を踏襲している。

（4）市村高男「鎌倉府体制の展開と結城・小山一族」（荒川善夫編著『下総結城氏』戎光祥出版、二〇一二年、初出一九八四年）。

（5）紙幅の関係で網羅はできないが、『結城合戦絵詞』についての研究は多く、秋山光夫「結城合戦絵詞の発見」（『画説』七十二号、一九四二年）、鈴木敬三「図版特集」（鈴木敬三・宮次男監修『図説　日本の歴史』七、集英社、一九七五年。）の研究がその先駆的なものである。これらの研究史は、高橋修「『結城合戦絵詞』とはなにか」（大田原市那須与一伝承館『『結城合戦絵巻」の世界と那須の戦国』、二〇一二年）や藤本正行「結城合戦絵詞の錯簡について」（『常総中世史研究』創刊号、二〇一三年）がわかりやすく整理している。また、文学史における研究には『結城戦場物語』における、時宗の影響を見る林祝子「『結城戦場物語』の作者について」（古典文庫四二一『結城戦場物語』、一九八〇年）や、結城関係の家伝や軍記をまとめた高橋恵美子『中世結城氏の軍記と家伝』（勉誠出版、二〇一〇年）がある。

(6) 佐藤博信「永享の乱後における関東足利氏の動向——とくに『石川文書』を中心として——」（同『古河公方足利氏の研究』校倉書房、一九八九年、初出一九八八年）。

(7) 内山俊身「鳥名木文書に見る室町期東国の政治状況——永享の乱・結城合戦時の霞ヶ浦周辺と足利万寿王丸の鎌倉公方復権運動について——」（『茨城県立歴史館報』第三十一号、二〇〇四年）。本稿における内山氏の説はとくに断らない限りこの論文による。

(8) 木下聡「結城合戦前後の扇谷上杉氏——新出史料の紹介と検討を通じて——」（黒田基樹編著『扇谷上杉氏』戎光祥出版、二〇一二年、初出二〇〇九年）。

(9) 前川辰徳「結城合戦再考」（大田原市那須与一伝承館『「結城合戦絵巻」の世界と那須の戦国』、二〇一二年）。

(10) 荒川善夫「下総結城氏の動向」（前掲荒川編著『下総結城氏』）。

(11) 『茨城県立歴史館史料叢書　安得虎子——古文書・古記録編』（二〇一七年）。

(12) 佐藤博信「鎌倉府体制下の武蔵六浦庄の地域的展開——特に永享の乱後を中心に——」（『千葉大学人文研究』第四十六号、二〇一七年）。史料1Ⓐの「若君様」をだれに比定するかによるであろう。

(13) 江田郁夫「武力としての日光山——昌膳の乱をめぐって——」（『日本歴史』六三八号、二〇〇一年）。

(14) 小池勝也「日光山（大御堂）別当考——別当職中絶にいたる経緯について——」（千葉歴史学会中世史部会レジュメ、二〇一三年）。

(15) 萩原義照「中郡木所城址研究」（『岩瀬町史研究』第二号、一九七九年）。

(16) 『鎌倉持氏記』（古典遺産の会編『室町軍記総覧』明治書院、一九八五年）、文中や表中では『持氏記』と略記する。

(17) 伊藤一美氏・加茂下仁氏は、安保氏が武蔵の一揆の代表格として信濃・上野の情勢を上杉憲実に報告しつつ、結城合戦に参加していることを指摘した。伊藤一美「結城合戦と安保氏の動向」(『武蔵武士団の一様態　安保氏の研究』文献出版、一九八一年、初出一九七四年)。加茂下仁「結城合戦と武蔵武士」(『新編埼玉県史』通史編二　第三章第三節二、一九八八年)。

(18) 佐藤博信「畠山持国と岩松持国」(『中世東国 足利・北条氏の世界』岩田書院、二〇〇六年、初出一九八七年)。

(19) 前掲佐藤「永享の乱後における関東足利氏の動向―とくに『石川文書』を中心として―」。

(20) 結城系の大内氏については、荒川善夫「鎌倉期下総結城一族の所領考」(前掲荒川『下総結城氏』所収、初出一九九二年)。

(21) 『蔭凉軒日録』(『増補続史料大成　蔭凉軒日録二』(臨川書店、一九七八年)。以下、文中に『蔭凉軒』と略記する。

(22) 「中岫」＝中久喜については、南北朝段階で小山氏の居城があったとされる(『小山市史』通史編中世)が、定かではない。また、この時、小山・結城いずれの勢力圏に属したかは不明である。

(23) 齋藤慎一「鎌倉街道上道と北関東」(『中世東国の道と城館』東京大学出版会、二〇一〇年、初出二〇〇三年)。小山大道については、江田郁夫「奥大道と下野―中世大道の特質―」(『中世東国の街道と武士団』岩田書院、二〇一〇年、初出二〇〇一年)。

(24) 「於野州祇園城致忠節之由、小山小四郎註進到来、尤神妙、弥可抽戦功也」と記される、島津修理亮宛ての足利義教感状がある(国立国会図書館所蔵青山文庫文書古印古文書模本)。発給月日が宿城合戦のものと同じなので、ほぼ同時期の嶋津氏の動向であると思われるが、こちらは「致忠節」の月日が書いておらず、内容からも祇園城で合戦があったと断定するはできない。安王・春王方が中岫に移座したことによる入城の可能性もあろう。

(25) 拙稿「小山氏の乱」(黒田基樹編著『足利氏満とその時代』戎光祥出版、二〇一四年)。

(26) 秋山隆雄「小山の城と奥大道」(橋本澄朗・荒川善夫編『東国の中世遺跡』随想舎、二〇〇九年)。

(27) 常陸や下野の鎌倉街道については、近年まとまった成果が上がっている。内山俊身「下総西部の鎌倉街道中道」、宇留野主税「下野国と奥大道をつなぐ小栗への道」、同「鎌倉街道と町場―常陸国中郡の宿と町」(いずれも、高橋修・宇留野主税編『鎌倉街道中道・下道』〈高志書院、二〇一七年〉に所収)。

(28) この点は、黒田基樹『長尾景仲』(戎光祥出版、二〇一五年)を参照のこと。なお、同書は合戦全体の流れも簡潔にまとめてある。
(29) 下山治久監修『記録御用書本古文書(上)』(東京堂出版、二〇〇〇年)。
(30) 渡辺正俊「篠河・稲村公方と群雄」(『福島県史』通史編一　原始・古代・中世、一九六九年)。
(31) 諸陣談合については吉田賢司「室町幕府の守護・国人連合軍」(『室町幕府軍制の構造と展開』吉川弘文館、二〇一〇年、初出二〇〇九年)参照。
(32) 黒田基樹「上杉清方の基礎的研究」(同編著『関東管領上杉氏』戎光祥出版、二〇一三年)。
(33) 伊藤一美氏は、前掲「結城合戦と安保氏の動向」にて、これら信濃上野の敵軍の主体はこの大井氏らであったと予測した。
(34) 『山梨県史』通史編二中世(二〇〇七年)。なお、この点については磯貝正義『武田信重』(戎光祥出版、二〇一〇年、初出一九七四年)も参照のこと。
(35) 史料二の中略した部分には、小笠原氏の言葉として「信州・甲州・大井・逸見以下事者、何程事可仕哉」とある。
(36) なお、遠江の中条持家は結城城の合戦に参加していたが、同様に佐竹攻撃の準備を命じられた(「猿投神社文書」『愛知県史』資料編9中世2一六四九号)。これについては川口成人「足利義教政権後期における都鄙交渉の転換」(『古文書研究』第八十二号、二〇一六年)にも言及がある。
(37) 『鎌倉九代後記』には、この近辺にあったとされる泰安寺に、満貞が居住していたとの記述がある。
(38) 「跡続」は子息と考えるのが自然であるが、他の史料に見えないことから考えると、安王・春王のいずれか、さらに言えば安王丸が軍勢催促を出しているなど二人の中で上位にいると思われることを考え合わせると、春王がその「跡続」であった可能性もあろう。
(39) 『師郷記』(『史料纂集古記録編　師郷記3』(八木書店、一九八六年)。
(40) 清水克行「まぼろしの鎌倉公方―足利義永について―」(『駿台史学』第一五七号、二〇一六年)
(41) 『建内記』(『大日本古記録　建内記』(岩波書店)。本稿ではこのうち、二巻(一九六六年)および八巻(一九七八年)を参照した。
(42) 百瀬今朝雄「鎌倉府の没落」（『神奈川県史』通史編一　原始・古代・中世　第三章第四節、一九八〇年）。万寿王丸の鎌倉環御後の通史についてはこの論文から多くの示唆を得た。また、成氏の幼名が二次史料にあるように「永寿王丸」ではなく「万寿王丸」であることを指摘したのも百瀬氏である（「足利成氏の幼名」〈『日本歴史』四一四号、一九八二年〉）。
(43) 佐藤博信「雪下殿定尊について」（『中世東国政治史論』塙書房、二〇〇六年、初出一九八六年）。
(44) 前掲黒田『長尾景仲』。
(45) 『栃木県史』史料編中世一（一九七三年）所収「鑁阿寺文書」。以後、「鑁〇〇」のように略記（〇〇は文書番号）。この文書は年未詳であるが、文安元年十二月十八日付け前下野守義行書状（鑁二五二）と花押が酷似し、また内容も深くかかわるものであるため、文安元年のものと佐藤氏が述べている（「鎌倉府奉行人の一軌跡―前下野守義行の場合―」〈『中世東国の支配構造』思文閣出版、一九八九年、初出一九八三年〉）。
(46) 榎原雅治・木下聡・谷口雄太・堀川康史「『高倉永豊卿記』の翻刻と紹介」（『東京大学日本史学研究室紀要』第十八号、二〇一四年）。
(47) 阿部能久「戦国期関東公方とその発給文書」（『戦国期関東公方の研究』思文閣出版、二〇〇六年、初出二〇〇四年）。
(48) 谷口雄太「足利持氏の子女」（黒田基樹編著『足利持氏とその時代』戎光祥出版、二〇一六年）。
(49) 佐藤博信「足利成氏とその時代」（『古河公方足利氏の研究』校倉書房、一九八九年、初出一九八七年）。
(50) 山田邦明『享徳の乱と太田道灌』（吉川弘文館、二〇一五年）。
(51) 佐藤博信「足利成氏についての覚書」（『古河公方足利氏の研究』校倉書房、一九八九年、初出一九八五年）。
(52) 百瀬今朝雄「足利成氏の家督相続と鎌倉帰還の時期について」（『神奈川県史研究』四十六号、一九八一年）。
(53) 前掲谷口論文参照。また、成潤については、久保賢司「享徳の乱における足利成氏の誤算―貴種の格付け、正官と権官、主君と家臣の関係についても―」（佐藤博信編『中世東国の政治構造』岩田書院、二〇〇七年）に詳しい。
(54) 『鶴岡八幡宮寺諸職次第』（鶴岡八幡宮社務所、一九九二年）。

(55)『康富記』(『増補史料大成　康富記三』臨川書店、一九六五年)。
(56)前掲山田『享徳の乱と太田道灌』、前掲黒田『長尾景仲』。
(57)前掲百瀬「鎌倉府の没落」。

【付記】本稿を成すにあたり、関東足利氏研究会にて報告した際、多くのご助言・ご教示をいただいた。いちいち記すことはできないが、この場を借りて御礼申し上げる。

なお、足利成氏の鎌倉帰還時期については、本書植田論文とは見解を異にしている。複雑な史料解釈が必要であり、今後のさらなる検討課題としたい。

Ⅱ
江の島合戦の経過と意義

駒見敬祐

はじめに

本稿では、宝徳二年（一四五〇）に起こった江の島合戦の基礎的事実と、その意義について具体的に明らかにしていくことを目的とする。江の島合戦は、永享の乱を経て、鎌倉公方には足利成氏が、関東管領には上杉憲忠が就任することにより、鎌倉府体制がまさに「再建」されたのちに最初に起こった、公方方と関東管領方両勢力の武力衝突である。ここには、享徳の乱へと向かっていく政局の争点があると考えられる。

まず、先行研究を確認したい。享徳の乱への前提ということもあり、江の島合戦の過程に言及したものは少なくない。通史的視点から取り扱ったものとしては、『神奈川県史　通史編1　原始・古代・中世』（一九八一年、百瀬今朝雄氏執筆）があり、乱の経過について丁寧な考察がなされ、事実関係が明確にされている。江の島合戦の意義に関しては、佐藤博信氏による足利成氏を扱った論考のなかで触れられている[1]。佐藤氏は、江の島合戦は、成氏が長尾・太田らを排除し、上杉憲実を復帰させることによって、永享の乱・結城合戦の否定を目指した過程の一つとし、結局それは長尾・太田らの存在の大きさを認めざるを得ないことで失敗したとしている。また、阿部能久氏による江の島合戦を取り扱った専論[2]では、長尾景仲らが合戦の叛乱の主体と成氏に認識されていたこと、上杉憲実の復帰が争点になっていること、成氏は幕府権力、ひいては朝廷権威を背景に、乱の終結にあたろうとしていたこと、成氏は、綸旨で補任された憲忠の更迭のために憲実への綸旨発給を要請していたこと、などを指摘している。近年では、黒田基樹氏が、当該期の上杉氏の家宰であった長尾景仲を取り扱った評伝[3]において、この時期の政治史について詳述しており、その中で江の島合戦とその前後の政治状況について一章分が充てられ、乱の詳細な動向を明らかにしている。これら先行研究によって、享徳の乱の前提としての江の島合戦の状況は、具体的に明らかにされてきている。

ただし、史料の年次比定や解釈については、論者によって違う部分もあり、いまだ確定されていない部分もあるうえに、江の島合戦勃発そのものの意義については、論じ残されている部分もあるといえる。そこで本稿では、あらためて先行研究の整理を行ないながら、史料に沿って江の島合戦の推移を概観し、その意義について考えたい。

なお、「江の島」の表記について、資料中には「江島」「江嶋」と記されてはいるが、ここでは現在使われている一般的な表記である「江の島」で統一することとする。

一、江の島合戦の経過

合戦の勃発まで

文安四年（一四四七）八月、足利万寿王丸、のちの足利成氏が鎌倉に入り、鎌倉公方となった。同年九月には、上杉憲実の子、上杉憲忠が関東管領となることにより、鎌倉公方―関東管領による「鎌倉府体制」がおよそ十年ぶりに復活した(4)。文安六年（宝徳元、一四四九）七月三日には、万寿王丸は元服し「成氏」と命名された（『建内記』）。将軍足利義成（後に義政と改称）から一字を頂くかたちでの命名であった。同年には従五位下左馬頭に任じられている（『建内記』）。

成氏の鎌倉公方就任にあたって、その要請を行ったのは、関東の諸氏であったと考えられている。その根拠としては、結城合戦をその最大なものとして、各地で旧公方方の反乱が数多く起こっていたことによる対応という点があげられる(5)。関東の実質的支配者となっていた上杉氏方にしても、その中心であった上杉憲実（長棟、以下「長棟」で統一）が隠遁し、その次の関東管領になった清方も突然の死を遂げ、山内上杉氏の家督に関しても内部での争いも起こっていたことが知られている(6)。こうした背景のなかで、鎌倉公方の復活が求められていった。

また、幕府に鎌倉公方として成氏を招請したのは、長尾景仲を中心とする山内上杉氏家中であったとされている(7)。そして、長棟の反対をおして関東管領に長棟の長子龍忠丸（憲忠）を擁立したのも、長尾景仲らであったとされている(8)。しかし、こうした面々が、後に成氏に警戒されていくことになる。

成氏の江の島移座

宝徳二年（一四五〇）四月二十日、成氏は江の島に移座し[9]、その翌日、関東管領方の長尾景仲（昌賢）・太田資清（道真）軍と戦闘状態に入る。江の島合戦の勃発である。『鎌倉大草紙』には、同年五月十二日になって成氏がこの時の状況を幕府管領畠山持国に遣わした書状が載せられている。この史料に関してはいくつかの諸本が確認されており、『北区史　資料編　古代中世1』に、諸本を校合したものが所収されている。諸本の中では、「南部文書」に残る案文は比較的良質である点が、黒田基樹氏によって指摘されている[10]。ただし、「南部文書」では、冒頭から一つ書きの一つ目、「参上事雖度々申」までが存在しているが、後半部分は欠損しており、『鎌倉大草紙』によって補うほかは無い。「南部文書」と『鎌倉大草紙』所載のものでは、いくつか異なる部分も存在しているが、以下では、史料の全体像を把握するために、両史料を校合した『北区史』所収の史料を中心に、『鎌倉大草紙』所載のものとを校合したものを掲げ、この書状に沿って乱の展開を見ていきたい。

【史料1】足利成氏書状写（「鎌倉大草紙」『北区史　資料編　古代中世1』一四〇号）

関東執務之事、上杉右京亮憲忠雖居其職候、依為微若、長尾左衛門入道《昌賢、景仲》自専諸職、令蔑如公務、太田備中入道《道真・資清》為談合張本、緩怠逐日令倍増、剰搆種々造意綺語、既覃火急之間、無拠于堪忍候間、速々依相談安房入道候、去月廿日夜、俄移居江島候処、翌日廿一日為長尾・太田骨張、引率多勢、於輿越致合戦間、小山下野守《持政》家人数輩討死候、其後彼等打出由比浜へ候処、千葉介・小田讃岐守《持家》・宇都宮右馬頭《等綱》以下為御方、数刻防戦之間、凶徒等悉被打散、相残軍兵引退相州糟谷荘畢、就中上杉修理大夫入道、号隠居遁公名、白衣打着甲冑、雖致合戦張行候、長棟《上杉憲実》舎弟道悦《上杉重方》僧、為無為計略、自駿州罷越、執申降参訴訟候間、以寛宥之儀、父子共可優免旨、申付候処、参上令難渋、結句七澤山仁構要害之由其聞候、次於長尾・太田以下凶徒者、速可加誅罰由、令成敗候、一件不替時、雖可致注進候、相待長棟帰国為談合、言上于今延引候、

一右京亮事、自元無誤間、参上事雖度々申、（以下は『鎌倉大草紙』のみ）「行歩不自由歟、尤不便至候、爰憲忠被官人中、長尾名字数輩、羽続・小幡・小宮山以下数十人、馳参当陣候、

一安房入道候関東、可執行政務之由、可被仰下候、

一去廿一日合戦時、戦功輩中江可被成下御感之御教書候、

一関東諸侍并武州・上州一揆輩中江可致忠節旨、被成御教書候者、尤可然存候、

一勝長寿院門主・若宮社務、悉村何居、当帰候、

一奉対京都、一切不存私曲候、於自今以後茂、可抽無二忠勤候肝要、安房入道縦雖居傍候、早速可帰相旨、被下上裁候者、可畏入候、此等趣可然様可令披露給候、恐々謹言、

五月十二日　成氏

（畠山持国）左衛門督入道殿

右史料の解釈と、合戦の経過を『鎌倉大草紙』などから復元しておこう。

まず、一つ書きまでの解釈を行なう。関東管領である憲忠が「微若」だったため、長尾・太田の両氏の専横が目立つようになり、四月二十日に江の島に移座した成氏方と合戦が発生した。『鎌倉大草紙』によれば、先制攻撃をかけたのは長尾・太田勢で、総勢五〇〇余騎にて鎌倉の御所（宇津宮御所カ）を襲撃し、火急をつかれた成氏は、安房・上総へ渡り態勢を立て直すことを目論み、江の島に移座したという。翌日、長尾・太田等は腰越ま

で出張り、これに対し成氏方は小山持政が七里ヶ浜で防戦したが、小勢により家子郎党八十余人が討ち死にし、持政も傷を蒙り引き退く。その後、由比ヶ浜において長尾・太田勢が押し寄せ、成氏方は千葉胤将・小田持家・宇都宮等綱らが四百余騎で戦い、長尾・太田勢は百二十余人が討死して相模国糟谷庄へ退いた。なお『鎌倉大草紙』は、憲忠も相模国七澤山へ退いたとするが、後述するように、七澤山で成氏方に抵抗をしていたのは扇谷上杉持朝・顕房の父子であるため、憲忠の行動としてはふさわしくない。

この戦いに際し、成氏に味方したのは、小山持政・千葉胤将・小田持家・宇都宮等綱ら、関東の有力豪族等であった。(11) 彼らのうちの多くは、永享の乱や結城合戦に際しては、幕府・関東管領方についていた。しかし、ここにいたって彼らは成氏に味方したのである。これは、関東の政治秩序が、結城合戦以後の混乱をうけて、鎌倉公方を中心とした体制として、関東の諸氏に望まれるようになっていた状況を示すといえる。

戦いののち、長棟の弟道悦（上杉重方、以下道悦で統一する）が、駿河国より参上し、仲介に入り、成氏は持朝・顕房の父子について赦免するとしたが、持朝らは相模国七澤山に要害を構えているという。また、「凶徒」である長尾・太田に関しては、速やかに追罰することを成氏は求めている。

後半の一つ書きは、主に『鎌倉大草紙』に所載のもので、「南部文書」の写しでは欠損している。一つ目では、憲忠に関しては、もとより誤りは無いとしながらも、参上すると言いながら、「行歩不自由」のためか、参上は無く、かわりに憲忠被官の「長尾名字数輩、羽続・小幡・小宮山以下数十人」が成氏の陣に参じたとする。

二つ目では、長棟を関東に戻し政務を執らせることを要求している。この問題は、のちのちまで成氏の中心的な要求になっていく。

三つ目では、二十一日の合戦で成氏方において戦功のあったものに対して、将軍による御感の御教書の発給を要請している。

四つ目では、関東諸侍と武州・上州一揆の忠節に対して将軍御教書を要求する。これは前条と関連するものであろう。

五つ目では、誤字からか意味が取りにくいが、勝長寿院門主の成潤と若宮社務定尊（ともに成氏の兄弟）を一所に置くことを要求しているとみられる。おそらく成氏は、敵方に足利一族の貴種をあらたに擁立されることを恐れていたものと考えられる(12)。

六つ目では、今回の戦いに際しては、京都に対して一切の私曲は無く、今後とも忠勤を尽くすとしている。そして、特に長棟の鎌倉帰参の「上裁」を求めている。

次に、右の内容のなかで、「南部文書」所載部分にある、成氏が鎌倉移座に際し、「速々依相談安房入道」とあり、あらかじめ長棟となにがしかの「相談」をしていたとされている部分に注目したい。成氏が長棟とあらかじめ相談していたということは、はたして現実的なものだったのであろうか。

この手がかりとして、合戦の仲介役だった道悦の動向が注目される。道悦は、上杉房方の五男で、長棟の弟にあたる。長棟と同様に、越後上杉氏の出身であるが、「上杉系図大概(13)」によれば「少壮時、与兄安房守憲実、在鎌倉」とあり、長棟が鎌倉に来た時期と同じころに鎌倉に下っていたとされる。道悦の活動の初見は、軍記物ではあるが、「鎌倉持氏記」に、永享十年（一四三八）、持氏の嫡子元服の際、長棟（当時は憲実）から持氏に、将軍足利義教に偏諱をもらうための使者として「三郎重方」の派遣が申し出されているものである(14)。また、同十一年とされる三月四日の白川氏朝・小峯朝親の連署書状は、山内上杉氏の家宰長尾芳伝宛てではあるが、「上杉三郎殿への御返事」との注記があり、またその翌日には、足利満直が道悦に宛て、以前「安房守」（＝長棟）へ伝えていた長沼次郎の事について、「内々」に心得ておくようにとの書状を出している。[15] これらの道悦の活動からは、彼は長棟の弟として、長棟の側で長棟を支える一門としての役割を果たしていたことがわかる。

そして、その後の道悦の動向を伝えるのが、ここでの仲介役である。しかもこの時、道悦は、駿河国より罷り越したとある。すなわち、道悦はこの時点で鎌倉にいないことがわかる。それを示すものに、宝徳三年五月二十五日付けの所領相博を安堵した管領畠山持国の下知状がある。

【史料2】畠山持国奉書下知状案（「上杉文書」『神[16]』六一二〇）

円覚寺宝亀庵并受勝軒領越後国中治田保与道悦知行武蔵国中野郷内堀内・下萩窪・泉村相傳(博)旨、被聞食訖、不可有相違之由、所被仰下也、仍下知如件、

宝徳三年五月廿五日　沙弥在判

右は、道悦知行の武蔵国中野郷内の堀内以下三村（東京都杉並区）と、円覚寺宝亀庵の知行する越後国中治田保（新潟県燕市）とを相博するとしたものである。このことは、道悦が関東での自らの知行地を清算している行動と考えられ、すでに道悦は関東から手を引いていたことを示すのではなかろうか。

一方で、この時期、長棟の所在先も明らかではない。あえて推測するならば、道悦は長棟と同所、もしくはかなり近い場所にいたのではなかろうか。「上杉系図大概」によると、道悦は「今出家修道在九州、道悦庵是也」とある。ここでいう「今」とは、「上杉系図大概」作成年次が文明九年（一四七七）頃と考えられているので、そ

のころにあたるだろう。一方の長棟も一時期九州の地まで流浪し、文正元年（一四六六）に長門国大寧寺で没しているから、道悦が九州に所在していたことは、長棟の動向と関係があることは明らかであろう。『鎌倉大草紙』でも、長棟は「後に舎弟道悦長老と同道して西国に行脚す」としている。

すなわちここで考えられることは、江の島合戦時、道悦は長棟と同所、あるいは少なくともごく近いところにおり、成氏となんらかの相談をしていた長棟の働きをうけ、合戦の仲裁にあたったのではないだろうか。本筋からそれて冗長とした道悦についての考察を続けてきたのは、この点は成氏の主張の信憑性を考えるにあたっても重要な点であると考えるからである。

合戦後の状況に戻ろう。幕府に対し弁明の書状を出した成氏だったが、同月二十五日には、稲荷大明神に対し、天下安全、武運長久と、「凶徒」退治の願書を捧げている。

【史料3】足利成氏願文写（「古証文　二」『戦国遺文　古河公方編』五）

御願書

稲荷大明神

右、御願旨趣者、天下安全、武運長久、殊凶徒等不日致退治、早属静謐者、可被成御造営者也、仍願書如件、

宝徳二年五月廿五日

左馬頭源朝臣成氏（花押影）

この稲荷大明神は、鶴岡八幡宮の大蔵稲荷のことであろうか。また、六月十三日には、沙弥某が上野国鑁阿寺

へ陣中祈祷の巻数請け取りを出している。[17] このように成氏は、幕府に対し弁明を行う一方で、関東の諸寺社に対しては祈祷命令を発し、事態の収束を図ろうとしていたことがわかる。

幕府の対応

続いて、これに対する幕府の反応をみていきたい。成氏の書状を受けたのは、幕府の管領畠山持国（徳本、以下「持国」で統一）だった。五月二十七日、持国は「関東奉公方面々中」と「武州・上州白旗一揆中」にむけ、事を無為に属すようにと命じている。

【史料4】畠山持国奉書（「喜連川文書」『神』六〇九三）

（懸紙ウハ紙）「沙□□□（弥徳本カ）　関東奉公面々中」

今度関東合戦事、不期次第、太不可然、於于今者、属無為歟、毎事無不忠之儀、可被励其功之由、所被仰下也、仍執達如件、

宝徳二年五月廿七日　沙弥（花押）

関東奉公方面々中

【史料5】畠山持国奉書写（「齋藤文書」『埼玉県史　資料編5中世』八二六）

今度関東合戦事、不慮次第、太不可然、於于今者属無為歟、毎事無不忠儀、可被励其功由、所被仰下也、仍執達如件、

五月廿七日　徳本

武州・上州白旗一揆中

これは、先の成氏書状の一つ書き四つ目にある、「一関東諸侍并武州・上州一揆輩中へ可致忠節旨、被成御教書候者、尤可然存候」との要請を受け入れたものであり、持国もまた、成氏の願いをうけ、この戦いが無為に済むように取り計らっていたことがわかる。

同日、持国は武田信長に対しても書状を送っている。

【史料6】畠山持国書状案写（「南部文書」『埼玉史料叢書11』四九四）

関東事委細御註進旨、既披露仕候、仍長尾左衛門入道并太田備中入道等事、隠遁之由承候、於于今者、属無為儀候哉、随而長棟帰参以下事、任御申請旨、被成御教書候、目出度候、恐々、

五月廿七日　徳本

武田右馬助（信長）入道殿

右は、信長から幕府へ関東の情勢について報告があり、すでに将軍に披露され、長尾景仲・太田資清の隠遁と、長棟の帰参のことについて「御申請旨」に任せて御教書がなされたと、持国から信長に伝えたものである。信長の立場について黒田氏は「信長が成氏の奉公衆の中で、極めて有力な地位にあったことをうかがうことができる」とし、「信長はかつて在京していた経験もあるとみられ、そのため幕府有力者とも知音の関係があったであろうことも、こうした信長の立場の形成に寄与していたことが考えられる」とする。[18]【史料6】で持国が示した「御申請」の内容と、同日付けで成氏書状の内容に応えた【史料4・5】が発給されていることを考えれば、文中にある信長の「注進」は、成氏書状の副状として出されたとみることもできる。

さらに同日、持国は鎌倉府奉公衆とみられる「太平山城入道」に対し、示された関東の状況を披見したところ、①長棟の帰参の問題や合戦での軍忠について披露し、御教書がもっともである旨を仰せ下されたこと、②上杉憲忠と上杉持朝父子にはすぐに帰参し、忠功するようにはからうこと、③成潤と定尊とは一所にいることがふさわしいこと、これらについて披露するように伝えている。

【史料7】畠山持国書状（「喜連川文書」『神』六〇九二）

関東之事被示下候之趣、謹拝見仕候訖、
一上杉安房入道帰国事并合戦忠否之次第、具披露仕、仍御教書申沙汰仕候、目出候、
一上杉右京亮・同修理大夫入道父子事、任御教書之旨、不日令還参、可致忠功之旨、可有御成敗候哉、
一勝長寿院御門主并雪下殿御一所御座、尤可然候由、被仰［　　］（下候カ）
以此旨、具可有御披露候、恐々謹言、
五月廿七日　　徳本（花押）
太平山城入道殿

この内容も、先に挙げた成氏書状を受けてのものであることは明白であり、幕府（持国）は、おおむね成氏からの要請を受け入れたとみてよいだろう。

事態終結までの経緯

こうして、合戦の経過は幕府に伝えられ、幕府も成氏に好意的に対応していた。しかし、状況は容易には変化

しなかった。宛所と年が欠損しているが、後出する史料から、この時期のものとみられる成氏の条書案がある。

【史料8】足利成氏条書案（「喜連川文書」『埼玉県史料叢書11』五〇〇）

条々

一足利庄御代官、早速可被差下事、

一関東御分国所帯、去永享年中強入部輩、或号京都　上意、于今不退違乱事、

一関東祗候人就所帯、申成京都御吹嘘事、

一落人等於京都雖有申子細等、一切不可有御許容、就中長尾左衛門入道・太田備中入道事者、不申及事、

一修理大夫入道事、

右は、成氏が幕府に対して示した条書で、①足利庄代官をすぐに差し下すこと、②関東分国の所領に関して、「永享年中強入部輩」、すなわち永享の乱以来、京都の上意と号して違乱しているものを退けること、③関東に祗候しているものの所領を京都に吹挙すること、④「落人」、すなわち、この合戦で成氏に敵対したものたち、とくに長尾景仲や太田資清が、京都に対していろいろと子細を言ってきても許容しないこと、⑤上杉持朝のこと、が書かれている。このうち、とくに④の申請がなされていることから、これらが幕府に示された成氏の条書であったことがうかがえ、さらにこの時期、上杉氏方も幕府へなんらかの働きかけをしていたことがわかる。

おそらくこれをうけて出されたとみられるのが、次に掲げる七月十日の太平山城入道宛て畠山持国書状である。

【史料9】畠山持国書状（「喜連川文書」『神』六〇九六）

彭西堂上洛時、条々被示下候之趣、披露仕候、

一安房入道帰参事、重被成御教書候、尚堅可被仰遣候旨候、
一右京亮事、同被成御教書候、
一修理大夫父子事、不帰参者、物忩難止候之間、被成御教書候、不日可還参之旨、可被仰付之由候、
一還御事、被召出長棟可有御談合候、
一牢籠人事、無御対面之由、被仰下候、先可然候、依時宜、重而可被仰談候、
　此旨可有御披露候、恐々謹言、

　　七月十日　　　　　　　　徳本（花押）

　　　太平山城入道殿

成氏が彭西堂を上洛させて条々を示し、それが義政に披露された結果、出されたものであるという。その内容は、①長棟の帰参については重ねて御教書が出されたこと、②憲忠のことに関しても同じく御教書がなされたこと、③持朝父子が帰参しないのは物騒であるので、すぐに帰参するよう仰せつけること、④成氏の還御については、長棟と談合すべきこと、⑤「牢籠人」すなわち成氏敵対人には対面しないと義政が仰せられたことなどを成氏に披露するよう伝えている。ここでは、⑤の返答が【史料8】の④と対応しているとみてよいだろう。またここからは、七月になってもまだ成氏の還御が実現できていない事態であったこともうかがえる。

これをうけ、同日に持国は憲忠に対して鎌倉に帰参するようにとの御教書を発給している。ただし、ほぼ同内容のもので、日付の違うものがもう一点存在している。

【史料10ａ】畠山持国奉書写（「上杉文書」『神』六〇九五）

関東忩劇事、未属無為云々、太不可然、所詮不日令帰住鎌倉、可被致無為之談合之由、所被仰下也、仍執達如件、

宝徳二年七月十日　　沙弥

上杉右京亮殿

【史料10ｂ】畠山持国奉書（「喜連川文書」『神』六〇九七）

「□□（懸紙ウハ書）右京亮殿　　沙弥［　　］」

関東事先度被仰之□（処カ）、忩劇未休云々、太無謂、早令還参、各可被致無為計略由、所被仰下也、仍執達如件、

宝徳二年七月十二日　　沙弥（花押）

上杉右京亮殿

【史料10ａ】は、写しではあるが、「上杉文書」中にあり、伝達対象である上杉氏のもとに残ったものである。それより日付の遅い七月十二日の【史料10ｂ】は、成氏のもとに伝えられ、その子孫に伝わった「喜連川文書」に残るものである。黒田基樹氏は、「喜連川文書」に残ったものが正文で、実際に御教書が発給されたのは十二日であり、それを示された上杉氏方が写しをつくったとされている。ただし、文面の違いや、日付の違いに関しては、他の解釈も可能ではなかろうか。

あらためて両者の文面を見てみると、後者のものは、関東の事を「先度被仰」とあり、「忩劇」がいまだ止まないことを甚だいわれないこととし、すぐに帰参し「各」が「無為計略」を致すよう命じている。総じて、憲忠に関東の政務に戻ることを強く命じている文面であると同時に、文面の内容は憲忠にとらわれないようにみえる。

一方前者は、「関東忩劇事」が無為に属していないことを「不可然」とし、鎌倉に帰り、「無為之談合」を致すよう命じたもので、総じて、憲忠へ対し、鎌倉に帰り関東管領として成氏を支えるように命じたもののように読める。つまり、「喜連川文書」に残されたものは、憲忠を含めた関東の諸氏に出されたものとみられ、「上杉文書」のものは憲忠自身のすべきことがより具体的に書かれていて、両史料の違いが微妙にではあるがみとめられるように考えられないだろうか。ここではそのようにとらえ、諸氏への帰参が広く命じられていたとみて話を進めたい。

その後も、七月十七日に成氏は鶴岡八幡宮に対し祈祷命令を出していて[19]、いまだに膠着状態がつづいていたことがわかる一方で、八月になってようやく事態の終結が見えてきている。八月三日、扇谷上杉顕房は小野寺中務少輔に対し、参戦に対する感状を発給している。

【史料11】上杉顕房感状（「小野寺文書」『埼玉県史料叢書11』四九七）

「(切封墨引)」

今度最前馳参、至于今被致長攻候之条、尤以神妙也、向後弥可抽忠節状、如件、

宝徳二年八月三日　　顕房（花押）

小野寺中務少輔殿

右は、顕房が、小野寺中務少輔が最前に馳せ参じ、今に至るまで「長攻」に従事していたことを賞するものである。このことからすると、感状が出された段階で、「長攻」は終結しつつあるということを想定することもできるのではないだろうか。

そしてようやく成氏は、鎌倉に帰座することになる。問題は、どこに帰ったかである。『喜連川判鑑』によれば、成氏は八月四日に「鎌倉桐谷」に御座を移したとされている。実際に、同年八月晦日の畠山持国書状には、

【史料12】畠山持国書状（「喜連川文書」『神』六一〇三）

被移御座於桐谷候之由、御注進之旨致披露□（候カ）処、先以目出候之由、被仰出候、此段可有御披露候、恐々謹言、

八月晦日　　徳本（花押）

太平山城入道殿

とあり、成氏が桐谷に移座したことを報告しているから、桐谷移座は確かな情報であるといえる。桐谷は、鎌倉の南東に位置する谷地で、西南西側に口を広げ、後方には名越切通があること[20]から、長塚孝氏は、成氏の桐谷移座は、まだ帰還しない上杉勢の動向を警戒し、鎌倉中心部からの攻撃に備え、切通の位置は東方からの援護を期待したためかとされている[21]。

一方で、成氏は最終的には西御門に移座する。西御門は鶴岡八幡宮の北側に位置し、現在でも地名として残っている。某年八月七日、成氏は鎌倉の西御門へ移座し、憲忠に御内書を発給し、憲忠は上意を受ける旨、披露状を提出している。

【史料13】上杉憲忠披露状（「喜連川文書」『神』六一〇〇）

（懸紙ウハ書）「謹上　本間遠江入道殿　右京亮□□」

就西御門江御移、厳重仁被成下御内書候、上意之至、誠以忝畏入存候、如被仰下候、尤弥不存余儀、及不慮之雑説候共、淵底可得上裁候、以此旨可預御披露候、恐々謹言、

八月七日　　　　　　　右京亮憲忠（花押）

謹上　本間遠江入道殿

宛名の本間遠江入道は、成氏の御所奉行としてみえる人物である（『殿中以下年中行事』）。最終的に、享徳三年、成氏はこの西御門において憲忠を殺害し、享徳の乱が勃発することになる。

本史料の年代比定に関しては、宝徳二年のこととする説や、それ以降のものとする説がだされている。[22] 黒田基樹氏は、これを宝徳二年に比定し、ここから程無い八月十日頃には憲忠が鎌倉に帰参したとしている。ただし、【史料12】では、八月晦日の時点で、持国のもとに桐谷に移座したことが伝わっているのであるから、成氏の西御門への移座はこれまで考えられてきたように、翌年以降のものとすることが妥当なのではないか。もっとも、いずれにせよ成氏は後に西御門に移座するのであり、桐谷への移座は一時的なものであったとみられる。あるいは、畠山持国のもとに桐谷移座が伝わった直後に西御門移座がなされたとも考えられるが、これに関しては現段階で明確な答えを出すことはできない。

八月晦日、畠山持国は、成氏から示された条々につき、書状を発給している。

【史料14】畠山持国書状（「喜連川文書」『神』六一〇四）

条々仰之趣、即致披露候、

一先度被成御教書候面々、御請御進上、目出候之由、被仰出候、

一綸旨事、雖御申候、安房入道帰参時宜、加御談合之由候、

一修理大夫入道父子事、安房入道執申候上者、以前之儀、聊雖相似緩怠候、有御免、早々可被召出事肝用候、

就中安房入道毎事可輔佐申之旨、被仰付候上者、自今以後、諸事以彼仁可有御注進之由、被仰出候、此段具可有御披露候、恐々謹言、

八月晦日　　　　　　　　　　徳本（花押）

太平山城入道殿

右は、先に出された御教書をうけた面々が請文を成氏に提出して進上したことに対して将軍が「目出候」と仰せ出されたこと、「綸旨」の要請に関しては、安房入道（長棟）が帰参した時に談合すること、上杉持朝父子に関しては、長棟が執り成しをしているので赦免して召しだすこと、そして長棟が成氏の補佐をすることを仰せつけられたうえは、今後は幕府への連絡は長棟を通して行なうようにとのことであった。[23]

ここでは、特段憲忠のことに関しては問題とされていないから、第一条で御教書に対する「御請」を提出した面々に入っていた可能性が高く、憲忠の出仕に関しては解決していたと考えてよいだろう。また、長棟の帰参問題に関することが主眼となっており、このうち「綸旨」に関してはこの後も問題とされていく。阿部能久氏は、綸旨の内容は関東管領に長棟を補任し、政情不安を払しょくしようとこころみた動きであり、長尾・太田の専横を抑えるための処置だったのではないかとされている。[24]

いずれにせよ、こうして江の島合戦以来の非常事態は解決をみたのである。ただし、こののちの情勢は、決して順調にいっていたわけではなかった。それについては章をあらためてみていく。

二、江の島合戦の影響

成氏の徳政

江の島から鎌倉に帰参した成氏は、「代始め」とみられる徳政を行なっていく。なお、このことについては、佐藤博信氏の研究に詳しい(25)。

【史料15】足利成氏御教書（「大庭文書」『神』六一〇五）

鶴岡　八幡宮御供料所武蔵国青木村内宗興寺并慶昌庵買得之、并船役、同地下人等買得所々、相模国早河荘久富名内中村掃部助・落合式部入道買得之同国阿久和郷内水田、同国桑原郷内田畠、同国筥根山関所落合式部入道同前地等事、雖令沽脚（却）、為徳政所返付也、早止買得人綺、如元可全知行之状如件、

宝徳二年九月廿一日　（花押）

当社少別当御房

【史料16】足利成氏御教書（「鶴岡八幡宮文書」『神』六一〇九）

鶴岡八幡宮領内沽脚（却）地所々事、為徳政所返付也、早止買得人綺、如元可被全社領之状如件、

宝徳二年十月廿九日　（花押）

（異筆）「若宮別当御房」

鶴岡八幡宮への徳政は、成氏の父持氏も代始めの際に行なっており(26)、それを意識したものかと考えられる。実

際に成氏が鎌倉公方になったのは文安年間のことではあったが、江の島合戦が終結し、ここに実質的な「代替わり」がなされたことを意識したものとみられる。なお、持氏の代始め徳政の際には、関東管領上杉禅秀が施行状を発給していたが、今回は憲忠が関与した形跡は無い。佐藤博信氏は、この時憲忠はまだ帰参していないことを前提として、この徳政を「憲忠の帰参もままならぬ状況下にあった成氏が、鎌倉公方としての権威を回復せんとした努力の一つのあらわれ」だったとしている(27)。一方で黒田基樹氏は、憲忠が既に鎌倉へ帰参していたことを前提に、鎌倉府の機能正常化をうけてのものと位置付けている。憲忠の帰参時期については後述するが、成氏の徳政は、鶴岡八幡宮のみではなく、十二月には右大将法華堂領ほかへも行われていて(28)、成氏がこの時期、意欲的な政権運営を行っていたことは十分にうかがうことができる。

上杉憲忠の辞職について

さて、関東管領上杉憲忠の動向を確認しよう。十月十一日、憲忠は管領畠山持国から、醍醐寺地蔵院領のことについて、成敗をするようにとの奉書をうけている(29)。管領から関東管領に奉書が下されるのは幕府―鎌倉府間の本来的なやりとりであることから、すでにこの時には憲忠は鎌倉に帰参しており、幕府から関東管領として認識されていたことを示す。軍記物ではあるが、『鎌倉大草紙』には、憲忠は十月に帰参したとされており(30)、少なくとも十月までには鎌倉に帰参していたことは確かと言える。

さて、憲忠の帰参後の動向に関しては、次の史料が注目される。

【史料17】上杉長棟披露状写（「上杉文書」『新潟県史　資料編3中世一』三〇五）

就愚息右京亮帰参之事、被成下候御教書下給候、雖父子之段勿論候、彼者之事令義絶候間、謹奉返進候、此旨可致披露候、謹言、

自豆州狩野

十月十一日　　長棟

判門田壱岐入道殿

本史料の年比定に関しては二つの説があった。ひとつは、文安四年に憲忠が関東管領に就任するにあたってのものとする説である[31]。しかし、この説に関しては、すでに渡邊世祐氏が「愚息右京亮」とするのは憲忠が関東管領になった後のこととするのが妥当としているように、年代的な齟齬がみられる[32]。これに対し、宝徳二年の江の島合戦に伴うものとする説がある。これは、これまで帰参を果たしていない憲忠を帰参させるよう、幕府から御教書を成された長棟が、それを拒絶したものととらえるもので、通説的な地位にあるといえる。これらに対し黒田基樹氏は、既に憲忠は八月の時点で鎌倉に帰参していたということを前提に、憲忠はその後一時的に辞任を申し出たものとする説を示した。これに関連し、先述した畠山持国の奉書（註29史料）を【史料17】と同日とは考えにくいとして、【史料17】は十一月のことだったのではないかともしている。

これに付随して、次の某年十一月廿二日付の史料も憲忠の動向を考えるうえで重要になってくる。

【史料18】畠山持国書状案（「上杉文書」『新潟県史　資料編3中世一』三〇五）

職之事、雖静（辞カ）申候、堅被仰出候間、応　上意候、随而太刀一腰助保・鳥目五千疋送給候、為悦候、済々御煩之儀、誠以不知所謝候、仍長刀一枝貞俊・刀一腰近景金具足令進之候、誠表祝儀計候、尚々御懇承候、曾雖不始事

候、令祝着候、巨細重可申候、恐々謹言、

十一月廿二日　　　　沙弥徳本

謹上　上杉右京亮殿

右の解釈はやや難解である。まず、憲忠は「職」（おそらく関東管領）を辞することを申し入れたものの、「堅く仰せいだされた」ため、「上意」に応じたとある。そして、その祝儀として太刀一腰に銭五千疋を送っている。これに対し憲忠側も、長刀などを送っている。

黒田氏は、これらの史料が宝徳二年のものとして、憲忠は江の島合戦の後、八月頃に鎌倉に一度帰参したものの、十月になって職を辞して出奔、帰参するようにと伊豆にいた長棟に仲裁が命じられるが、長棟は「義絶」を根拠にそれを拒絶、十一月になって憲忠は上意に応じて政務に復帰したと解釈している。

【史料17】と【史料18】は、「上杉文書」のうちでも「山内上杉家御教書引付」と呼ばれる袋綴冊子のうちに含まれている。この「山内上杉家御教書引付」には、年未詳のものを含め二十三通の文書が載せられている。外題には「宝徳三・同四・同至享徳元」と書かれていて、年号のある文書も宝徳二年から享徳元年までのものがみられ、年未詳のものでもこの時期のものとみられるものも多くある。このことからしても、【史料17】と【史料18】は、当時の状況を考えて宝徳二年のものとみることは妥当といえるだろう。そして【史料18】からは、少なくとも憲忠は十月までには鎌倉に復帰していたはずであるから、憲忠は一時的に関東管領職の辞任を願い出たとすることも妥当と考えられる。

では、辞任騒動の背景には何があったのだろうか。江の島合戦の騒動以降、憲忠の発給文書が現在のところ見られなくなることは示唆的である。憲忠は関東管領には復帰したものの、実際には政務を執るような状況ではなかった可能性が考えられる。それは身体的なものなのか、精神的なものなのかは定かではないが、そのような状況下で憲忠は職の辞任を申し入れたのではないか。ただしこの後も、幕府は憲忠を関東管領という窓口として関東とのやりとりを行っているから、幕府にとっては、憲忠は必要だったのである。しかし、注意されるのは、この憲忠の辞職騒動に関して、成氏はなんらの行動を示していないことである。おそらく成氏にとっては、憲忠が関東管領であろうとなかろうと関心は無かったのかもしれない。そのような状況がまた、後に問題となっていく。

所領紛争の展開

さて、こうして事態は沈静化したかと思われたが、紛争の火種はこれ以降も各地でくすぶりつづけることとなった。宝徳三年五月二十五日、幕府管領畠山持国は、三件の所領相論に関して、それぞれ押領を停止するよう、関東管領上杉憲忠へ対して奉書を発給している。

【史料19①】畠山持国奉書案（「上杉文書」『神』六一二一）

野田弥三郎持保当知行之地事、同名右馬助持忠強入部云々、罪科太重、所詮不日退持忠、如元可被沙汰付持保之由、所被仰下也、仍執達如件、

宝徳三年五月廿五日　　沙弥在判

上杉右京亮殿

【史料19②】畠山持国奉書案（「上杉文書」『神』六一二二）

長沼淡路入道生空事、先度残党等発向彼館、及合戦云々、罪科重畳者歟、早退彼輩、可被全生空所務之由、所被仰下也、仍執達如件、

宝徳三年五月廿五日　沙弥在判

上杉右京亮殿

【史料19③】畠山持国奉書案（「上杉文書」『神』六一一三）

判門田壱岐入道祐元申常陸国三村・羽梨等事、小田讃岐守押領間、去年被仰之処、不事行云々、太不可然、早退彼押妨、可被沙汰付祐元由、所被仰下也、仍執達如件、

宝徳三年五月廿五日　沙弥在判

上杉右京亮殿

①は野田持保の所領へ対し、一族の野田持忠が強入部したという訴え、②は長沼生空の館に攻め入った「残党」の退治を命じるもの、③は判門田壱岐入道の所領を小田持家が押領したことに対する訴えである。①で訴えの対象とされている野田持忠は、結城合戦においても結城方に味方して結城城に籠城していて（『鎌倉大草紙』）、この後も成氏の側近としてみえている人物でもある(33)。②における長沼生空の案件は、永享の乱以来起こっていた長沼庄をめぐる一族間紛争であると考えられ、生空に抵抗した一族は、永享の乱の直後に淡路守（生空）と争った長沼次郎の一党で(34)、成氏派として利権の獲得をめざしたものとされている(35)。③で常陸国三村・羽梨等を押領している小田讃岐守持家は、先にみたように、江の島合戦でも成氏に同道している人物であった。また、この頃には、簗田中務丞が、判門田氏が預け置かれた所領を押領している事例もみえている(36)。簗田氏も成氏の側近で、こ

の後、古河公方のもとで重要な位置を占めることは周知の通りである。

注意したいのは、これらの訴えがみな幕府に対して出されていることであり、訴えられたものたちの多くが、成氏の側近とみられることである。このことに関して、百瀬今朝雄氏は、彼らが「鎌倉公方の復活を背景に、公方の権威を笠にきて行われたものであろう」[37]とし、佐藤博信氏は、「上杉氏―長尾・太田らの「永享年中強入部輩」に対して、成氏方も「強入部」などで失地分を回復せんとしたのである」[38]としている。

このように、江の島合戦後においても状況は不安定であった。このほかにも、常陸では佐竹氏一族の内乱（五郎・六郎合戦）が惹起し、幕府（=上杉）方に近い六郎実定に対し、成氏は五郎義頼を支持したこと[39]、足利庄内の鑁阿寺領について、大石重仲が押領したとして問題になっていること[40]、将軍足利義政からの山内上杉氏被官への知行安堵が行われていること[41]、などの出来事が起き、公方・上杉氏方両勢力の争いが諸国で惹起していた様子がうかがえる。

そしてこの状況下において、成氏の感情を逆なでするような出来事が起こる。それが、享徳元年（一四五二）、幕府管領が畠山持国から細川勝元へと交代したことによる事態の変化だった。

【史料20】細川勝元書状（「喜連川文書」『神』六一五八）

自関東様可蒙仰之間事、就公私如前々上杉右京亮以副状執次申候者、可然候、無其儀候者、就諸篇雖被下御書候、不可及御返事候、此旨能々可預御披露候、巨細之段長塩備前入道可申候、恐々敬白、

（享徳二年カ）三月廿一日　　　勝元（花押）

壮公記室禅師

すなわち、今後の鎌倉公方から幕府への連絡に際しては、公私ともに上杉憲忠の副状がなければ幕府は対応しないとしたのである。江の島合戦の経過でみてきたように、幕府管領であった畠山持国は成氏に対して比較的寛容な態度をとっていた。それでも合戦終結時には、今後の幕府への交渉については、長棟を通して行なうよう要求しており（【史料14】）、成氏単独での交渉には慎重な姿勢をみせていた。ただ長棟に関しては、成氏がその復帰を望んだように、成氏の警戒する対象ではなかったのであり、成氏にとっても容認でき得る範囲だったと思われる。ところが、管領が細川勝元に代わったのち、長棟の再三にわたる関東管領復帰の辞退もあり、関東管領に戻った憲忠を通して連絡を行うようにと厳命されたのである。しかもそれをしなければ、「就諸篇雖被下御書候、不可及御返事候」と、相手にしないという姿勢を見せている。このことは幕府が、永享の乱以前からの鎌倉公方―関東管領体制への厳密な回帰を求めたのだとみることができる。これに対し、成氏の焦りを想定することは容易であろう。なによりも、江の島合戦の首謀者として、あろうことか成氏に先制攻撃をしかけ、成氏から名指しで追罰を求められた長尾景仲と太田資清は、処罰された形跡もない。それどころか、必ずしもその動向は一次史料で確認できないものの、『鎌倉大草紙』によれば、憲忠の帰参とともに太田・長尾の両氏も赦免されたとしている。先述したように、憲忠の行動はこれ以降具体的にみることはできず、憲忠の背後には、以前のように太田・長尾が存在していたであろう。こうして関東の政治体制は、江の島合戦以前に戻ったばかりか、両勢力の感情は、ますます悪化することになったのである。

おわりに

以上、宝徳二年（一四五〇）五月に発生した江の島合戦前後の状況について、史料に基づきながら検討してきた。これらの状況は現段階のもので、今後、史料の年次比定が更新され、状況が変わることもありうるが、大筋において、江の島合戦の動向を明らかにしえたと考える。

享徳三年（一四五四）十二月二十七日、鎌倉公方足利成氏は、鎌倉西御門御所において、関東管領上杉憲忠を殺害する。こうして、関東は長い戦国時代へと突入していく。

結局のところ、江の島合戦がもたらした意義とはなんだったのだろうか。これまでも先行研究で述べられていたように、合戦の前提に関東管領上杉氏被官と鎌倉公方との潜在的な対立があったことは、戦後の過程からも明らかである。そして、その合戦の結果は、前章の最後に述べたように、政治体制を何ら変えることもなかったのである。むしろ、結果的に江の島合戦は、両勢力の全面紛争の前哨戦になったに過ぎない。

しかし、成氏の江の島移座後の状況によっては、必ずしもこのような過程にならなかった可能性も残されていたと考えられないだろうか。それは、成氏が最後まで望んでいた長棟の再登用が、もしも実現できていたと仮定した場合である。成氏が求めた最終的な解決方法は、決して関東管領勢力の全面的な排除ではなく、長尾・太田の追罰と、長棟の再登用だった。そのためには、関東管領の上杉憲忠ですら成氏の関心には無かったということは、成氏の申状に明らかであった。太田・長尾の追罰と長棟の登用は、相関関係にある。すなわち、成氏としては、江の島移座に関して長棟とあらかじめ相談していたことが示すように、憲忠方の元凶である長尾・太田を統制できるのは、長年関東管領として政務を行っていた長棟しかいないという考えだったのではないか。そして、これを実現させるために起こったのが、成氏の江の島移座という行動だったのだろう。江の島合戦の構造は、「成氏―長棟ライン」と、「憲忠―長尾・太田」（むしろ「長尾・太田―憲忠」とすべきか）ラインの対立になるはずだった。しかし、江の島合戦後の長棟の再三にわたる関東管領への就任固辞により、成氏はこれに一人で対応していかなければならなくなったのである。この事態は、成氏にとって予想外であり、彼の政権計画を大きく狂わせることになった。憲忠の殺害は、こうした状況に対応していこうとする成氏の先制攻撃だったのではないだろうか。江の島合戦は、成氏の鎌倉府再建にむけた一つの過程だったと位置付けることができるのである。

註

（1）佐藤博信「足利成氏とその時代」（同著『古河公方足利氏の研究』校倉書房、一九八九年、初出一九八七年）、同「足利成氏とその文書」（同著『中世東国足利・北条氏の研究』岩田書院、二〇〇六年、初出一九七四年）。
（2）阿部能久「江の島合戦と足利成氏の関東府再建構想」（同著『戦国期関東公方の研究』思文閣出版、二〇〇六年、初出二〇〇四年）。
（3）黒田基樹『長尾景仲』（戎光祥出版、二〇一五年）。以下、黒田氏の見解は特に断りのない限りこれによる。
（4）この間の経緯は、石橋一展「足利持氏没後の騒乱と鎌倉公方足利成氏の成立」（本書所収）を参照。
（5）常陸国では、文安元年、公方近臣だった一色伊予七郎が蜂起し、扇谷上杉氏の被官恒岡越後入道などが討ち死にする事態が発生していた（上杉顕房宛行状写「常陸誌料雑記五十一」『埼玉県史料叢書11』四九三）。なお、この間の常陸における状況を扱ったものに内山俊身「鳥名木文書に見る室町期東国の政治状況」（『茨城県立歴史館報』三一、二〇〇四年）がある。

（6）詳細は、木下聡「成氏期の関東管領と守護」（本書所収）を参照。

（7）『神奈川県史　通史編』参照。

（8）前掲註（3）黒田氏著書。

（9）周知の通り、江の島は鎌倉時代に源頼朝によって弁財天が祀られて以降、武家からの信仰を厚くうけていた。応永二十九年（一四二二）、江島別当職に尊仲が補任されている（「相州文書所収鎌倉郡荘厳院文書」『神』五六四六）。尊仲は永享三年（一四三一）に鶴岡八幡宮別当になり、永享の乱では足利持氏に与し幕府によって処刑された人物である。このことからも、鎌倉公方と江の島とは精神的にも近しい間柄であったことがうかがえる。成氏自身も、これよりのちになるが、享徳の乱勃発後の享徳四年（一四五五）三月十二日、江嶋岩本坊の間宮肥前守に鎌倉警固の感状を発給していたり（「岩本院文書」『戦国遺文　古河公方編』三二）、江嶋岩本坊へ巻子等の請取状を出していたり（「岩本院文書」『戦国遺文　古河公方編』二七〇）、近しい関係性にあったことがうかがえる。成氏は、こうした関係性をうけて、太田・長尾と対する際の移座先に江の島を選んだのだと考えられる。

（10）前掲註（3）黒田氏著書。

（11）のちのことではあるが、長禄二年（一四五八）九月に、成氏は小山持政に対し「其方事、江島江移座候刻以来」忠義比類なしとして、「偏如御兄弟思食候」とした書状を送っている（「小山氏文書」『戦国遺文　古河公方編』一四一）。江の島合戦で小山持政が味方となったことに対し、成氏は後々まで記憶していたようだ。

（12）谷口雄太「武家の王としての足利氏像とその形成」（『鎌倉』一二二、二〇一七年）。

（13）「上杉系図大概」。片桐昭彦「山内上杉氏・越後守護上杉氏の系図と系譜―米沢上杉家本の基礎的考察―」（黒田基樹編著『山内上杉氏』戎光祥出版、二〇一四年、初出二〇〇七年）に所収されたものを参照した。

（14）「鎌倉持氏記」の記載内容は以下の通り。「永享十年ニ成ル。来六月可為若君御元服御落居也、憲実申シテ云、任先規ニ京都へ御字ヲ可有御申旨雖被申、無御領掌、若依御使節可遅々者可進舎弟三郎重方ヲ被申ヲモ、無御承引、就彼御祝ニ国方仁等可参上ス旨指名字ヲ而被召上々ハ者、直兼・憲直ヲモ無是非被召帰訖ヌ」。
(15) 足利満直書状写（「皆川文書」『栃木県史　史料編・中世1』三三）。
(16) 『神奈川県史　資料編3　古代・中世』の略。他、同じ。
(17) 沙弥某奉書（「鑁阿寺文書」『栃木県史　史料編・中世1』四七四）。
(18) 黒田基樹「武田信長論」（黒田基樹編著『武田信長』戎光祥出版、二〇一一年）。
(19) 足利成氏御教書写（「鶴岡神主家伝文書」『神』六〇九八）。
(20) 伊藤一美「江ノ島合戦と公方足利成氏の動座」（『鎌倉』一二〇、二〇一六年）では、成氏の移座先の「桐谷」を鎌倉ではなく「津久井桐谷」であったとして事態の継続を想定するが、【史料12】の畠山持国書状にいう「目出候」との文言は、事態の解決をうけてのものとみられるので従い難い。
(21) 長塚孝「鎌倉御所に関する基礎的考察」（広瀬良弘編『禅と地域社会』吉川弘文館、二〇〇九年）。
(22) 『神奈川県史』は、資料編では宝徳二年としていたが、通史編において「後年のものであろう」と年次比定は慎重になっている。
(23) この間上杉顕房が発給したものに、恒岡源左衛門尉へ島形中務丞跡を勲功の賞として宛行ったものがある（「常陸誌料雑記五十一」『埼玉県史料叢書11』四九八）。
(24) 前掲註（2）阿部氏論文。
(25) 佐藤博信「東国における享徳の大乱の諸前提について―鎌倉公方足利成氏の徳政令をめぐって―」（同著『続中世東国の支配構造』思文閣出版、一九九六年、初出一九九一年）。
(26) 上杉禅秀奉書（「神田孝平氏旧蔵文書」『神』五四三〇）。
(27) 前掲註（25）佐藤氏論文。
(28) 明石義行・沙弥某連署奉書（「法華堂文書」『神』六一一一）・前下野守義行書状（「塙不二丸氏所蔵文書」『茨城県史料　中世編Ⅰ』八六）。

(29) 畠山持国奉書写（「松雲寺文書」『神』六一〇八）。

(30) 『鎌倉大草紙』の諸本には、前出の【史料1】に続けて、「同八日成氏鎌倉へ御帰、同十日憲忠御免を蒙り七澤より帰参す」としているものもあるが、同（＝五月）の八日と十日に帰参していることはありえない。成氏が八月に鎌倉へ帰参したことは本文中に述べた通りで、これを八月・十月とすることが妥当であろう。

(31) 田辺久子『上杉憲実』（吉川弘文館、一九九九年）。

(32) 渡邊世祐『関東中心足利時代之研究』（雄山閣、一九二六年）。

(33) 野田氏の動向とその文書については、佐藤博信「関東野田氏に関する一考察—特に野田家文書の伝来考証を中心に—」（同著『中世東国の権力と構造』校倉書房、二〇一三年、初出二〇〇三年）を参照。

(34) 足利満直書状案（「皆川文書」『栃木県史　史料編・中世Ⅰ』三二）。

(35) 江田郁夫「鎌倉府体制下の長沼氏」（同著『室町幕府東国支配の研究』高志書院、二〇〇八年、初出一九九七年）。

(36) 佐々木久頼書状案（「上杉文書」『神』六一五二）。

(37) 『神奈川県史　通史編1　原始・古代・中世』。

(38) 前掲註（1）佐藤氏「足利成氏とその時代」。

(39) 足利成氏書状写（「秋田藩家蔵文書七大山弥大夫義次所蔵」『戦国遺文　古河公方編』二七四）。なおこの件の詳細に関しては、山川千博「東国の戦乱と「佐竹の乱」」（高橋修編『佐竹一族の中世』高志書院、二〇一七年）、中根正人「享徳の乱と常陸」（本書所収）を参照。

(40) 鎌倉府奉行人連署奉書（「鑁阿寺文書」『神』六一七四）、鎌倉府奉行人連署奉書（「鑁阿寺文書」『神』六一七五）。

(41) 細川勝元御教書添状（「上杉文書」『群馬県史　資料編七』一七四八）。なお、『群馬県史』は本文書を文明五年と比定するが、黒田基樹氏は本文書を享徳二年か三年のものと比定している。ここでは黒田氏の比定に随って解釈している。

Ⅲ 享徳の乱と古河公方の成立

黒田基樹

はじめに

足利成氏は、康正元年（一四五五）正月から展開された享徳の乱を契機にして、鎌倉府の本拠であった鎌倉から離れ、下総古河城を本拠とするようになり、以後は「古河様」などと称されるようになる。これをもって成氏については、以後においては「古河公方」ととらえている。

しかし、成氏の「古河公方」化の実態解明については、これまでにおいても研究の蓄積は重ねられているとはいえ、その全容を把握するまでには、いまだ十分にはいたっていないと思われる。とくに、「公方」としての権力的性格の把握については、その後における「古河公方」自体をどのような権力体として把握するかとともに、いまだ課題として残されていると考える。

そこで本論においては、そもそも成氏が、享徳の乱の勃発にともなって、下総古河城を本拠とするまでの経緯について、あらためて整理することにしたい。これまでは乱勃発直後の三月三日に古河城に着陣していることをもって、同城の本拠化と認識することが多いが、実際に同城の本拠化については、いつのことと理解するのが適当なのかについて、若干ながら検討を行うことにする。
次いで、享徳の乱期における成氏の権力的性格について、所領の安堵・充行の実態をもとに、その一面について追究することにしたい。そこではとくに、前代の鎌倉公方段階との対比に重点を置き、その相違面の検出を図るものとする。

一、古河城本拠化の経緯

享徳三年(一四五四)十二月二十七日の、鎌倉公方足利成氏による、関東管領山内上杉憲忠謀殺を契機にして、翌同四年(康正元年)正月から、成氏方と上杉方との全面抗争が展開される。これを「享徳の乱」と称している。両勢力で行われた最初の合戦は、正月六日に、相模糟屋館で軍備を調えていた扇谷上杉道朝(持朝)と山内家被官からなる上杉方が、鎌倉に向けて進軍してきたところを迎撃した、相模島河原合戦となる(「武家事紀」『戦国遺文古河公方編』一一六号。以下、戦古~と略記)。足利成氏自身、翌康正二年四月に、その後に展開された戦乱の経緯を京都に連絡した際に、この合戦を最初に掲げていることからみて、この合戦が「今度一乱」(「小山氏文書」戦古一四二)の開始にあたるものと認識していたととらえられる。

島河原合戦には成氏は出陣しておらず、御一家一色直清と重臣武田信長を大将として派遣し、上杉方に勝利して、これを伊豆三島に追っている。成氏自身が鎌倉を出陣したのは、上野で軍備を調えていた庁鼻和上杉性順(憲信)・扇谷上杉顕房(道朝の子)・山内家家宰長尾昌賢(景仲)が鎌倉に向けて進軍してきたことをうけて、迎撃のために武蔵高幡・分倍河原に進軍したのが最初になる。正月二十一日・二十二日の両日にわたって同地で合戦が行われ、成氏方はこれに勝利した。敗れた上杉方は、長尾昌賢に率いられて逃走し、三月十九日には常陸小栗城に籠もっている（「武家事紀」戦古一一六・「白川文書」戦古三三五）。

成氏はそのまま長尾昌賢らの追撃にあたったとみられ、二月十八日に利根川渡河点の武蔵村岡に在陣している（「赤堀文書」戦古三三八）。ここで東上野武士の赤堀時綱の参陣をうけているから、その間は、進軍路近辺の武士の味方化をすすめていたとみられる。すでに正月十三日には、上野新田庄では御一家岩松持国が庄内の制圧をすすめており（「正木文書」戦古一九四）[1]、合戦後の同月二十七日に赤堀氏一族の掃部助に参陣を要請していて（「赤堀文書」戦古二〇一）、赤堀氏は二月十七日に上杉方の善氏の本拠を攻略したうえで、村岡に参陣してきている。その後、東上野の敵方を排除したことをうけて利根川を渡河し、三月三日には東上野新田庄・下野足利庄・佐野庄・小山庄を経て、それらの味方化をすすめながら進軍したとみられ、三月三日には下総古河に着陣しており（「赤堀文書」戦古三三八）、さらに同日、岩松持国に、「上州中一揆」の古河への参陣を要請している（「正木文書」戦古二一九）。

成氏はこの後、当面は小栗城攻略にあたっていくが、三月五日には、上野の上杉方に対しては、「三大将」を派遣、ないし任じていたことがわかる（「正木文書」戦古三三〇）。この「三大将」の構成はいまだに明らかになっていないが、そのうちの一人は、「三大将能々可被申談候」と言われている、岩松持国とみて間違いないとらえられる。その三人とはおそらく、後の七月二十五日の穂積原合戦で、上杉方から成氏方の大将と認識されている「新田（岩松）・鳥山・桃井」にあたるととらえられる（『松陰私語〈史料纂集〉』二一頁）。「鳥山」は鳥山式部大夫のこととみられ、後の五月二十七日に、岩松持国と「御幡」を「一所に立て」たい旨を、成氏のもとに申請してきているので（「正木文書」戦古六八）、持国と同じく大将であったととらえられる。また、これによって大将には、それぞれに「成氏御旗」が与えられていたことが知られる。(2)「桃井」は桃井左京亮のこととみられ、後の五月二十五日に、上野での合戦で勝利しているものに桃井左京亮がいる（「正木文書」戦古六六）。これら上野に派遣された「三大将」は、いずれも足利氏御一家が任じられたものとみることができる。

古河陣では、三月十四日には同陣に参陣した「上州中一揆」が「落行」、すなわち退陣するという状況がみられる（「正木文書」戦古三三）。また、小栗城に対しては、まずは外様衆による攻撃を図っていたらしく、同月十九日に陸奥南部の外様衆白川直朝に対して、「外様人体小栗へ御勢として遣わし立てられ候」と述べ、直朝にも「早速出陣せしめ忠節致すべく候」と、小栗城への出陣を求めている（「白河結城文書」戦古三五）。四月三日には、古河城（「当御陣」）に在陣している「上州一揆」から、上野での在所が敵方に経略されている状況について、敵勢力の排除を要請されている（「正木文書」戦古四〇）。

小栗城攻めのため軍勢を派遣したのは四月五日であり、すぐに外城の攻略を遂げている（「正木文書」戦古四四）。同城攻めにあたって成氏は、下総結城御厨に進軍したが（「武家事紀」戦古一一六）、着陣時期は明らかではない。ただ、攻撃時には着陣していたとみてよいと思われる。結城城は外様衆結城成朝の本拠で、有力な成氏方であった。閏四月二日には、外様衆の下野那須持資が小栗城攻めに参陣しており（「那須文書」戦古五〇）、同月七日に同城攻撃があったことが知られる（「那須文書」戦古五五）。

そうしたなか五月十一日に、弟の雪下殿定尊を下野足利庄に派遣している（「正木文書」戦古六〇）。これはその間の三月下旬から、上野桐生領や山上保などの東上野北部で上杉方の活動がみられ（「正木文書」戦古三六～

七・五七）、岩松持国は三月二十四日に西進して西庄師に進軍しており（「正木文書」戦古三九）、それらへの支援のためと考えられる。さらにその頃には、越後から山内上杉房顕・越後上杉房定らの軍勢が上野に進軍してきており、五月十三日にはその先陣とみられる「白井勢」が利根川を渡河しようとする情勢になっている（「正木文書」戦古参考九）。

そして、同月二十日には小栗城の攻略を遂げたようである。同日付けで岩松持国に宛てた書状で「彼の城（小栗城）即時に悉く没落し候」と述べているので、同日以前の攻略であったことがわかる（「正木文書」戦古六二）。攻略にあたっては、「外様を召し具さざれ候わば、御無勢たるべく候間、兼日小栗を急がれ候も、偏に当国（上野）に御進発の御用あるべく候のところに、御馬寄せられ候上」とあるので、外様衆を動員してのものであった。それら外様衆抜きでは、成氏の奉公衆だけでは「無勢」であったことが知られる。成氏は、それら外様衆を引き連れて上野に進軍する意向を示している。

五月二十五日に、岩松持国に対して、桃井左京亮が合戦に勝利したことをうけて、自身の上野への進軍予定を伝えており、そのことについて「すでに大手において一戦し候上は、急速御馬を寄せらるべく候」と述べているので、桃井の合戦は上杉方主力とのものであったことがうかがわれる。おそらく山内上杉房顕の軍勢で、それを「大手」と称しているとみなされる（「正木文書」戦古六六～七）。同月二十七日には、同じく持国に、鳥山式部大夫が「大手合戦火急の間、其方（持国）御幡一所に立て申さるべく候由」と言ってきていることを伝えた上で、自身もすぐに出陣することを伝えている（「正木文書」戦古六八）。そうして同月晦日に、結城城から西進して下野小山城に着陣した（「正木文書」戦古六九）。同城は外様衆小山持政の本拠で、後に「兄弟の契盟」を結ぶほどの有力な成氏方であった（「小山氏文書」戦古一三六）。

成氏は岩松持国に、六月二日に「不日その口（上野）え御進発あるべく候」、同月六日に「明後日（八日）御進発あるべく候」、同月十日に「昨日（九日）・今日（十日）悪日の間、明日（十一日）必ず御馬を寄せらるべく候」といっていて、十一日になって小山城を出陣した（「正木文書」戦古七〇〜三）。しかし、進軍した先は上野ではなく、佐野庄天命であった。それは、小栗城から没落した長尾昌賢らが、佐野庄天命・足利庄只木山に籠もっていたからであった。成氏は、十三日に持国に対して、天命に在陣したからには、すぐに上野に進軍することを伝えて（「正木文書」戦古七四）、同月二十四日に足利庄に着陣している（「赤堀文書」戦古三三八）。

ところが七月九日、いまだ天命・只木山への攻撃が続けられているにもかかわらず、成氏は小山城に後退している（「赤堀文書」戦古三三八）。この間、五月十四日に武蔵入東郡大袋原合戦（大将は吉見三郎か。「豊島宮城文書」山内三[3]）での敗北、六月二日に上杉方の上野玉村御厨への進出（「正木文書」戦古七〇）、同月五日に上野三宮原合戦（大将は桃井左京亮か）での敗北、続く高井要害の落城があり（「豊島宮城文書」山内二）、上杉方は岩松持国が在陣する西庄に迫るようになっていた。いまだ天命・只木山に長尾昌賢らが籠城していたから、前後を敵方に挟まれるのを回避したのであろうか。

小山城への後退は、七月六日には決定されていて、そのことについて奉公衆野田持忠は、岩松持国に、成氏の言葉として「急ぎ帰陣致すべく候、少しも越度にては致すべからず候、御勢を加えられ重ねて御調方簡要に候、如何急ぎ取り返され候わば然るべき」を伝えている（「正木文書」戦古参考一〇）。また、成氏も那須持資に、「調儀の子細に就き此方（小山）え御陣を移され候」と、作戦上の問題であることを述べている（「那須文書」戦古八〇）。これらをもとにすると成氏は、上杉方の本軍が進軍をみせているなかで、成氏の軍勢はそれに対抗できるほど多いものではないと認識していたらしく、そのため軍勢を調えるために、小山城に帰陣することにしたことが知られる。

その一方では、従軍していたと推測される結城氏・小山氏、奉公衆の下野佐野氏（佐野庄）・上野舞木氏（佐貫庄）らを、岩松持国ら「三大将」のもとに派遣しており、それらの軍勢数は「五千騎」におよんだ。しかし、西庄に進軍してきた上杉方との、七月二十五日の穂積原合戦で敗北し、それら成氏方は足利庄に後退した（『松陰私語』二二頁）。さらに同月二十九日には、外様衆の下野宇都宮等綱が離叛したため、成氏は那須持資にそれへの攻撃を命じている（「那須文書」戦古八四）。十月十五日になって、宇都宮等綱が進軍してきたため、小山持政が軍勢を率いて迎撃にあたっている（「赤堀文書」戦古三三八）。

天命・只木山に対しては、下野小野寺保を攻略のための拠点にしていたとみられ、同月十七日に赤堀時綱が同所に参陣している。そして、十二月十一日に両所を攻略し、その後は上野園田御厨・下野足利庄などに在陣し、「宿直警固」したという（同前）。天命・只木山の攻略については、十二月十三日に、成氏も岩松持国に報せている（「正木文書」戦古九二）。そこでは、山内上杉房顕を討ち洩らしたことは無念の至り、と述べており、これを字句通りにとれば、同所に上杉房顕が在所にしていたことになるが、これは考えがたい。成氏が上杉方が在城する天命に進軍したのは六月十一日であったが、七月二十五日の穂積原合戦で房顕は上杉方の「大手」を務めており、房顕が天命・只木山に在所したとすれば、同合戦後に成氏方の勢力圏になっていた新田庄・佐貫庄・足利庄を通過しなければならないが、そのような状況は全くうかがわれないので、これは成氏による誇張ととらえざるをえないであろう。

実際に天命・只木山に在城していたのは、小栗城から後退した長尾昌賢らであったとみられ、それについては成氏も後に、「長尾左衛門入道（昌賢）武州・上州党類を集め調え、野州天命・只木山他日出陣」と記している（「武家事紀」戦古一一六）。ところが長尾昌賢については、同じ文書で、十二月三日・同六日に武蔵崎西城に在城していて、成氏は武将を派遣してこれを攻略したことを述べている。そして、崎西城に在城していたのは、小山田上杉八郎（藤朝の子か）・庁鼻和上杉六郎（憲武か）・同七郎（憲視か）・長尾昌賢らと記されている。小山田上杉八郎以下の上杉氏一族は、正月の高幡・分倍河原合戦で長尾昌賢とともに戦い、戦死した小山田上杉藤朝・庁鼻和上杉性順（憲信）の一族にあたるから、(4) 同合戦の敗戦後は長尾昌賢と行をともにして、崎西城まで転戦してきたものとみるのが妥当になる。そうすると彼らは、同合戦敗戦後は、小栗城、天命・只木山と転戦し、崎西郡に逃れてきたものととらえられる。ところが、崎西城合戦が十二月三日・同六日で、天命・只木山落城が同十一日というのでは、時間経過として矛盾しているものとなる。

天命・只木山の落城が十二月十一日であることは、赤堀時綱軍忠状、および二日後に成氏が初めて触れていることからも、正しいととらえられる。一方で崎西城合戦についても、十二月三日に武蔵太田庄須賀合戦があり、上杉方の岩松長純（のち家純）の家宰横瀬良順が戦死していることからも（「由良文書」『群馬県史資料編7』一六一八号）、その頃に崎西郡周辺で抗争が展開されていたことが確認され、日付的にはありえなくはないと考えられることになる。

そこで、両者の間にある矛盾を整合的に把握しようとすれば、考えられることは、崎西城合戦の日付に、十三日・十六日、二十三日・二十六日など脱落があったとみるか、当初、天命・只木山に在城した長尾昌賢らは、両所の落城以前に崎西郡に移動して、崎西城を構築したものの、両所が落城する以前に、その崎西城を攻略されてしまったか、いずれかになろう。両方の日付を尊重すれば、後者で考えるのが妥当になるが、これについては今後におけるさらなる検討に委ねるものとしたい。

成氏は十二月十三日に、岩松持国に天命・只木山の攻略を伝えたのに続けて、「速やかに古河え帰参有るべく候」と述べている。成氏は文書においては自敬表現を用いるので、字句通りにとれば、その動作主体は宛名の持国になるが、それでは文意は通らない。持国は上野に在所しており、その文言に続けて、成氏が上野に進軍する時期については連絡することを述べているからである。したがって、古河城に帰参するのは成氏ととらざるをえない。天命・只木山の攻略は、足利・小山・結城・古河近辺での上杉方勢力の排除を意味したととらえられる。それを遂げたために、成氏は古河城に帰陣することになった、ととらえられる。

ここで注目すべきは、帰陣した先が古河城であることであろう。成氏は小栗城に籠もる敵勢攻略のため、三月三日に古河城に入ったが、四月五日に同城攻めを開始して以降は、結城城・小山城・足利庄・小山城と在所を移動させており、古河城にはすでに八ヶ月も在所していない状況にあった。にもかかわらず、「帰参」する先が古河城とされていることは、成氏にとって、当面の本拠は古河城に定められた、ととらえることができるであろう。もっとも公方の本拠とは、どのような基準により規定できるのか、明確にはされてきていないように思われる。

成氏が古河へ「帰参」することを述べた後に、赤堀時綱は、年内は上野園田御厨・下野足利庄で「宿直警固」していた。「宿直」とあるので、そこに成氏が在陣していた可能性も想定され、その場合には成氏は、古河城に帰参していたかどうかも定かではなくなる。十二月二十三日付けで、成氏は足利庄鑁阿寺に禁制を与えているが（「鑁阿寺文書」戦古九五）、これは実際に成氏が同庄に在陣していたことにともなうものと考えることもできるであろう。そしてその後でも、翌康正二年正月七日に、「来る十一日御動座日限を相定められ候」と、十一日に上野への出陣を予定し（「正木文書」戦古九六）、五月十八日には「此方御動座申せしめ候」とある（「那須文書」戦古一二二）。

この時に成氏がどこに出陣したのかは明らかになっていないが、その後の七月二十五日に「上州合戦」で勝利していることから、上野であったとみられるものの、同合戦の詳細については全く不明である。その後の九月三日に「東上州合戦」で勝利したことを伝えているから、東上野でのことであった可能性が高い。そのうえで、雪下殿定尊を大将にして武蔵に進軍させているので（「那須文書」戦古一二七）、成氏自身はそれまでに帰陣したように思われる。そして定尊を大将にした成氏方は、同月十七日の武蔵岡部原合戦で上杉方に勝利している（「正木文書」戦古一二八〜九）。

その後は成氏の出陣に関する史料は極めて少なくなり、文明三年（一四七一）六月の下総千葉庄への動座までは、長禄二年（一四五八）閏正月二十六日に「御取陣有り」（「正木文書」戦古参考一四）、寛正六年（一四六五）九月における武蔵太田庄出陣（「親元日記」）、応仁二年（一四六八）十一月二十八日における下野足利庄小曾祢陣（「那須文書」戦古一六一）、の存在が確認できるにすぎない。このようにみてくると、康正元年十二月まではどこかでの在陣が基本であったとすらいえる状態であったものが、翌同二年には、正月と五月に出陣しているだけのようで、さらにその後はほとんど出陣の事例はみられなくなっている。逆にこのことは、康正二年正月には、成氏の本拠が確立されたことを意味しているととらえてよいであろう。そして、その直前の「帰参」先が古河城であったこと、文明三年の千葉動座が古河城落城に基づくものであったことからすると、[5]すでに佐藤博信氏も指摘しているように、[6]康正元年十二月の段階にはすでに、成氏の本拠は古河城とされたととらえてよいであろう。

そして、翌康正二年正月以降になると、成氏自身の出陣は極めて限られていくことになっているので、古河城への在城を続けたとみられ、その過程で古河城の本拠化が本格化されていったものと思われる。この古河の地は、鎌倉府御料所である下河辺庄のうちに位置し、すでに南北朝期から軍事拠点としてみられていた。成氏が北関東に進軍するにあたって、当面の本拠にしたのは、そうした経緯を踏まえてのこととみることができる。そして具体的には、奉公衆野田氏に所領として与えられていたととらえられている。[7]この後、成氏が恒常的に古河城に在所するにともなって、それらの関係がどのように改変されたうえで、古河公方家の本拠としての性格を有するようになっていくのか、その具体的な内容や過程については、今後における研究の進展を待ちたい。

二、古河公方権力の性格

足利成氏は、下総古河城を恒常的に本拠にするようになったことにともなって、その権力は「古河公方」と称されるようになっている。しかし、その権力の性格が、どのような性格のものであったのか、とくにそれ以前の鎌倉公方段階とはどのように異なるのか、ということについては、これまで十分に解明されているとは言い難い。権力の性格を把握する場合、基本的な手法としては、まずは発給文書の様式と内容およびその時期的変化を把握すること、次いで命令内容の範囲・対象およびその実現の手順を把握すること、ととらえられる。以下では、それらについて検討することにしたい。

成氏の発給文書について、初めて本格的な検討を行ったのは佐藤博信氏であるが、[8]上述のような観点からの検討は行われてはおらず、それに関してはわずかに、それまで鎌倉公方の権限であった、鎌倉五山・関東十刹への公帖がみられないことが指摘されている。ただしこの点は、成氏の鎌倉公方段階からの状況であること、佐藤氏は、子の古河公方二代政氏の時に公帖の発給が復活すると述べているが、その後の史料確認によって、成氏も室町幕府との和睦を果たした後の文明十五年（一四八三）から発給していることが確認されている。したがってそのことは、享徳の乱期までの成氏に特有の状況であったとみることができる。

様式と内容の時期的変化について本格的に注目したといえるのは、佐々木茂氏[9]と阿部能久氏[10]である。佐々木氏は、鎌倉公方段階での基本的な様式であった御判御教書が、享徳四年（康正元、一四五五）二月までは基本であったのに対し、同年三月からは無年号の書状が基本になることを指摘している。ただし、同年三月十二日付け間宮肥前守宛てのものは御判御教書であり（「岩本院文書」戦古三二）、その後は同様式のものは散発的になるので、同年三月までを画期とするのが妥当と考える。

この時期までの御判御教書の内容は、ほとんどが軍勢催促状であり、その他のものは寺社宛て安堵状がわずか一点にすぎない（「武州文書」戦古二五）。軍勢催促状に関しては、阿部氏によって、その後は書状（御内書）様式に変化していることが指摘されている。そしてその要因として、室町幕府においてすでに軍事関係文書は同様のかたちに変化しており、そこでは奉行人が清書する御判御教書より、近習あるいは自身が執筆する御内書にすることで、軍事に奉行人の関与を排除するためによる、とする見解を引いている。軍勢催促状の様式が、御判御教書から書状（御内書）に変化した、という指摘は正当である。

御判御教書の様式が最後まで用いられているのは、願文・禁制・公帖である。その他で御判御教書で出されたものに、感状が五点（享徳七年〈長禄二、一四五八〉・同八年・同十五年〈文正元、一四六六〉・同十七年〈応仁元、一四六七〉・文明十五年〈一四八三〉、戦古一四二・一四四・一五〇・一五六・一九〇）、巻数請取状が一点（享徳十七年、戦古一五四）あるが、それらについてもその後は、わずかに文明十五年の感状を除いて、ほとんど書状（御内書）に変化している。したがって、その様式の変化は、奉行人の関与を排除する、という理由では理解できない事態ととらえられる。

享徳の乱以前において、成氏の命令は、自身が御判御教書で通達するか、奉行人連署奉書で通達するか、あるいは奉行人の奉書で通達するか、という方法がとられていた。ちなみに、さらにそれ以前の鎌倉公方の場合には、御判御教書のうちでも所領の寄進・打渡などの場合については、関東管領奉書あるいは奉行人連署奉書が施行状として出されていた。

しかし、前者に関しては現在のところ、成氏の前代となる足利持氏期の永享六年（一四三四）十二月十三日付け上杉憲実施行状案（「雲頂庵文書」『神奈川県史資料編3上』五八九六号）を最後にしている。さらに、関東管領奉書そのものも同七年（一四三五）九月十一日付け上杉憲実奉書（「明王院文書」同前五九一〇号）を最後にしているので、そもそも成氏の場合には、関東管領の施行状のみならず、その奉書すら出されなくなっていた。

後者については、現在のところ、同じく持氏期の応永三十四年（一四二七）六月三日付け奉行人連署施行状案

（「塙文書」同前五七九〇号）が最後であるので、これについても成氏期には出されなくなっている。このことからすると、それまでの鎌倉公方の在り方は、持氏期の応永末年頃を境にして、発給文書の在り方が大きく変化したことがうかがわれることになるが、その検討は本稿の範囲を超える。

成氏の場合、御判御教書については、先に見たように、およそ享徳の乱勃発直後の康正元年三月まで基本的な在り方をなしており、その後にも使用されていたもののうち、感状などについては、ほぼ応仁元年を最後にしていた。奉行人連署奉書については、現在のところ、享徳五年（康正二、一四五六）六月三日付け（「真壁文書」『古河市史資料中世編』二二一号）が最後になっている。このことから少なくとも、享徳の乱が勃発した後に、それまで発給文書の基本をなしていた御判御教書と奉行人連署奉書のいずれもが、ほとんどみられなくなっていることが認識される。

問題は、このことが何を意味するか、である。前節で確認したように、成氏は康正二年前半頃までは、基本的には戦陣での在陣が基本になっていた。御判御教書から書状（御内書）への切り替えは、この間におけるものであるから、それは戦陣への在陣の継続が大きく影響していたことが推測される。ただし、この点をさらに追究しようとすれば、御判御教書と書状（御内書）それぞれの発給手続について把握する必要が認められるであろう。

また、享徳の乱後に出された奉行人連署奉書は、先に触れたもの一点のみにすぎない。それでも、享徳の乱勃発以前には、同様式は出されていたのであるから、同乱勃発後に出されなくなった理由、そしてその後ではその一点のみが同様式で出されている理由の追究が必要になる。これについても、同様式の発給手続の解明が不可欠となろう。さらにその一点の内容は所領安堵であり、そうしたものはすでに成氏は書状で出すようになっていた。

そうすると想定されることは、成氏が自身で書状を出せない事情があり、そのため奉行人連署奉書で出されたのかもしれない。

いずれにしても成氏は、その後は自身の命令を、御判御教書に代えて書状（御内書）によって出していくものとなっている。残存文書における内容は、軍事上の指示・命令が圧倒的であるが、所領安堵・充行も顕著にみることができる。いうまでもなくそれらの内容は、それ以前においては御判御教書によって出されていたものになる。これに関して注目されるのは、そうした所領の安堵・充行にともなう遵行の在り方と考える。いうまでもなく鎌倉公方の段階では、関東管領・各国守護を通じて、それは実現されていた。しかし、それらが存在しなくなった後となる、享徳の乱の時期はどのような形態がとられていたといえるであろうか。

このことに関わるものとして最初の事例になるのが、（康正元年）四月晦日付けで上野岩松持国に宛てた書状であり（「正木文書」戦古四八）、奉公衆佐野宮内少輔に充行った上野植木郷について、岩松持国が押領していることに対して、同郷の引き渡しを命じている。これについては、同年閏四月十三日付けの同じく岩松持国宛て書状で、再度命令している（「正木文書」戦古五四）。次いで（同二年）三月十六日付けで奉公衆簗田越後守に宛てた書状で（「高文書」戦古一一四）、押領している奉公衆高尾張五郎の所領を引き渡すよう命じているものがある。

岩松持国に宛てたものは、押領者当人に宛てて所領引き渡しを命じているものになる。こうした内容のものは、鎌倉公方の段階では、関東管領・各国守護の遵行によって実現されていたものであった。しかしここでは、成氏が直接、押領者に引き渡し命令を出すものとなっている。簗田越後守宛てのものは、文書そのものは受益者である高氏に伝来されているので、発給されたのは高氏であったと考えられる。この場合は、高氏が同文書を簗田越後守に提示して、引き渡しを獲得するものとなる。こうした受益者による文書獲得の在り方は、それ以前と同様といえるが、異なるのは遵行の実現となる。鎌倉公方の段階では、先に述べたように関東管領・各国守護によって行われていたが、この場合は、高尾張五郎が直接に簗田越後守に掛け合い、実現を果たさねばならないものとなっており、いわば当事者主義に依存するものとなっている。

この点は、奉行人連署奉書の最後の事例についても同様にとらえることができる。同文書は、常陸国人真壁朝幹に、同国真壁郡内の所領を引き渡すよう命じたものであるが、宛所がみられないことからすると、同文書の事実上の宛名は、受益者である真壁朝幹本人と理解される。この場合も、真壁朝幹は、所領支配の実現は自力によって果たすことになると考えられる。

これらから導き出せる特徴は、所領の引き渡し命令は、押領者当人に宛てて書状で出されていること、所領引き渡しの実現は、安堵・充行をうけた受益者の自力による、ということになろう。

しかし当然ながら、押領者がただちに所領引き渡しに応じるとは限らない。そうした事例の典型としてあげることができるのが、上野新田庄内島郷の場合である。同郷は御一家鳥山不動寿丸の所領とされていたが、岩松成兼が被官を入部させて押領していることについて、成氏は岩松成兼に対して、寛正四年（一四六三）六月、閏六月、七月、九月と数度にわたって被官を退去させるように命じている（「正木文書」戦古一四六～九）。

このことから成氏は、押領者がそうした所領引き渡し命令に応じない場合には、繰り返し命令の遵守を命じる以外に手段がなかったことがわかる。本来であれば、命令を遵守しない場合には、敵対行為として誅罰を加えればよいのであるが、享徳の乱という戦乱のなかでそれを行えば、いうまでもなく味方を喪失する行為となるから、繰り返し命じるほかなかったことがわかる。

なお、この問題に関して興味深いのは、享徳の乱勃発以前においてすでに、周辺の有力外様衆に支援を要請する、というものがみられていることである。花押型から享徳の乱以前と確認できる、年未詳九月十七日付けで下野小山持政に宛てた書状において（「小山文書」戦古二八六）、下野佐野庄天命海上信濃入道（頼胤）跡を奉公衆印東下野守に充行ったことに関して、印東が入部できるよう「合力」を要請している。この形態は、鎌倉公方の段階でみられていた、守護に遵行を命じたものに類似するとみられるとはいえ、成氏が直接に書状で依頼していること、文書そのものも宛名の小山氏に伝来されていることから、受益者となる印東が獲得したものではなく、あくまでも成氏が、印東による知行実現を図って小山持政に要請したものになり、事態の性質は大きく異なっている。そしてここでも結局は、知行の実現は印東の自力により、小山持政が支援するかどうかも、その判断に全く依存するものとなっていることが認識される。このことからすると、すでに享徳の乱以前において、所領遵行の在り方は、それ以前と比べて大きく変化していたことが認識されるであろう。そうすると享徳の乱以降の在り方も、その継承と理解することも可能である。

このように、享徳の乱以降において（あるいはそれ以前からそうであった可能性も想定されるが）、成氏による所領の安堵・充行の実現は、受益者による自力に依存するものとなっており、その実現にあたって、成氏自らの権力が発動されることはなかったことが認識される。そのことは、成氏のそれらの命令が実現されるのは、成氏の命令に従う勢力に限定されたことを意味している。

また、ここまでにみることができた事例のうち、成氏の御料所の性格にあったものは、高尾張五郎に安堵された足利庄生河郷の事例だけとなっている。すでに市村高男氏が明らかにしているように、その後の戦国期における古河公方は、本拠古河城を中心にした「古河公方領国」を形成し、「宿老」と称された有力家臣や個々の奉公衆に所領を充行い、また直轄領については代官職に任じていた。(11)この領国形成に関して市村氏は、成氏から古河公方二代政氏・三代高基までは、それらよりも広域を安堵・充行・寄進の対象にしていたが、四代晴氏・五代義氏の段階では領国の範囲に縮小していることを指摘し、領国形成を晴氏期に求める見解を示している。

ただし成氏から三代高基まで、領国を越える地域で安堵などを行っていたとしても、実効性があるかどうかは、事態の性格をとらえるうえで見過ごしえない。先にみたように、足利庄に隣接した上野新田庄においても、同庄を現実に支配する岩松氏により、実現はみていないのである。逆にいえば、それら成氏の命令を実現することができた地域が、後に「領国」として展開したととらえることもでき、基本的にその性格が変わったのかどうか、変わったとすれば、それはどのような構造の変化と理解することができるのか、という問題が課題となると考える。しかしその解明は、成氏だけでなく、その宿老・奉公衆をも対象に含んだ、成氏権力の総体的な検討を必要とする。それについては今後における研究の進展をまちたい。

おわりに

本論では、享徳の乱の勃発にともなって展開された、足利成氏権力の性格変化の一端について検討してきた。その全容の解明は、今後の課題として残されたままとなっているといわざるをえない。そしてその実現のためには、あらためて成氏の発給文書についての全面的・多面的な検討や、宿老・奉公衆についての具体的な検討、さらには古河公方二代政氏以降の動向を踏まえた、それへの変化の過程の解明など、多くの課題が見出されるものとなる。

本論ではわずかに、所領安堵・充行の遵行が途絶し、また御判御教書の発給がほとんどみられなくなり、さらには奉行人連署奉書も途絶したことに、それ以前の鎌倉公方段階とは大きく変化したものとなっていることを、あらためて確認した。そのことは、成氏の権力意志が完遂されるのは、直接的な支配が成立している御料所や宿老・奉公衆に対するものに限定されるようになっていることを想定させるものとなる。

そのことに関する史料は少ないため、実態を把握するまでにはいたっていないが、少なくともそうした事態は、成氏の権力が、従来の鎌倉公方としてのものではなく、一個の家政権力の性格に変化したこと、その動向が古河公方家自体の一個の領域権力化とそれにともなう領国の形成に展開していくことを予想させるであろう。今後、古河公方家については、このような観点からあらためて追究を深めていく必要があると考えられる。

註

（1）「正木文書」の年代比定については、典拠とした『戦国遺文古河公方編』とは異なるものが多い。新たな比定については、拙稿「上野岩松氏の研究」（拙編『上野岩松氏〈シリーズ・中世関東武士15〉』戎光祥出版、二〇一五年）を参照。

（2）「成氏御旗」の性格については、久保賢司「享徳の乱における古河公方方の戦略的配置と御旗」（拙編『武田信長〈シリーズ・中世関東武士2〉』戎光祥出版、二〇一一年、初出一九九八年）を参照。

（3）山内～は、拙編「戦国期山内上杉氏文書集」（拙著『戦国期山内上杉氏の研究〈中世史研究叢書24〉』岩田書院、二〇一三

年）における文書番号を示す。以下、同じ。

（4）崎西城に在城した、小山田上杉八郎・庁鼻和上杉六郎・同七郎の人名比定については、これまで様々に行われているが、本文に示したものが最も妥当であろう。比定の詳細については、拙稿「成氏期の上杉氏」（本書所収）を参照。

（5）成氏の千葉動座については、和氣俊行「文明三年（一四七一）の足利成氏房総動座をめぐって―動座からみる関東足利氏の権力的性格―」（『千葉史学』五〇号、二〇〇七年）・佐藤博信「古河公方足利成氏の佐倉移座・古河帰座に関する一考察―白河結城・下総結城・下野小山諸氏との関係―」（同著『中世東国の権力と構造』校倉書房、二〇一三年、初出二〇〇九年）を参照。なお佐藤論文は、下総での動座先について、千葉ではなく佐倉城とるが、千葉氏が佐倉城に本拠を移すのはその後のことであるから、和氣氏が推測するように、当時の千葉氏の本拠の千葉平山城とみるのが妥当である。

（6）佐藤博信「足利成氏とその文書」（同著『中世東国足利・後北条氏の研究〈中世史研究叢書7〉』岩田書院、二〇〇六年、初出一九七四年）。

（7）長塚孝「古河公方足利氏の古河支配権をめぐって」（『史報』八号、一九八七年）。

（8）註（6）に同じ。

（9）佐々木茂「足利成氏文書と不改年号」（『歴史民俗資料学研究』二号、一九九七年）。

（10）阿部能久「享徳の乱と関東公方権力の変質」（同著『戦国期関東公方の研究』思文閣出版、二〇〇六年、初出二〇〇三年）。

（11）市村高男「古河公方の御料所についての一考察―「喜連川家料所記」の基礎的分析―」（『古河市史研究』七号、一九八二年）・同「古河公方の権力基盤と領域支配」（『古河市史研究』一一号、一九八六年）。

Ⅳ　享徳の乱と常陸

中根正人

はじめに

享徳三年（一四五四）十二月二十七日、鎌倉西御所における上杉憲忠の謀殺に始まった享徳の乱は、東国の戦国時代の始まりといわれる[1]。この戦乱の中心にあったのが、上野、武蔵、相模に勢力を持つ上杉氏と鎌倉公方足利成氏であった。両者の対立は、相模に始まり武蔵で争い、幕府軍の介入で鎌倉への帰還の道を閉ざされた成氏が古河へ居を構えた後は、古河の成氏と五十子に陣を張った上杉氏が対峙する形となり、その間で激しい競り合いが繰り広げられてきた。旧利根川水系を挟み、東上野・下野・下総・上総・安房を押さえた公方家と、西上野・武蔵・相模・伊豆に勢力を持つ上杉氏という構図が描けるだろう。

そのような関東を割った享徳の乱にあって、常陸国はその立地もあり、乱の当初こそ、相模・武蔵で敗走した上杉勢が常陸西部の小栗城へ籠城し、三ヶ月余にわたる激しい籠城戦を展開するが、その後は両軍対立の表舞台となることは、長禄三年（一四五九）十一月の信太庄合戦を除けばほとんどなかったといえる。そのため、享徳の乱期の常陸について検討した論考は、自治体史や諸氏の個別検討の中で触れられたものが中心となっている[2]。

本稿ではこれらの成果を踏まえつつ、結城合戦が終結する嘉吉元年（一四四一）から、都鄙和睦の成立する文明十四年（一四八二）までの時期の常陸における諸氏の動静をみていくことを通し、関東における常陸国の立ち位置を考えていく。

なお、常陸国内各地において、同時並行で動きがみられるため、必ずしも時系列に沿った執筆がおこなえていない点は、あらかじめご了承願いたい。

一、享徳の乱以前の常陸

まずは、嘉吉元年（一四四一）四月に結城合戦が終結した直後より、足利成氏が挙兵する享徳三年十二月までの時期についてみていくこととする。なお、この部分については、本書収録の石橋氏・駒見氏の論考と重複する部分があることをご留意頂きたい。

結城合戦終結〜宍戸泉城の乱

嘉吉元年四月、それまで一年余の間、幕府・上杉軍を相手に戦ってきた結城城が落城、城主結城氏朝は自害し、先の公方足利持氏の遺児である春王・安王兄弟は捕らえられて処刑され、彼らに従った者の多くも討たれた。将軍足利義教は、彼らを倒した後、その矛先を春王・安王兄弟を支援し、同年二月の小栗攻めなどにも兵を出していた常陸守護佐竹義人に向け、討伐準備を進めていた（「上杉家文書」茨Ⅵ―八）[3]。一方で常陸国内では、結城合戦に連動して、行方郡や信太庄周辺において、公方方と上杉方の激しい合戦が繰り広げられており[4]（鳥名木文書、茨Ⅰ―二五）、その対立は根深いものがあった。しかし、これはほかでもない義教が六月に赤松満祐に討たれたこと（嘉吉の乱）により頓挫し、その後も幕府と上杉氏は討伐を目指していたとみられる（安保清和氏所蔵文書、埼史四八四）が、結果として実行には移されず、佐竹氏は難を逃れた。

同じ頃、公方方の一翼を担っていた宍戸持里らが、宍戸泉城（笠間市泉）において軍事行動を展開しており、筑波氏被官小倉氏などの公方派勢力もこれに加わっていた。嘉吉元年と比定できる十一月十三日付けの力石右詮書状、兵部少輔某書状（鳥名木文書、茨Ⅰ―三〇、内山一〇）には、「依二宍戸事一」、「就二宍戸御立之事一」とあり、少なくとも十一月の時点で、公方方に対する軍事行動が起きており、行方郡の鳥名木氏は上杉方として参陣したとみられる。また、この戦いについては、下って享徳四年（一四五五）二月に、筑波山中禅寺の筑波潤朝が、自らの父や親族の軍功を記した軍忠状を残している。

【史料1】筑波潤朝軍忠状写（「古証文 二」神六一八七・抜粋）

一、嘉吉二年三月廿三日、家人小倉四郎左衛門、其時節潤朝依レ為二幼少一、為二代官一属二宍戸安芸守持重（里）之手一、宍戸庄内於二泉城一打死仕、従二持重（里）方一証判明鏡成、其時之敵者、安房守家人長尾弾正成、

史料1によれば、嘉吉二年三月に泉城において、筑波氏の家人小倉氏は、山内上杉氏被官の長尾弾正忠と戦って討死したという。この後まもなく同城は落城したとみられ、宍戸持里は辛くも逃れたといわれるが、その後の活動は確認できない[5]。また、泉城の落城により、常陸における公方方勢力の軍事行動はほぼ終結した。

宍戸泉城の合戦以後、享徳の乱勃発直前に至るまでの間、常陸国内で大きな動きがあったのは佐竹氏と真壁氏であった。

まずは佐竹氏についてみていく。永享の乱~結城合戦の時期に、当主義憲は義人に改名し、嫡男義頼（後の義俊）に家督を譲った。近年、黒田基樹氏は、嘉吉二年四月以降に義憲が、初め義定と改め、その後義人としたとする説を述べているが(6)、「義定」の名を確認できる史料はなく、後述のとおり遅くとも永享十一年には義人と名乗っていたとみられる。改名時期についても近年、本間志奈氏が、関連史料から公方足利持氏が自害した後の永享十一年二月十九日以降文安二年二月七日以前の改名とする論考を出された(7)。本間氏は新田英治・佐藤博信両氏の見解を踏まえて論を述べるが(8)、永享八年閏五月二十三日（阿保文書、茨Ⅳ―一七）から永享十一年卯月十二日の間の改名とする日暮冬樹氏の見解(9)に対する言及は一切ない。

この点、永享十一年二月二十九日付けの大山因幡入道宛て判物（「秋田藩家蔵文書 七」、茨Ⅳ―二四）に「大山因幡入道殿　義人」と、また、この判物の「下野国茂木郷一方之事」と関連するとして、日暮氏が永享十一年と比定した卯月十二日付け大山殿宛て書状（「秋田藩家蔵文書 七」、茨Ⅳ―二三）に「大山殿　義人」と、それぞれ包紙が写されており、永享十一年二月が改名の下限であることは間違いない。残るは上限であるが、ここで年次を比定すべき史料が、本間氏も提示した年未詳十一月二十一日付けの「右京大夫義憲」書状二通である。

【史料2】佐竹義憲書状（東京大学白川文書、白五三七）

態以二使節一委細承候、恐悦之至候、随而大縄かたへ承候契約之事、其段可二心得一［　　］候、仍万事申談候上者、宮河内・［（利員）］両所ぉ去ニ進之一候、委細者自ニ大縄将監方一可レ令レ申候、次太刀一目貫桐丸給候、誠目出、悦喜仕候、仍［（太刀）］一海梅花目貫椿進レ之候、左道之至、憚入候、恐々謹言、

十一月廿一日　右京大夫義憲（花押）

謹上　白川修理大夫殿

【史料3】佐竹義憲書状（東京大学白川文書、白五三八）

大縄かたへ御状、披見仕候了、仍今度半者為ニ防戦一、又者此御調儀、上様江可レ為ニ無ニ之御忠節一候間、為ニ此方一殊可レ然令レ存事候、猶々大野・奥沢両所并彼城主被ニ討取一候事、則 上様江申候了、定可レ被レ成ニ 御書一候、委細使節ニ申候間、令ニ省略一候、恐々謹言、

十一月廿一日　右京大夫義憲（花押）

謹上　白川修理大夫殿

この二通について、日暮氏は永享十一年以前、本間氏は永享四年~同十年、山川千博氏は永享十年頃のものとする。[10] 内容としては、史料2は佐竹被官大縄将監を通じての佐竹・白河の「契約」につき、宮河内、利員（常陸太田市上利員・中利員・下利員）を佐竹から白河へ去り渡す旨が記されている。史料3は合戦に関するものであり、大野（いわき市ヵ）・奥沢において城主を白河直朝が討ったことを、義憲が「上様」に伝えたことが述べられている。鍵となるのは「上様」が誰かということであり、日暮氏は将軍義教、本間氏は公方持氏とそれぞれ比定している。垣内和孝氏によれば、白河結城氏は応永九年（一四〇二）の第二次伊達政宗の乱以後、同二十年（一四一三）の伊達持宗の乱までの間に親鎌倉府方から反鎌倉府方に転じたという。[11] その後、永享の乱に際し、白河結城

直朝は篠河公方足利満直とともに幕府・上杉方に立っていたとみられ（皆川文書、白五〇二）、結城合戦でも、白河氏と戦った石川氏が幕府の管領細川持之に非難されていることから、同じ立場にあったとみられる（板橋文書、角田石川文書、石一八七、一九三）。ここから考えて、この時期の佐竹・白河の書状の中で「上様」と称され、白河の軍忠を賞する人物は、日暮氏の述べるように将軍義教であろう。すなわちこの二通の史料の年次は、佐竹氏が幕府方として動いている点から、永享十年と考えられる。そしてここから、永享十年十一月下旬から翌年二月下旬の三ヶ月間の間に、義憲は義人と改名したといえる。その具体的理由を示す史料は無いが、佐藤博信氏も指摘するように、永享十一年二月十日の足利持氏・義久父子の自害が、改名と家督交代の一因となった可能性は十分に考えられよう。(12)

さて、前述のとおり将軍義教の死により、幕府からの討伐という危機を脱した佐竹氏だが、まもなく新たな問題が浮上することとなる。文安年間、一時は山内上杉氏の養子となったものの、家督争いに敗れた義人の次男実定が実家に戻ってきたのである。その時期を考えるために、次の史料をみていく。

【史料4】臼田一族起請文案（臼田文書、茨Ⅰ―三八）

当方御遺跡事、当殿様御出候上者、以二御内方一一味同心之儀、可レ致二忠節一候、若就二佐竹六郎殿御出張一、自二豆州入道殿様一、縦雖レ有二御調法之儀一、対二申　当殿様一、御後晴（暗）心中不（可レ）レ有レ之候、若此条偽申候者伊勢天照大神宮・八幡大菩薩可罷（罷二）可レ蒙御罰各一候、仍祈請文如レ件、

文安四年十一月七日　　　臼田二郎左衛門入道道珍

同臼田但馬入道勝善
同大炊助安重
同左京亮時信
同周防守光遠
同宮内左衛門尉安信
同三郎四郎光兼

文安二年十一月七日、長尾殿よ
りあんもん出され候、
文安《（ママ）》

史料4は、山内上杉氏被官の臼田氏一族の起請文案である。ここでは、「当殿様」がお出でになるときは、一味同心して忠節を尽くすこと、「佐竹六郎殿」が出張し、「豆州入殿様」から何かしらの調法があっても、「当殿様」の心中を不安にすることはないようにすることを述べている。「佐竹六郎殿」は、山内上杉氏の養子となった佐竹実定であり、「豆州入道殿様」は、このころ出家して伊豆にあった山内上杉長棟（憲実）である。残る「当殿様」は、長棟―佐竹六郎ラインと対峙する立場の人物と考えられ、本史料の案文が長尾景仲から出されていることから、景仲が「当殿様」に味方していたことがわかる。これらの点からこの人物は、長棟の長男龍忠丸（後の憲忠）と考えられる。そしてこの史料から、山内上杉家の家督争いが少なくとも文安四年（一四四七）まで続いていたと考えられ、実定の実家への帰還はそれ以後と考えられるだろう。

山内上杉氏の家督相続問題と前後して、鎌倉には新しい公方となった足利成氏が入った。当主義頼は成氏と積極的に結びついていくが、これに反対する一派は、戻ってきた弟実定を担ぎ、上杉氏寄りの行動を展開したという。そして享徳元年（一四五二）、実定は兄義頼をその居城太田から追放した。「佐竹兄弟の乱」の勃発である。

義頼の太田追放に関する一次史料は残っておらず、わずかに「義俊家譜[13]」の記述があるに留まる。逃れた義頼は、味方である大山氏の孫根城（茨城県東茨城郡城里町孫根）に移り、太田の実定と対峙することとなった。なお、父の義人の行動について、山川千博氏は、義人が再び幕府に従うため、山内上杉氏と関係を持っていた実定を後継として義頼を追放したとし、乱の中心には義人があったとみている。家中最大の有力者である義人の支持なく、嫡子である義頼の持つ家督の座を、江戸氏などの支持があったとはいえ、弟に過ぎない実定が奪えるとは考え難い。また、実定の花押は義人がかつて使っていたものに近い形であることから、その影響を強く受けていた可能性は十分想定できるが、どこまで義人が主体的に関与していたかは史料上確認できず、不明と言わざるをえない。次節で見る享徳の乱の勃発に際し、成氏は義頼方の大山氏に対し、「右京大夫」すなわち義人に従い参陣することをたびたび求めたが（「秋田藩家蔵文書　七」、茨Ⅳ—七）、参陣した形跡はなく、乱に際し、義人は公方方ではなかったと考えられよう[14]。

なお、佐竹氏は応永年間より、一族の山入氏と対立し、それぞれ鎌倉府、幕府と結んで激しい抗争を繰り広げてきた。この時期も、当然ながら争いは継続していたと思われるが、それを示す具体的な史料は確認できない。

真壁氏の内紛

続いて真壁氏である。永享十一年（一四三九）春頃、当主となっていた真壁朝幹が、一族の氏幹による強入部を受けたことから、鎌倉府に対して訴訟を起こし、相論が勃発した（「秋田藩家蔵文書　一二」、真一一七）。氏幹は朝幹の叔父にあたる前当主秀幹の嫡男慶幹の異父兄で、おそらく秀幹室の連れ子とみられ、秀幹とは猶子関係を結んでいた。この相論については、すでに小森正明氏、清水亮氏の検討があるが[15]、氏幹派には真壁の庶子家が多く味方し（「秋田藩家蔵文書　一二」、真一一八）、家臣団の中には二つに割れた家が多くあったという。結城合戦に際し、真壁氏の参陣がみえない理由は、この相論があったことで、互いに所領を空けることができなかったためと思われる。相論の決着を示す史料は残っていないが、その後も朝幹が所領を保持しており、朝幹が勝ったと考えられる。しかし一方で、氏幹派も真壁郡内に拠点を持ち続けており、両者の争いは享徳の乱まで続くこととなった。

その他の勢力の動向

応永三十年（一四二三）の小栗城陥落により、小栗御厨を逐われた小栗助重（満重の子）は、永享の乱に際して篠河公方足利満直に従い活躍し、旧領に復帰した（「古文書　五」、記録五六七）。しかし、続く結城合戦では何らかの理由により結城方として結城城に籠城し、後に離反する形で城を出て小栗に戻っている（「古文書　五」、記録五六九）。その後も小栗にあったとみられるが、その立場については検討の余地がある[16]。また、小栗御厨については、宝徳元年（一四四九）に「小栗六十六郷」を白河結城直朝に安堵する判物を出した「源義氏」なる人物があり（國學院大學所蔵白河結城文書、白五三二）、戸谷穂高氏は、彼が関東足利氏一族であり、当時小栗周辺に何らかの権限を持ち、あるいは同地に滞在していた可能性を指摘している[17]。

府中城の大掾氏は、永享元年（一四二九）十二月に、当主満幹父子が鎌倉において足利持氏に殺害された後[18]、佐竹義憲の三男とされる人物（後の戸村義倭）が養子入りの形で家督を継いだとされる。その後、結城合戦の最末期、被官税所氏の一族が上杉清方の下に参陣しており（山戸茂則氏所蔵税所文書、茨Ⅱ―一二）、これ以前に佐竹氏からの養子が実家に戻り、満幹の次男とも甥ともされる頼幹が家督を継いだとみられる。(19)

小田城の小田持家・朝久父子は、公方となった成氏に接近し、宝徳二年（一四五〇）の江ノ島合戦にも参加して上杉方と戦い、小田領の近地である三村・羽梨（つくば市小田、同羽成）などを押領したことが、幕府に報告されている。

【史料5】畠山徳本奉書写（上杉家文書、牛六）

判門田壱岐入道祐元申常陸国三村・羽梨等事、小田讃岐守押領間、去年被レ仰之処、不二事行一云々、太不レ可レ然、早退二彼押妨一、可レ被レ沙二汰一付祐元一由、所レ被二仰下一也、仍執達如レ件、

宝徳三年五月廿五日　沙弥在判

上杉右京亮殿

史料5は、幕府管領畠山徳本が上杉憲忠に対し、三村・羽梨等の小田持家による押領を止め、判門田祐元に沙汰付することを命じた奉書の写である。(20)これらの所領は、かつて鎌倉府に没収され、上杉氏の支配下に入っていた小田氏の旧領とみられ、持家・朝久父子は実力行使により、これらの所領へ進出したと考えられる。

鹿島城の鹿島氏でも、永享七年（一四三五）の段階で惣大行事であった鹿島義幹から実幹への家督交替が、遅くとも文安年間までに起こったとみられる（鹿島神宮文書、根本寺文書、茨Ⅰ―九五、茨Ⅱ―一四）。しかし、この義幹なる人物については、現存する系図上で確認できず、義幹と実幹の間に何らかの政治的対立があった可能性も想定できるだろう。

二、享徳の乱前期

各勢力の立ち位置

乱勃発当初は、常陸国内のほとんどの勢力は公方方か、その去就を決めかねている状況であった。その後、幕府の上杉氏支持の情報を得て以降、上杉方に転じたのは、佐竹実定、江戸通房・石神小野崎氏・山入氏・大掾頼幹・真壁氏幹などであった。一方、その後も公方方に属し続けたのは、佐竹義俊・宍戸持久・小田持家・湊小田氏・筑波潤朝・真壁朝幹・鹿島実幹・芹澤氏・鳥名木氏などである。彼らの立ち位置を地図上に落としてみると、太田―水戸―府中―信太庄と、陸路における主要地域を味方にしたのは幕府・上杉方であり、東関東の他地域とは異なる様相を呈していた（地図Ⅰ参照）。その背景としては、鎌倉府段階より、守護佐竹氏への義人（当時龍保）養子入りを含め、国内に上杉氏勢力が多数進出していたことや、公方持氏に抵抗した「京都扶持衆」が多く在ったことが大きな要因であったと思われる。

小栗城合戦

享徳の乱の当初、成氏率いる公方方は相模島河原、武蔵分倍河原で上杉勢を打ち破った。敗走する上杉勢は、自らが勢力を持つ武蔵・上野ではなく、公方方の多い下総を突破して常陸西部の小栗城へ入城し、籠城戦を展開した。この合戦については、久保賢司氏の検討がある。[21] 久保氏によれば、享徳四年四月頭に公方方は小栗城攻め

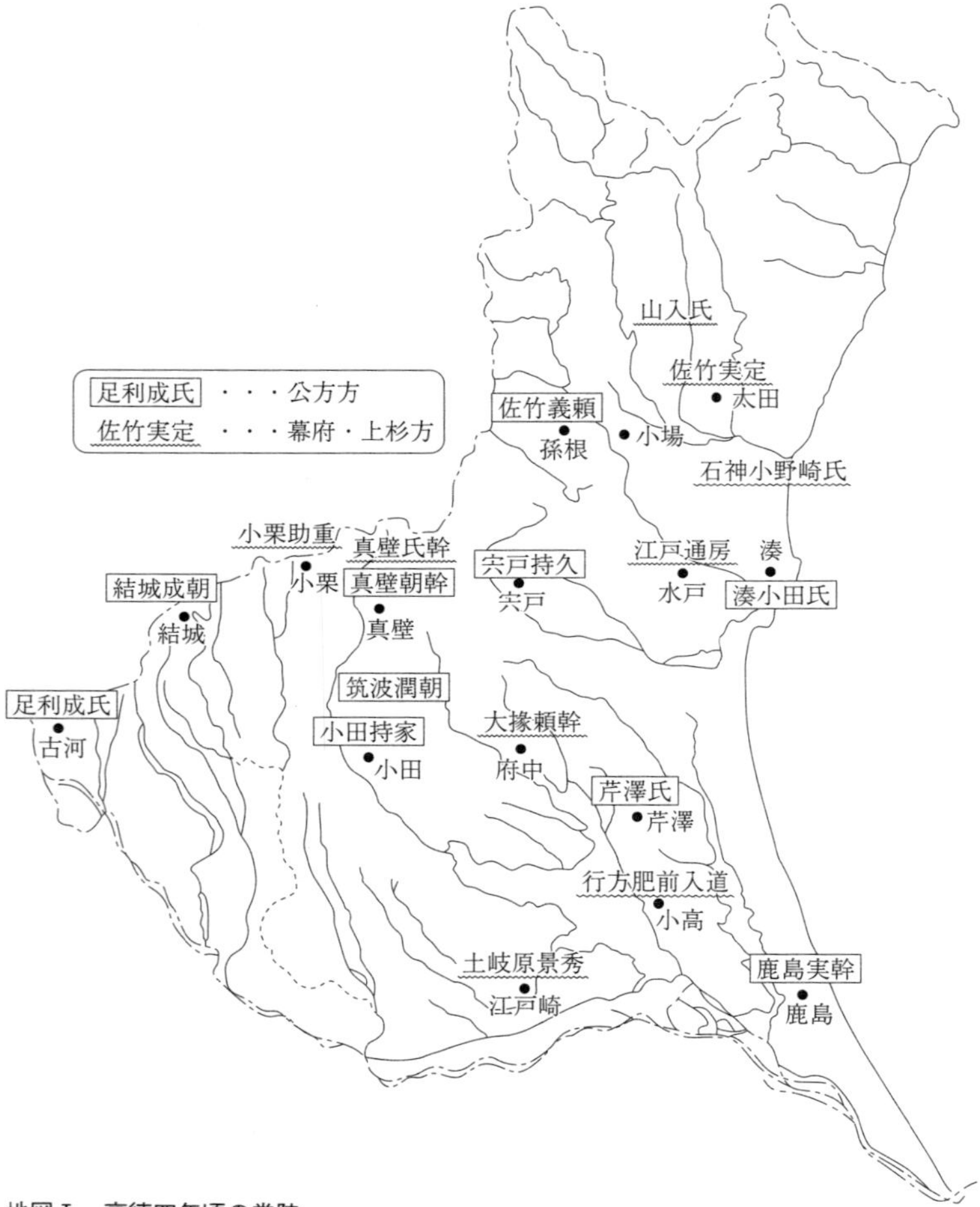

地図Ⅰ　享徳四年頃の常陸

を開始し、早々に外城を奪った（正木文書、戦古四四）。しかし、そこから二ヶ月以上にわたり上杉方の抵抗を受け、最終的に城が落ちたのは、閏四月を挟んで五月中旬のことであった（正木文書、戦古六二）。敗れた上杉勢の主力は、下野天命・只木山に転進し、さらに抵抗を続けることとなるが、この防戦によって、幕府・上杉方は成氏と対峙する準備を整えたといえよう。

なお、小栗城主であったとみられる小栗助重については、この戦での活躍を史料上確認できず、落城とともに没落したとみられ、ここに常陸小栗氏は滅亡した。

真壁氏の挙兵

緒戦に勝利し、上杉氏勢力を逐った成氏だが、これに対する幕府の対応は遅れ、二月中旬になってようやく成氏討伐に動き出した[22]。実際の軍事行動は四月初めの開始とみられ、御旗を授けられた上杉房顕、今川範忠らが東海道を進軍することとなるが[23]、幕府の決定そのものは、三月上旬には関東に伝えられたとみられる。これを機に、関東では公方方を離れる勢力が相次いだ。公方御連枝の勝長寿院成潤（成氏の庶兄）をはじめ、千葉胤直・賢胤兄弟や宇都宮等綱、山川景貞、そして真壁氏幹などが離反したことが、次の史料から明らかとなる。

【史料6】足利成氏書状写（「武家事記 三四」、戦古一一六）。

於二京都御進止一者、一所不レ成二其綺一段候、諸代官存知前候、就レ中足利荘事、被レ下二御代官一、直可レ有二御成敗一候、

一、勝長寿院門主成潤事、如二以前啓上一同心聞候、陣館於移二日光山一候間、意趣何事候哉由尋試候処、

以二罰文一乍レ令二陳謝一加二敵陣一候、太虚偽之至候、彼書状為二御披覧一写進候、
一、去年正月六日、上杉修理大夫入道并憲忠被官人等、相州島河原江出張間、差二遣一色宮内大輔・武田右馬助入道一、討発、多今[分]討取候了、同正月廿一日・翌日廿二日、上杉右馬助入道・同名太夫三郎并長尾左衛門入道等、武州・上州一揆以下同類輩、引二率数万騎一、武州国府辺競来間、於二高幡・分陪河原一、両日数箇度交二兵刃一終日攻戦、為レ始二上杉両人一討二取数人一候、至レ于レ今残党者、束手令二降参一候了、其後敗軍余党等常州小栗城館籠間、野州結城御厨江進レ旗差向、外様軍士数日相戦攻落候間、小山下野守館江令二帰着一時節、上杉民部大輔・同兵部少輔保二具越州・信州群勢一、長尾左衛門入道集二調武州・上州党類一、野州天命・只木山他日張陣、今川上総介率二海道諸勢一相州江襲来リ、千葉介入道常瑞・舎弟中務入道了心・宇都宮下野守等綱等如レ合レ符所々江令二蜂起一処、千葉陸奥入道常義[輝]父子存二貞節一、属二味方一間、[相脱]副二諸軍一於二総州多胡・志摩両城一決二雌雄一、千葉介入道兄弟・同専一家円成寺下野守一類以下千余人討取候、余党等尚以同国市川ニ構二城郭一候間、今年正月十九日不レ残令二討罰一、然間両総州討平候了、
一、宇都宮等総[綱]事、欲レ加二対治一刻、長子四郎召二具芳賀伊賀守并紀・清両党一令レ帰二伏陣下一、於二等綱一者、雖二形衣一頻乞二降免一候間、以二慈憐儀一寛免候、
一、山河兵部少・真壁兵部大輔構二要害一成二敵讎一間、可レ加二討戮一処、各退二城内一帰降候了、
一、上杉八郎・同庁鼻和六郎・同七郎・長尾左衛門入道以下両国一揆等、武州崎西郡ニ相集、輝玄申間、将師於差二副数多兵軍一、去年十二月三日・同六日致二軍戦一、為レ宗勇兵等数百人討取候了、残逆等方々[徙]皆以令二馳走一候、

一、天命・只木山仁、数月令レ纒二集敵軍等一、塞二用路一不レ漏欲二討留一処、不レ遂二一戦拋レ身於二溝壑一令レ漂二没残軍等一、尚武州・上州江旗於令二横行一候、加二追討一、重可レ致二註進一候処、庶幾者、速預二無為御返事一候者、誠以可レ為二都鄙安泰基一候、此趣具被レ懸二尊意一候者、所レ仰候、恐々謹言、

四月四日　成氏

三条殿

史料6は康正二年（一四五六）四月、成氏が乱の経過を京都の正親町三条実雅に伝えたものである。真壁氏幹の具体的な挙兵時期は不明だが、前述のとおり小栗城に長尾景仲ら上杉方の主力が入っていたことを考えると、氏幹および山川景貞の挙兵は彼らと連携しての挙兵であったと思われる。しかし、公方方の攻撃を受け、両者は早々に降伏したという。

「山入残党」再考

享徳四年と比定できる、三月二十三日に足利成氏が岩松持国に宛てた書状には、小栗城攻めの話題とともに「仍如二風聞一山入残党等近日可二罷出張一由其聞候、」とみえ、常陸北部の山入氏の残党が近日中に出張して来るという風聞を聞いたので、岩松持国に一軍を援軍に遣わすことを成氏が述べたとされる（「正木文書」、戦古二七）。さらに閏四月二十九日にも、成氏は持国に対し、「殊山入辺可レ為二難所一候、」と、山入周辺が難所であると述べている（正木文書、戦古五七）。山川氏は、この「山入」を山入祐義か子義知と想定し、「残党」は成氏側の単なる言説としたうえで、この頃の山入氏が、小栗攻めの最中の成氏が別動隊を割く必要があるほどの勢力を保持

していたとする[24]。

この点、現存する正木文書の写本を確認するかぎり、たしかに「山入」と写されている。しかし、物理的に山入氏の居城山入城（茨城県常陸太田市国安町）から岩松氏の居城岩松館（群馬県太田市岩松町）までは、直線でも一〇〇キロ以上あり、さらにその間には多数の公方方勢力が存在したことをみるならば、「残党」と呼ばれる状況の山入氏が上野まで行軍したり、上野の岩松氏に対し、常陸の山入周辺が難所であることを伝えたりするとは考え難い。

この点、「風聞」とはいえ、小栗城攻めの最中である成氏がわざわざ一軍を出すとしており、比較的信憑性の高い情報であったと考えるならば、「山入」は「山上」の誤写であり、上野の山上公秀を示していた可能性は考えられないだろうか。書状が出される直前の三月十四日、古河に在陣していた「上州中一揆」の大半が離脱し、自らの所領へ戻った（正木文書、戦古二九）。そして十九日までに、岩松持国は上野桐生周辺で安威氏ら上杉方勢力と合戦を繰り広げているが（正木文書、戦古三六）、この辺りは山上氏の居城に近かったとみられ、山上公秀もこの合戦に加わっていた可能性もあり、同氏は公方方から上杉方に転じ、古河を没落した勢力の一翼を担っていたと思われる。なお、この後成氏は桐生佐野六郎に対し、「山上兵部少輔跡」を与えている（「常陸遺文 二」、戦古一二五）[25]。

下総千葉氏の内紛と常陸国

先にみたように、下総では千葉本宗家の千葉胤直・胤賢兄弟が公方方から幕府・上杉方に転じた。これに対し、庶流の馬加康胤（胤直の叔父）が公方方に味方し、胤直らを攻撃したという（『鎌倉大草紙』）[26]。千葉家中では、重臣の円城寺氏と原氏がそれぞれ胤直方・康胤方に味方し、家中を二分して争いが続いた。緒戦で千葉城を奪った康胤方に対し、胤直は東部の多胡城（千葉県香取郡多古町多古）へ逃れ、嶋城（千葉県香取郡多古町島）に入った子の胤宣とともに防備を固めた。この時、嶋城には援軍として常陸から大掾頼幹父子が入城しており、香取海を介した幕府・上杉方勢力の連携があったと考えられる。しかし、成氏からの支援を受けたとみられる康胤方の攻勢は続き、八月十二日に嶋城が、十五日には多胡城が落城した。胤直父子や円城寺一族など多くの武将が自害し[27]、下総はほぼ公方方の勢力下に置かれることとなった。

『本土寺過去帳』によれば、大掾頼幹父子もこのときに胤宣とともに自害したとみられる。これについて、和氣俊行氏は馬加康胤がかつて大掾氏の養子となっていたことから[28]、頼幹父子を康胤方とするが[29]、過去帳の列記の順番や、大掾氏のその前後の動静を踏まえるならば、彼らは胤直方の援軍であったと考えられるだろう[30]。

湊小田氏の動向

那珂湊の小田出羽太郎については、足利成氏およびその周辺からの書状が多数残っている。それによれば、小田出羽太郎は「佐竹」において忠節を尽くしていることを成氏に賞されている（小宅雄次郎氏所蔵文書、牛五一）。湊小田氏は、この後で述べる「佐竹兄弟の乱」に際し、成氏と結ぶ義頼に味方して戦っており、彼が公方方であったことがわかる。さらに次の史料では、享徳の乱初期の湊小田氏の動きがわかる。

【史料7】足利成氏感状（宍戸文書、牛七）

於二小栗城一致二合戦一、自身蒙レ疵不レ去二堀鰭一明レ夜由間召候、忠勤至、感思食候、猶以励二戦功一者、可レ有二抽賞一候、謹言、

閏四月九日（花押）

小田出羽太郎殿

【史料8】多聞院証尊副状写（「常陸志料 二」）

御註進趣、具達二上聞一候了、抑湊城事、敵方より攻落申候由承候、驚入存候、殊更御親類・御内面々数輩打死之由承候、御心中奉レ察候、折節歓楽仕候問、不レ能二巨細一候、恐々謹言、

閏四月二十八日　証尊（花押影）

謹上　小田出羽太郎殿[31]

史料7、8は、閏月から享徳四年と比定できるが、ここから、小田出羽太郎が小栗城攻めに公方方として参陣して活躍していたこと、その留守中に那珂湊周辺で合戦があり、結果、閏四月末までに湊城が落城し、一族が討ち死にしたことがわかる。この点、湊小田氏は公方方であることから、その相手は上杉方の佐竹実定や江戸氏などが想定できる。なお、その後も湊小田氏は公方方として活動している（小宅雄次郎氏所蔵文書、牛五五）。

「佐竹兄弟の乱」の経過

前述した義頼と実定の兄弟対立だが、享徳の乱の間の両者の動きは史料的制約もあって不明な点が多い。ここでは、現存する足利成氏および義頼の書状等から、長禄年間頃までの経過を復元していくこととする。なお、こ

れについてはすでに佐藤博信氏・山川千博氏の検討がある。[32]

　乱の当初より、公方成氏は義頼を支持しており、大山氏に対し「佐竹五郎・六郎合戦事、五郎有㆓其理㆒申上候」と、五郎すなわち義頼に理があることを述べていた（「秋田藩家蔵文書 七」、茨Ⅳ―一六）。これについて義頼は、大山氏宛ての書状で成氏を「御近付之方様」と述べており、成氏側からの積極的な接近があったと考えられる。また同時に、前述した湊小田氏や、同じく公方方であった宍戸氏とも連携を図り、周囲の勢力との積極的な外交に打開策を見出そうとしていたと言える（「秋田藩家蔵文書 七」同、茨Ⅳ―一五）。

　両者間の合戦については、現存する義頼の書状から、一族である小場氏の居城とみられる小場城（常陸大宮市小場）周辺で合戦があったことがわかっており（「秋田藩家蔵文書 七」、茨Ⅳ―一六）、湊小田氏などが義頼方として戦っていたことがわかる（小宅雄次郎氏所蔵文書、牛五一）が、この合戦の時期も明確ではない。[33] 小場は義頼方の重臣大山氏の居城孫根と那珂川を挟んだ近地であり、大山氏と小場氏は下って戦国後期に入ってからも、たびたび所領をめぐって争う関係にあった。[34] 小場での戦いで大山氏の一族が佐竹義俊に激賞された背景には、実定方に付いた宿敵小場氏を打倒する契機とみた大山氏が激しく戦ったことがあるのかもしれない。また、義頼は同じく公方方の下那須氏とも連携し、小場氏の所領である伊勢畑（常陸大宮市上伊勢畑・下伊勢畑）攻めを検討するなど（那須文書、茨Ⅵ―八七）、積極的な動きがみられる。

　対する実定方に関する史料については、史料的制約が大きく、具体的な動きを復元することは難しい。享徳二年十一月に石神小野崎次郎に「定通」の名を与える名字状を出しているのが、現存する実定唯一の発給文書であり（阿保文書、茨Ⅳ―一八）、ここから石神小野崎氏が実定方であったことがわかる。また、義頼と結ぶ那須氏が、成氏より「常州辺御敵可二出張一之由其聞候」と注意を促している「常州辺御敵」は、実定方、あるいは山入氏を指すとみられよう（那須文書、戦古一一八）。

さらに、幕府管領細川勝元は、石神小野崎越前守に対して次のような書状を出した。

【史料9】細川勝元書状写「秋田藩家蔵文書　二一」、茨Ⅳ―九）

就二上杉安房守事一、已然被レ成二御教書一候了、仍関東御陰謀既現形之間、為二御対治一被レ下二綸旨并錦之御旗一候、不日可レ致二忠節一之由被二仰出一候、恐々謹言、

二月廿五日　勝元（花押）

小野崎越前守殿

史料9は成氏討伐のため、「綸旨并錦之御旗」が下されたことを伝えている。この文書の年次比定だが、先行研究では「秋田藩家蔵文書」編纂者の注記を踏まえ、康正元年（享禄四年）とする。二月二十五日という日付で、細川勝元が関東の問題で綸旨と錦御旗の話題を出す時期はこの時を置いてほかになく、妥当と思われる。ただし、杉山一弥氏によれば、たしかに同年二月二十日時点で将軍義政は御旗の調進を命じているが(35)、それは錦御旗ではなく武家御旗であったという(36)。

また、やはり実定方で石神小野崎氏の一族とみられる美作守に対し、扇谷上杉道朝（持朝）が感状を出し、実定の幕府への忠義を褒めている。

【史料10】上杉道朝書状（阿保文書、茨Ⅳ―一）

連々典厩奉レ守二京都一給候処、不レ存二余義一之段、忠節之至感悦候、弥被レ廻二計略一候者、可レ然候、定自二

京都一可レ有二御感一候也、恐々謹言、

四月十六日　道朝（花押）

小野崎美作守

史料10で、道朝は「典厩奉レ守二京都一候処」と、実定を「典厩」とする。実定は義政の御内書において、寛正元年に「左京大夫」、同四年に「常陸介」とされていることと、上杉道朝の活動時期と合わせて考えると、この書状は康正～長禄三年の間のものとみられる。(37)

その後、後述する信太庄合戦の戦功を、実定が京都に注進したことが足利義政の御内書から確認でき、その後も幕府方と連携していたことがわかる（御内書案、義政二八六、三八六、三九五）。この頃の実定が、常陸国における幕府・上杉方勢力の中心的存在であったと思われ、そのような立場になった背景の一つには、かつて彼が山内上杉長棟の養子として、山内上杉氏の家督後継者候補に立っていたことがあげられるだろう。

太田城の奪還を狙い、古河公方と結ぶ義頼、これに対し、江戸氏や小野崎氏の支持を受けつつ、常陸地域の幕府・上杉方の中核として活動する実定という構図のまま、佐竹家の内紛は長期化することとなった。

信太庄合戦

長禄三年（一四五九）十一月、公方方と幕府・上杉方が常陸信太庄において合戦を繰り広げた。この時期、両軍は武蔵太田庄、上野羽継原でも激しい合戦を展開しており、信太庄合戦も両軍の激突地の一つとなった。

この時の幕府方の勢力は、翌長禄四年（寛正元年、一四六〇）に将軍足利義政の発給した御内書の案文からある程度把握できる。[38] それによれば、佐竹実定、江戸通房、大掾清幹、小田持家父子、真壁氏幹父子といった常陸の諸勢力を中心とし、下野の長沼氏一族、下総結城氏や宇都宮氏の被官、実名不詳だが下総結城氏の庶流とみられる人物などが参陣した。乱の当初から幕府・上杉方であった佐竹実定や大掾氏に加え、当初公方方であった小田持家や、いったんは成氏に降伏した真壁氏幹などが加わり、幕府・上杉方の一大勢力が信太庄に集まったといえよう。なお、この合戦に関する義政の御内書の多くには「実定注進到来」の文言があり、前述したとおり、佐竹実定がこの頃の常陸における幕府・上杉方勢力の中心的立場にあって、幕府などと連絡を取っていたと考えられる。

対する公方方について、明確な軍事行動を示す史料は確認できないが、おそらく芹澤氏や鳥名木氏、鹿島氏など常陸の親公方方をはじめ、下総や下野からも参陣があったと思われる。あるいは、古河の成氏から直接の援軍があった可能性も想定されるが、山内・扇谷の両上杉氏を主力とする武蔵・上野戦線を相手とすることを考えるならば、その援軍は決して多くはなかったのではないかと思われる。

合戦の経過を示す史料は残っておらず不明だが、前述の御内書には、多くの人物が討ち死にしたことが記されている。

【史料11】足利義政御内書案（「御内書案」、義政一二一七）

同前渡㆓親徹㆒也、

成氏対治事、参㆓御方㆒、去年十一月於㆓常州信太庄㆒合戦之時、息治部少輔・同上総介并被官人波賀彦三郎等討死之旨、実定注進到来、誠忠節之至、感悦候、次隠居事、被㆓聞食㆒候、太不㆑可㆑然、不日令㆓出頭㆒

運二計略一、弥励二軍功一者、可レ有二抽賞一候、巨細勝元可二申下一候、太刀一振友成・刀一腰国吉遣レ之候也、

（四月廿八日）月　日　十二月廿一日改元寛正 御判

小田讃岐守殿

史料11は小田持家に出された御内書であり、ここから小田持家が信太庄合戦において、公方方から幕府・上杉方に転じて参陣したこと、合戦において子の治部少輔と上総介、被官波賀氏などが戦死したことがわかる。これ以前に嫡男の朝久が小栗城合戦に公方方として参陣中に病没しており、三人の子を自分より先に失った持家は隠居を申し出たものの、幕府はこれを認めず、その後は孫の成治を後見する立場にあったものとみられる。また、真壁氏幹は親子三人揃って討ち死にしてしまい（「御内書案」、義政二二九）、これによって永享末年から二十年近く続いてきた真壁氏の内紛は、朝幹の勝利で終わったのである。

その他の勢力の動向

行方郡の行方肥前入道は、前述の信太庄合戦と同時期に上野羽継原で起こった合戦に幕府・上杉方として参陣して戦死したことが、子の幸松に宛てた御内書からわかっている（「御内書案」、義政二一八）。肥前入道がなぜ遠路上野の合戦に参加したのかは判然としないが、近隣の上杉氏勢力と行動をともにして、上野に参陣した可能性は考えられようか。

また、上杉房顕が「江戸城衆中」に宛てた書状によれば、肥前入道と同族とみられる行方淡路守の籠もる城に敵が攻めかかってきた際に、淡路守と協力してこれを撃退したことを賞するとともに、他の味方の在所について

も、互いに力を合わせて敵に備えることが、それぞれの安全に繋がるので、今後もよろしく頼むと述べている（臼田文書、茨Ｉ―三四）。宛所の「江戸城衆中」について、武蔵江戸城とする見方もあるが(39)、彼らが物理的に淡路守と連携して敵を討ったことからみて、詳細は不明だが、おそらく行方郡内にあったとみられる行方淡路守の居城の近地と考えられる。この史料が臼田文書に伝わったこととあわせて考えるならば、「江戸城衆中」は、香取海を挟む信太庄の江戸崎城（茨城県稲敷市江戸崎）の城衆を指す可能性が高い(40)。すなわち、行方氏が幕府・上杉方に属し、香取海を越えて信太庄地域と連携して戦っていたと考えられよう。

一方、同郡の芹澤氏は公方方として活動しているが、医学に長じた同氏のもとには、公方方の傷病人が送られ、療養を受けていたことが確認できる。

【史料12】足利成氏書状（芹沢文書、戦古二三九）

上杉庁鼻和四□(郎)為二疵養生一其方へ下向候、速被二取直一之様、与レ薬致二療治一□□(候者)、可レ為二御悦喜一候、謹言、

五月十九日　（花押）

芹澤土佐守□(殿)

史料12は芹澤氏に対し、怪我を負った庁鼻和上杉四郎の治療を求めた成氏の書状である。この文書について、久保賢司氏は花押形から長禄年間のものとするが(41)、おそらく成氏の下での合戦で怪我したとみられる。庁鼻和上杉四郎の詳細は不明であり(42)、このときは芹澤氏の尽力で回復したとみられるが（芹澤文書、戦古二四五）、その後の活動も確認できない。しかしながら、成氏が回復を求めて芹澤氏に彼を送ったことから、公方方についた上杉

氏一族があったことがうかがえるだろう。

三、享徳の乱中期

ここでは、信太庄合戦後から文明三年の公方成氏の下総移座に至るまでの時期を見ていく。乱以前から続く内乱の多くが、この時期に解決した。

「佐竹兄弟の乱」の終結

前節でも述べたように、佐竹義頼と実定の兄弟対立は、互いに幕府や公方家、周辺勢力と結びつき、十年以上にわたって展開してきた。この状況が大きく動いたのは、寛正六年（一四六五）のことであった。この年の九月、他でもない一方の当事者実定が病没し、子の義実（義定とも）が後を継ぐこととなった（「義俊家譜」佐竹一二五）[43]。実定の生年は未詳であるが、兄義頼が応永二十七年（一四二〇）生まれであり、それ以後の近い時期と考えるならば、おおむね四十代前半での死去と考えられる。それと前後して、実定の擁立やその後の活動に深く関わってきた江戸通房も没し（「江戸氏譜」）、実定派は有力な味方を失った。二人の没後まもなく、義俊（義頼の改名、これ以後義俊とする）は太田城を攻め、義実を江戸氏のもとへ逐って奪還を果たしたという（「義俊家譜」佐竹一二五）。後に義実は、義俊の命を受けた江戸通長（通房の子）に謀殺されたといわれるが[44]、これは江戸氏が義俊と結んだことが理由に挙げられるだろう。また、太田にあった父義人については、次の史料がある。

【史料13】佐竹義俊書状（東京大学白川文書、白六一四）

先日御返事、委細示給候之条、恐悦之至候、就レ其老父義人判形於被レ進レ之候、在所之事、於二義俊一も不レ可レ有二相違一候、堅預二御合力一候者、可二申談一候、猶以何事候共、始末無二余儀一可二申承一候、御同心可レ為二本望一候、心底口上申候間、不レ能レ審候、恐々謹言、

十一月六日　前伊予守義俊（花押）

謹上　白河殿

史料13で義俊は、佐竹氏と白河結城氏の同盟にあたり、先に出された「老父義人」の書状で述べたことについては、自分も同意見であると述べている。「老父」と記しており、この時まで義人は存命していたとみられ、義俊の復帰は両者が和解したうえで叶ったものと思われる。和解を成立させた義人は、その直後の応仁元年（一四六七）、激動の生涯を閉じた（「義人家譜」佐竹一一八）。

なお、この頃までに義頼は義俊に名乗りを改めたが、その具体的な時期について、佐藤氏は寛正六〜七年頃としている。[45] 明確な時期は断定できないが、史料13から、少なくとも義人存命中であったことは間違いないだろう。

さて、太田城に復帰した義俊は、それまでの公方方の立場を転じて幕府・上杉方に立ったとみられる。明確な時期や理由については不明とせざるをえないが、太田城奪還にあたり、成氏から目立った支援を受けられなかったことや、江戸氏などとの関係改善が理由の一端と思われる。この動きに対し、この頃も依然として佐竹宗家と対立を続けていた山入氏は、逆に公方方に転じ、那須持資とともに義俊を攻め、太田城にほど近い久米（常陸太田市久米）まで侵攻した。

【史料14】足利成氏書状（那須文書、戦古三一二）

去廿三日於二久米一家被官砕レ手依下励二戦功一候上、小爪責落候之由、佐竹上総介注進候、誠感思食候、於二御恩賞一者可レ依二申上旨一候、猶以能々相談候者、可レ然候、謹言、

十二月七日（花押）

那須越後守殿

【史料15】山入義継書状写（小宅雄次郎氏所蔵文書、牛七九）

態々御札先以恐悦之至候、抑那須越後守方被レ致二出陣一、先勢遣候、依二此方一時間一自身可レ有二易陣一候、仍度々弓箭理運仕候間本望候、雖レ然敵城通路口悉依下不二佣持一候上、未二落居一候、雖レ然涯分に可レ致二調法一候、随御脚気之由承候、能々御養生可二目出一候、諸事期二来信一候間令二省略一候、恐々謹言、

十一月（廿脱カ）一日　上総介義継（花押影）

「謹上　湊殿　（花押影）」

【史料16】山入義継書状（東京大学白川文書、白一〇八五）

先度令レ啓候処、預二委細御報一候、恐悦之至候、抑向二久米、小爪一二三ケ所取レ陣候処、右馬頭被レ召二同心一、取二後陣一候き、雖レ然廻二計略一候間、敵城致二没落一候、多年之本望此時候、且者可レ有二御難察一候、仍堺邊之事、種々雑意候処、依下無二御等閑一候上、当弓矢悉本意之分候、是併御芳恩之至、忝次第候、如二連々申候一、自然之時預二御合力一候者、可レ為二恐悦一候、年内之事者、無二余日一、成二明春一候者、被レ加二御力一候者、所レ仰候、恐々謹言、

十二月一日　上総介義継（花押）
謹上　白河殿御宿所[46]

史料14は、那須持資の十一月二十三日の久米での戦功を賞した成氏の書状である。文中に「佐竹上総介注進」とあるが、上総介の受領は山入氏が名乗っていたものであり[47]、この人物は山入氏と考えられ、義俊の動向と那須氏への成氏の書札礼および日付から、文正～応仁元年のものと推定できる[48]。また史料15は、湊小田氏に対して上総介義継が戦況を伝えた書状である。日付から、成氏の賞した十一月二十三日の合戦直前のものと考えられる。

さらに史料16は、やはり義継が白河結城氏に宛てて戦況を伝えた書状であり、久米・小爪といった共通の地名がみえること、史料15と16の花押が同型であることから、同時期に同じ人物によって発給されたと考えられる。さて、この上総介義継であるが、上総介の受領を名乗っている点から考えて、義継はこの頃の山入氏当主であり、史料14にみえる「佐竹上総介」本人と考えられるとともに[49]、この頃の山入氏が、佐竹宗家の幕府・上杉方への転進を受け、逆に公方方に転じ、公方方の下那須氏とともに佐竹宗家を攻撃したとみられる。

また、義俊と実定の争いの際には義俊に味方していた湊小田氏が、史料15から、義俊の公方方離反後は行動をともにせず、公方方に残って活動していたことがわかる。ただし、湊小田氏が湊城に復帰できたかどうかについては不明と言わざるをえない。この点、湊小田氏の文書の一部が「宍戸文書」に伝存していることを考えると、公方方の同族である宍戸氏を頼っていた可能性も考えられよう。

真壁氏の内紛終結と家督の交代

信太庄合戦における氏幹父子の戦死により、真壁氏は事実上朝幹に一本化された。「当家大系図」では、永享の相論終結後に朝幹が反対派勢力を滅ぼしたとされるが[50]、その後、信太庄合戦まで反朝幹派が多数存在したことを考えるならば、その討伐は氏幹の戦死後と考えられるだろう。

家の統一を実現した朝幹は、長禄五年（寛正二年、一四六一）に子の久幹へ置文を[51]、さらに寛正七年（文正元年、一四六六）、文正二年（応仁元年、一四六七）にも譲状と置文を久幹と家臣団に書き残した（真壁文書、真三四～三八）。ここには、当時の真壁氏の重臣層が記されており、統一後の真壁氏の家臣団編成がこのときまでになされたと考えられる。

鹿島社七月大祭の再興と鹿島氏の内紛

鹿島社で毎年七月に行われていた七月大祭については、常陸平氏が大使役を巡役として勤めていたことが、すでに水谷類氏によって指摘されている[52]。しかし享徳二年（一四五三）、在庁官人の税所幹詮が、祭礼のために常陸府中から鹿島へ赴く途上、鹿島実幹の被官田山氏および鹿島社の社家に殺害される事件が起こった（田山氏系図）。この事件により、七月大祭がこれ以後一次中絶したといわれているが、実際には享徳六年（長禄元年、一四五七）までは続いていたとみられ（真壁文書、真三一）、その後断絶したとみられる。

さて、古河公方足利成氏は、この状況を憂い、鹿島氏と税所氏に対し和睦を求め、同時に七月大祭の復興を求めた。

【史料17】町野成康書状案（山戸茂則氏所蔵税所文書、茨Ⅱ―三〇）

態進レ状候、仍先年当社御神事時、税所致二出仕一処、於二路次一既彼社人被レ討之条、併鹿島出羽守方令二同心一狼藉、太不レ可レ然候、所詮任二規式一、可レ致二相当沙汰一由被二仰出一候、不レ然者御神事可二退転一間、為レ此被レ成二御奉書一候、猶以於二難渋輩一者、可レ有二殊御沙汰一候、巨細者可二加世者申一候間、不レ能レ詳候、恐々謹言、

　十月四日　勘解由次官成康　在判

謹上　鹿嶋社家中

史料17は、町野成康が鹿島社の社家に宛てた書状の案文である。ここで成康は、税所幹詮を討った鹿島実幹に味方した社家の行動を「太不レ可レ然候」と非難したが、公方方として長く活動してきた鹿島実幹にとって、成氏に自らの行動を非難されたことは衝撃であったと思われる。時を同じくして、幕府からは足利義政の威圧的な文言による軍勢催促の御内書が実幹に送られ（「御内書案」、義政三九四）、味方となることを求められた実幹は、この後、文正年間頃までに幕府方に転じたとみられる（「御内書案」、義政四四〇）。一方、子の孝幹は公方方に残ったと見られ、文正元年三月には実幹に代わって鹿島社の惣大行事職に任じられた（鹿島則幸家文書、茨Ⅱ―一）。この後、文明十年に実幹が同職に復帰したこと（「鹿島長暦」）を考えると、文正年間の惣大行事職の交代には、何らかの政治的問題が絡んでいたのではないかと思われ、公方方と幕府・上杉方の立ち位置の変化をめぐる親子の対立があった可能性が考えられるだろう。

その他の勢力の動向

小田城の小田氏は、成治が成長した寛正年間に入ると、積極的に勢力の安定と拡大に動いたことが、長塚孝氏の検討で明らかにされている。かつて鎌倉府に没収された田中荘をはじめ、自領の周辺にある南野庄、あるいは信太庄方面の上杉氏の所領にも拡大を図った可能性が考えられる（日輪寺文書、茨Ⅰ―六）。対する信太庄の上杉方も、敵の攻撃への警戒について上杉房顕が書状を遣わしているが、その主たる相手は小田氏であろう（臼田文書、茨Ⅰ―四二）。

四、享徳の乱後期

ここでは、文明三年（一四七一）の成氏移座から享徳の乱の終結までを見ていくこととする。文明三年の幕府・上杉方による古河奪取と成氏の古河から下総への移座は、乱後半のターニングポイントとなった時期であった。

将軍御内書と常陸

文明三年三月、公方方と幕府・上杉方が激突し、勝利した幕府・上杉方は勢いそのままに古河城を攻撃した。公方成氏はこれに抵抗できず、六月までに下総千葉氏の下へ動座した。これを好機とみた幕府は、関東の諸氏に対し、大量の御内書を発給する。これらの多くは現存しないが、「御内書符案」にその案文が残されている。[53] この時期の御内書の発給時期は、まとまっての発給が三回確認できる。まず五月三十日付けでは、下野の小山持政や佐野愛寿、常陸小田城の小田成治が味方となったこと、これを機会として味方となり戦功を挙げれば褒賞を与えるなどの旨が記されている。このとき小田成治は、一族である右衛門大夫や筑波大夫（潤朝ヵ）とともに公方方を離反したことが、彼ら宛ての御内書で確認できる（「御内書符案」、義政五五〇、五五一）。続いて九月十七日付けの御内書は、五月の軍勢催促に応じて味方になったものに宛てたと考えられる。その際、佐竹義治、小田持家、大掾清幹、小山持政等に対し、義政は上杉顕定との談合を命じた（「御内書符案」、義政六二一、六二四、六二六、六二八、六三〇）。いずれも当該期の東関東地域における有力者であり、幕府・上杉方が彼らの勢力の大きさを認識していたと考えられる。さらに十二月三日、今度は奥州の諸氏に宛てた御内書が出されているが、加えて常陸の大掾清幹にも発給されたことがわかっている（「昔御内書符案」、義政六三五）。

さて、現存する史料に拠るかぎり、このときの常陸では小田成治のほか、佐竹義治、大掾清幹、鹿島実幹、真壁久幹、筑波氏、行方氏などが幕府・上杉方に立っていたとみられる。これに対し、公方方に残って戦ったのは、前述の山入義継の他、宍戸持久や鹿島孝幹、湊小田氏などであったが、小田氏の離反により、乱当初から国内の要衝を押さえていた幕府・上杉方の常陸における勢力はさらに拡大したといえる（地図Ⅱを参照）。

幕府・上杉方による公方方勢力の切り崩しに対し、成氏も味方の獲得に全力を挙げており、那須持資に対し、次のような書状を送っている。

【史料18】足利成氏書状（那須文書）

年来忠節異レ于レ他候之処、御恩賞等不レ被レ成レ之候、定無二其勇一可レ被レ存候歟、仍真壁郡之内真壁掃部助跡事、領知不レ可レ有二相違一候、謹言、

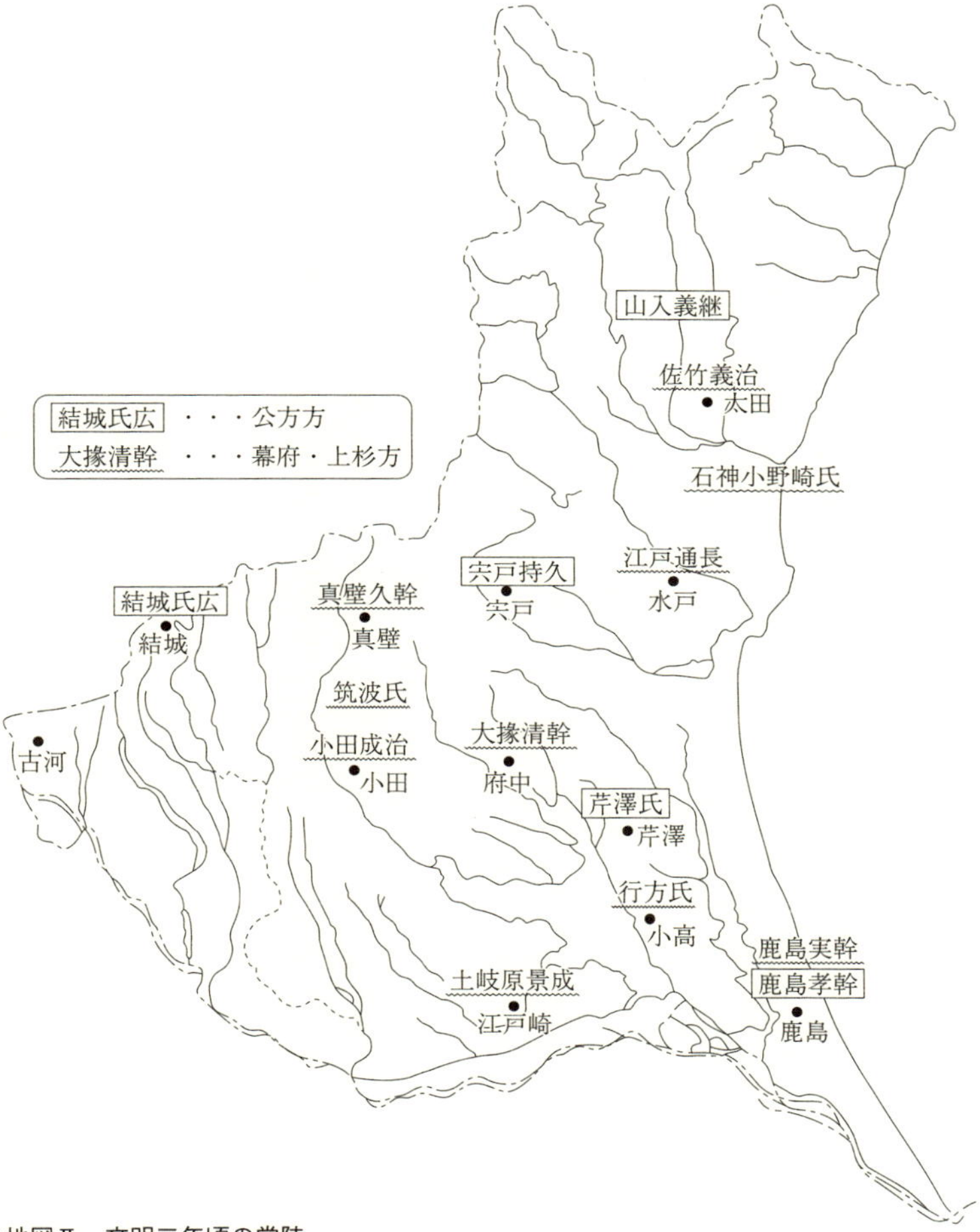

地図Ⅱ　文明三年頃の常陸

九月五日　成氏（花押）
那須越後守殿

史料18は、那須持資のこれまでの戦功を賞し、真壁久幹の跡職を与えるとしたものである。文明年間に入るまでの間、公方方として活躍してきた真壁氏の所領が、何の理由もなく跡職とされて那須氏に与えられるとは考え難い。成氏がこのような対応を取った背景にあったとみられるのが、真壁久幹の幕府・上杉方への鞍替えであり、ここから本史料は文明三年のものと考えられる(54)。

しかし、圧倒的優位に立ちながら、幕府・上杉方の攻勢は古河落城以後ほとんど進まなかった。とくに、古河に近い結城城の結城氏広を切り崩せなかったことが大きかったと思われる（東京大学白川文書、白六一七など）。そして翌年二月、成氏が逃亡先の下総千葉氏の下で挙兵し、これを雪下殿尊倣や結城氏広、下野の茂木氏などが支援する形で古河城を奪還、一年足らずで古河に復帰した。この攻勢を受け、小山氏などは再び公方方に転じたとみられ、文明三年以前とほぼ同じような状況に戻ることとなったのである。

文明四年以降の常陸

成氏の古河復帰後、常陸では真壁久幹が即座に公方方に転じたが、小田成治は依然として幕府・上杉方にあった（真壁文書、真二九）。最終的に公方方に転じたとみられるが、その具体的な時期は不明である。

佐竹氏では、義俊から義治への家督交代が、少なくとも文明三年以前に行われたとみられる。先述の五月三十日付けの足利義政からの軍勢催促は「佐竹左馬助とのへ」宛てであり、伊予守を称していた義俊ではないことから、義治が当主となっていたと考えられよう（「御内書符案」、義政六二四）。

さて、古河復帰後、公方方と幕府・上杉方は再び膠着状態に陥った。この状況に変化が訪れたのが、文明九年（一四七七）の長尾景春の乱の勃発である。[55]これは、山内上杉氏家中の勢力争いによるものであるが、これにより、景春討伐を優先した山内上杉氏は公方成氏と和睦を図り、その関係を通じて幕府と古河公方府の和睦交渉が開始された。[56]このとき、小田成治は宇都宮成綱と共に和睦推進派であったようで（「古簡雑纂 六」、牛四七）、長く続いた戦乱の終結を求める立場であったとみられる。そして文明十四年（一四八二）十一月、幕府と古河公方府の和睦「都鄙御合体」が成立し、ついに享徳の乱は終結したのである（蜷川家文書、義政七七二）。

「都鄙御合体」の成立と前後して、常陸では文明十三年（一四八一）、常陸中部の小鶴原（茨城町小鶴）において、江戸通長と小田成治・大掾清幹・真壁久幹らが激突した（「江戸軍記」[57]）。幕府・上杉方として長く活動してきた江戸氏と、一時期を除いて多くを公方方として活動していた小田氏との関係は決してよいものではなかったとみられる。しかし、同様に公方方にあった真壁氏だけでなく、幕府・上杉方として活動してきた大掾氏が小田氏と結んだことは、この頃の常陸においては、公方方と幕府・上杉方という対立構図が薄れ、勢力拡大をもくろみ南下する江戸氏とそれを阻止する小田氏、大掾氏等という構図に変化しつつあったといえる。[58]これは、それまで公方方と幕府・上杉方の争いに包摂されてきた諸家間の抗争が表面化、本格化することによって生まれたといえるだろう。

おわりに

享徳の乱を通じて、常陸国内は隣国の下野や房総などと異なり、上杉方勢力の強い状況が長く続いた。これは、鎌倉府の時期からの上杉氏勢力の伸長や、持氏の強硬政策に反抗した「京都扶持衆」の存在などに一因があるものと思われる。しかし、古河公方と上杉勢は利根川を挟んだ古河と五十子を向いて対峙しており、彼らの視点からみて後背の地である常陸国は主戦場とはなりえなかった地域であり、乱による直接的な影響は、他の地域と比べると小さいものであったと思われる。

当該期の常陸国内では、佐竹氏や真壁氏のように、鎌倉府の時代に端を発する家中の内紛が勃発、長期化し、それぞれが公方方、幕府・上杉方に味方して争ったが、その目的は自らの勢力の安定と敵対勢力の打倒であり、その思考性は足利成氏や上杉氏らの思惑とはまったく異なるものであったといえる。それは乱の末期において、公方家や上杉氏との関係ではなく、近隣諸家同士の関係によって合戦が繰り広げられるようになったことからも言えるだろう。

このような関東における常陸の位置づけは、続く長享の乱、永正の乱、大永享禄の乱と公方家や上杉氏の内紛が続く中でもほぼ同じであった。しかし、それは常陸国を公方家や上杉氏などが無下に扱える地域ではなく、むしろ彼らからは後詰の地域として期待され、戦乱の当事者たちは常陸の諸勢力の取り込みを積極的に行っていった。(59) そして常陸の諸勢力もまた、自らの体制の安定を図って彼らと結びつき、周囲の勢力に対して優位に立とうとしながら、続く戦国時代を戦うこととなるのである。

註

（1）享徳の乱に関する論文については、『古河公方展―古河足利氏五代の興亡―』（古河歴史博物館、一九九七年）の主要文献目録、『関東戦国の大乱―享徳の乱、東国の30年戦争―』（群馬県立歴史博物館、二〇一一年）の主要参考文献および本書の各論考を参照。

（2）当該期の常陸については、次のような研究がある。

○自治体史…『玉造町史』中世第三章（平田満男氏執筆、一九八〇年）、『龍ヶ崎市史 中世編』（市村高男氏執筆、一九九八年）、『牛久市史 原始古代中世』第七章第四節、第八章第一節（長塚孝氏執筆、二〇〇四年）。

○小栗城合戦…久保賢司「享徳の乱における足利成氏の誤算―貴種の格付け、正官と権官、主君と家臣の関係についても―」（佐藤博信編『中世東国の政治構造』岩田書院、二〇〇七年）、戸谷穂高「享徳の乱前後における貴種足利氏の分立」（佐藤博信編『関東足利氏と東国社会』岩田書院、二〇一二年）。

○佐竹氏…新田英治「中世文献調査報告（一）」（『茨城県史研究』五一、一九八三年）、西ヶ谷恭弘「山入城の歴史とその背景」（水府村教育委員会編『山入城Ⅰ―第1次発掘調査報告書―』、一九八九年）、佐藤博信「十五世紀中葉の常陸佐竹氏の動向―特に義憲（義人）・義頼（義俊）・義治をめぐって―」（同『続中世東国の支配構造』思文閣出版、一九九六年、初出一九九四年）、日暮冬樹「常陸佐竹氏の権力確立過程」（『国史学』一六三、一九九七年）、佐々木倫朗「佐竹義舜の太田城復帰と「佐竹の乱」」（同『戦国期権力佐竹氏の研究』思文閣出版、二〇一一年、初出一九九八年）、本間志奈「佐竹義人（義憲）についての基礎的研究」（『法政大学大学院紀要』七五、二〇一五年）、山川千博「東国の戦乱と「佐竹の乱」」（高橋修編『佐竹一族の中世』高志書院、二〇一七年）。

○その他の氏族…藤木久志「常陸の江戸氏」（萩原達夫編『江戸氏の研究』名著出版、一九七七年）、平田満男「土岐原氏

と南常陸の国人層の動向」（東国戦国史研究会編『関東中心戦国史論集』名著出版、一九八〇年）、風間洋「関東奉公衆宍戸氏について」（『鎌倉』八九、一九九九年）、清水亮「南北朝・室町期常陸国真壁氏の惣領と一族」（同編著『常陸真壁氏』戎光祥出版、二〇一六年、初出一九九九年）、高橋裕文「中世領主と石神氏」（東海村歴史資料館検討委員会編『常陸国石神城とその時代』、二〇〇〇年）、市村高男「中世港湾都市那珂湊と権力の動向」（『茨城県史研究』八七、二〇〇三年）、拙稿「室町中期の常陸大掾氏」（高橋修編著『常陸平氏』戎光祥出版、二〇一五年、初出二〇一三年）。

（3）本文中で使用する史料集等については、略称・文書番号（または頁数）のように記す。以下の略称と出典を適宜参照のこと。

●『茨城県史料　中世編Ⅰ〜Ⅵ』→茨〇―〇、●『埼玉県史　資料編五』→埼五―〇、●『埼玉県史史料叢書　十一』→埼史〇、●『神奈川県史資料編　中世三下』→神〇、●『白河市史　五』→白〇、●『牛久市史料　中世Ⅰ』第三章→牛〇、●『真壁町史料　中世編Ⅰ』→真〇、●『石川町史　資料編Ⅰ』→石〇、●『戦国遺文　古河公方編』→戦古〇、●『記録御用所本古文書』→記録〇、●木下聡編『足利義政発給文書（1）』、『足利義政発給文書（2）・足利義凞（義尚）発給文書』→義政〇、●後掲註4内山論文→内山〇、●『佐竹家譜　上巻』→佐竹〇

（4）内山俊身「鳥名木文書に見る室町期東国の政治状況―永享の乱・結城合戦時の霞ヶ浦周辺と足利万寿王丸の鎌倉公方復権運動について―」（『茨城県立歴史館報』三一、二〇〇四年）。

（5）その後の山尾宍戸氏については、持里の子である安芸守持久の活動がみえる（「鈴大明神宗札覚」）が、史料的制約からその活動は断片的にしか確認できない。一方、庶流の一木宍戸氏では、享徳の乱の最初期に、伊勢守持周が「永享以来不知行」となっていた真壁郡窪郷・飯塚郷の安堵を成氏に求め、それが認められたことが確認できる（一木文書、茨県Ⅲ―二）。世代を考えると、持周は応永三十年代に活動が確認できる弥五郎満里の子とみられるが、彼の系統はこれ以後活動を史料上確認できない。また、鎌倉府の寺社奉行を勤めた宍戸持朝（持里の従兄弟）は宝徳年間頃まで活動が確認できる（円福寺文書、茨県Ⅲ―九、一〇）が、この系統の活動もそれ以後確認できなくなる。

（6）黒田基樹『長尾景仲』（戎光祥出版、二〇一五年、一二三頁）では「憲定」とするが、その後黒田氏に直接確認したところ、

「義定」と意見を改めているとのことであった。
(7) 註（2）本間氏論文を参照。
(8) 註（2）新田氏、佐藤氏論文を参照。
(9) 註（2）日暮氏論文を参照。
(10) 註（2）日暮氏、本間氏、山川氏論文を参照。
(11) 垣内和孝「篠川・稲村両公方と南奥中世史」（同『室町期南奥の政治秩序と抗争』岩田書院、二〇〇六年、初出一九九六年）。
(12) 註（2）佐藤氏論文を参照。
(13) 「義俊家譜」（佐竹一二三）。この記事の典拠として「佐竹古譜、清音寺蔵本、正宗寺蔵本、北氏所蔵佐竹系図等に出づ。」とみえ、家譜作成の段階で、他の系図類に拠らざるをえなかったことがわかる。
(14) 本間氏は正月七日付け本間直季副状（「秋田藩家蔵文書 七」茨Ⅳ―九）から、義人が公方方として出陣したとし、山川氏は、山入氏との関係から、乱の当初義人・実定が公方方に転じる判断をしたとする。しかし、その後正月二十九日付けで再度軍勢催促状（同、茨Ⅳ―八）が大山氏に出された際にも、成氏は義人の参陣を催促しており、先の軍勢催促状に義人は応じなかったことがわかる。またその後も、義人および実定が公方方として参陣した事実は確認できず、兄弟の乱を通して、義人と実定は幕府・上杉方の立場にあったと思われる。
(15) 註（2）小森氏、清水氏論文を参照。
(16) 拙稿「永享～享徳年間の小栗氏」（千葉歴史学会平成二十六年七月例会報告レジュメ）。
(17) 註（2）戸谷氏論文を参照。
(18) 「勝山記」永享元年条（『勝山村史 別冊』五六頁）。
(19) 註（2）拙稿を参照。なお、烟田文書および羽生大禰宜家文書にみえる「平憲国」について、註（2）拙稿では大掾氏当主の憲国と考えていたが、現在はそれとは別人で、大掾氏の重臣格の人物であると考えを改めている。拙稿「南北朝～室町前期の常陸大掾氏」(『国史学』二一七、二〇一五年)の註(83)を参照。

(20) 判門田氏については、佐藤博信「上杉氏家臣判門田氏の歴史的位置」(同『続中世東国の支配構造』思文閣出版、一九九六年、初出一九九〇年)を参照。

(21) 註(2)久保論文を参照。

(22) 『康富記』享徳四年二月廿日条(『史料大成 康富記 四・親長卿記』一三五~一三六頁)。

(23) 御旗については、久保賢司「享徳の乱における古河公方方の戦略的配置と御旗」(黒田基樹編著『武田信長』戎光祥出版、二〇一一年、初出一九九八年)、杉山一弥「室町幕府における錦御旗と武家御旗―関東征討での運用を中心として―」(同『室町幕府の東国政策』思文閣出版、二〇一四年、初出二〇〇六年)などを参照。

(24) 註(2)山川氏論文を参照。

(25) 本文書は「鹿島六郎」宛てだが、黒田氏はこの文書を含む一連の文書群が鹿島に伝来したことにより、「佐野」を「鹿島」に書き改めたものと指摘する。黒田基樹「桐生佐野氏の展開」(同『古河公方と北条氏』岩田書院、二〇一二年、初出二〇〇七年)を参照。

(26) 『鎌倉大草紙』(『埼玉県史資料編 八』一一三頁)。

(27) 「大過去帳 中」十二日条、十五日条(『千葉縣史料 中世篇 本土寺過去帳』一一六、一五一頁)。

(28) 「千学集抜粋」(『戦国遺文 房総編 補遺』付編第二四号、七〇頁)。

(29) 和氣俊行「常陸大掾氏と下総千葉氏の人的関係―室町中期を中心に―」(『地方史研究』三三六、二〇〇八年)。

(30) 註(2)拙稿を参照。

(31) 本史料および多門院証尊については、佐藤博信「古河公方の奉行人に関する覚書―特に多門院証尊の場合―」(同『続中世東国の支配構造』思文閣出版、一九九六年、初出一九九三年)を参照。

(32) 註(2)佐藤氏、山川氏論文を参照。

(33) 山川氏は小場での合戦を享徳二年ヵと比定するが、その根拠は明らかではない。ただし、義頼の花押形は写本に拠らざるをえない部分もあるが、無年号文書のそれは宝徳二年のもの（「水府志料　十二」、茨Ⅱ―一七四）とほぼ同形のものであり、兄弟の乱が勃発した享徳初めの合戦である可能性は高いと思われる。

(34) 安達和人「大山・小場抗争と戦国期佐竹氏の権力構造―大山氏と頓化原合戦をめぐって―」（『常総の歴史』四二、二〇一一年）。

(35) 註（22）を参照。

(36) 註（23）杉山氏論文を参照。

(37) 扇谷上杉持朝については、黒田基樹「扇谷上杉氏の政治的位置」（同編著『扇谷上杉氏』戎光祥出版、二〇一二年）を参照。

(38) 「御内書案」（『続群書類従 第二十三輯下』二七八～三一五頁）。

(39) 『龍ヶ崎市史 中世史料編』第二章第四節第七一号の解説を参照。

(40) この点、黒田基樹氏のご教示による。

(41) 久保賢司「二通の医療関係文書から―庁鼻和上杉氏の系譜と動向―」（『鎌倉』八九、一九九九年）。

(42) 黒田基樹「成氏期の上杉氏」（本書所収）を参照。

(43) 「義俊家譜」（佐竹一二三～五）には、佐竹実定の子として、長子に憲顕を挙げ、山内上杉憲実の推挙により、山内上杉氏の家督を継がせようとしたが、長尾氏らが反対されたため失敗したという所伝を載せ、彼は寛正元年に十八歳で没したとする。次男として義実がみえ、彼が寛正二年（一四六一）の誕生で、その母は小山広朝の娘（花渓）で、義俊の室と同一人物であったとしている。ただし、この二人に関する一次史料は管見の限り確認できず、また憲顕の所伝は、他でもない実定自身の事跡（山内上杉氏への養子入り）と混同されている可能性があると思われる。

(44) 「佐竹世譜」（東京大学史料編纂所所蔵謄写本「佐竹氏旧記　九」）では、文明九年（一四七七）六月、水戸において毒殺されたとされる。ただし、没年を十九歳としており、「義俊家譜」にみえる生年（註43を参照）では年齢が合わない。

(45) 註（2）佐藤氏論文を参照。

(46) 本史料については、森木悠介氏のご教示による。

（47）『満済准后日記』応永三十年六月五日条（『続群書類従 補遺一』一三九頁）では、山入与義を「佐竹上総入道」と記している。

（48）足利成氏の書札礼については、阿部能久「戦国期関東公方とその発給文書」（同『戦国期関東公方の研究』思文閣出版、二〇〇四年、初出二〇〇三年）を参照。阿部氏は康正二年～応仁二年の間に那須氏宛ての成氏発給文書が厚礼になったとするが、本文書から、厚礼になったのは文正元年～応仁二年閏十月の間と考えられる。

（49）従来、系図等から義知とされてきたが、その名は史料上では確認できない。なお、佐藤博信氏はすでにこの人物について「佐竹上総介義継」と、根拠は不明だが義継が佐竹一族である可能性を指摘している。註（2）佐藤氏論文を参照。

（50）「当家大系図」（『真壁町史料 中世編Ⅳ』一一九～一二〇頁）。

（51）真壁久幹の実名については、拙稿「室町～戦国初期常陸真壁氏の基礎的考察」（戦国史研究会編『戦国期政治史論集 東国編』岩田書院、二〇一七年）を参照。

（52）水谷類「鹿島社大使役と常陸大掾氏」（同『中世の神社と祈り』岩田書院、二〇一〇年、初出一九七九年）。

（53）「御内書符案」（『栃木県史 史料編 中世四』三一二～三三〇頁）。

（54）註（51）拙稿を参照。

（55）長尾景春の乱については、黒田基樹編著『長尾景春』（戎光祥出版、二〇一〇年）を参照。

（56）杉山一弥「応仁・文明期「都鄙和睦」の交渉と締結」（本書所収）を参照。

（57）『江戸軍記』（『続群書類従 第三十四輯』四七～五一頁）。なお、この合戦については、後世に江戸氏の南下に際しての合戦を重ね合わせて物語られたものとする説もある。野内正美「江戸氏支配下の茨城町地方」（『茨城町史 通史編』第四章、一九九五年）を参照。

（58）註（2）拙稿を参照。

（59）拙稿「古河公方御連枝足利基頼の動向」（佐藤博信編『中世東国の政治と経済』岩田書院、二〇一六年）。

V　応仁・文明期「都鄙和睦」の交渉と締結

杉山一弥

はじめに

将軍足利義教期の室町幕府による東国征討は、その帰結が明瞭であった。たとえば足利持氏征討がおこなわれた永享の乱は、武力抗争に敗れた足利持氏の自害によって終結した。また足利安王丸・足利春王丸征討がなされた結城合戦は、結城城の落城と足利安王丸・春王丸兄弟の捕縛・斬首によって終結した。しかし、将軍足利義政期の室町幕府による東国征討は、その帰結が前代とは異なっていた。足利成氏征討がすすめられた享徳の乱は、和睦の締結によって終結をむかえたのである。ここに応仁・文明期の「都鄙和睦」を詳細に考察する意義がみとめられよう。

室町期において「都鄙」とは、京都（室町幕府）と地方（在地社会）を対照的・対比的にあらわす一般語であった。しかし同時期の古文書・古記録類に「都鄙和睦」とみえる場合、その多くは〝足利将軍と鎌倉公方の和睦〟についての事例に絞られるようである。これは京都将軍家と関東足利家のあいだの抗争の歴史をひも解くとき、「都鄙和睦」の考究が室町時代史研究において重要な検討課題であることを示している。

本稿が主題とするのは、応仁・文明期の「都鄙和睦」である。「都鄙和睦」は、かつて足利持氏と室町幕府の抗争期にも応永三十一年、[1]永享三年の二回ほど試みられた。[2]しかし、最終的には永享の乱によって破綻した。これに対して、足利成氏と室町幕府の「都鄙和睦」の交渉過程では、応仁年間と文明年間の二度、大きな動きがあったことが知られる。それは、足利成氏が鎌倉から古河へ移座し、旧鎌倉府体制の崩壊と東国社会の変容が大きくすすんだ転換期の出来事であった。この点、応仁・文明期の「都鄙和睦」は、まさに室町幕府と鎌倉府の関係史においてひとつの画期ととらえることができる。

そうした応仁・文明期の「都鄙和睦」については、旧来から注目され研究が重ねられてきた。すでに明治期には辻善之助氏によって先鞭がつけられ、当該事項の重要性が示された。[3]そして大正期には渡辺世祐氏がこれに続き、関係文書の欠を補った。[4]辻・渡辺両論考には基礎的な事実認識に誤りもみられるが、関連する主要史料はほぼ紹介されたのであった。その後これを主題とした研究はみられなかったが、昭和四十年代、佐藤博信氏が古河公方研究の一環として当該研究を再開・進展させた。[5]この中世東国史の枠組みにおける「都鄙和睦」研究は、阿部能久氏、[6]和氣俊行氏、[7]山田邦明氏ら[8]によって継承されている。さらに近年、家永遵嗣氏、[9]桜井英治氏、[10]石田晴男氏[11]によって京都・室町幕府の政治史における「都鄙和睦」の位置づけについても検証作業がすすめられた。応仁・文明の乱における西幕府（いわゆる西軍）の「都鄙和睦」への関与のあり方をめぐる見解が相次いで示されたのである。その議論は、桜井英治氏、[12]家永遵嗣氏[13]によってさらに深められている。本稿ではこうした研究史の蓄積をふまえ、応仁年間・文明年間それぞれの和睦交渉の実情を詳らかにしてゆく。

なお史料上、室町幕府と足利成氏の和睦交渉をめぐっては、「都鄙和睦」「都鄙合体」「都鄙和融」など複数の表現がみえる。関係する古文書類を通覧すると、「都鄙和睦」の表現は、京都将軍家が関東足利家よりも優位とする語感の文脈で使用されている。一方、「都鄙合体」「都鄙和融」の表現は、京都将軍家と関東足利家が対等との語感をもつ文脈でもちいられる。本稿では、和睦交渉を申し入れたのが応仁年間・文明年間ともに征討される側にあった足利成氏であるという事実に鑑み、「都鄙和睦」の表現を統一してもちいることとした。

一、応仁年間「都鄙和睦」の論点

室町幕府が足利成氏との和睦交渉にはじめて応じた形跡が残るのは、応仁年間のことである。しかしその関係文書の解釈をめぐっては、いまなお活発な議論がつづいている。つぎに掲げた二通の足利成氏発給文書が、関連史料である。

①連々依レ被二仰上一、都鄙御和睦之儀申沙汰候由、義兼（廉カ）畠山（義就）・山名（宗全）書状到来候、御大慶至候、此刻速可レ有二御調義一候、出陣之用意可レ然候、委曲被レ仰二含使節一候、恐々謹言、

卯月十一日（応仁二年カ）　成氏（足利）在判

岩松左京亮殿(14)

②就二都鄙御合体一、可レ励二忠節一由、自二京都一被レ成二御教書一候、此度属二御本意一候様、弥兵義等能々可二相談一候、謹言、

閏十月朔日（応仁二年）　成氏（足利）（花押）

那須越後《（持資カ）》守殿[15]

まず①をめぐって見解が分かれているのは、「義兼《（廉カ）》幷畠山《（義就）》・山名《（宗全）》」ら三人が「申沙汰」を行った対象人物が、一体だれなのかという点である。異なった見解がうまれる背景として、当時の室町幕府が、応仁・文明の乱の勃発によって東幕府と西幕府に分裂した時期と重なっていたことがある。それゆえ足利成氏が和睦交渉をした組織・人物の比定も、斯波義廉ら三人の「申沙汰」をどうとらえるかによって大きく異なってくるのである。具体的には、その対象人物を足利義政とみるならば組織は東幕府、足利義視とみるならば組織は西幕府[16]、であったことになり、描かれる歴史像も次のようにまったく異なってくるのである。

たとえば、「申沙汰」の対象人物を足利義政とみた場合、足利成氏は京都の政治情勢をまったく把握できておらず、管領職でありながら西幕府の形成をすすめた斯波義廉に赦免の取次をもとめて接触し、体良くあしらわれた、との理解に結びつく。これに対して、「申沙汰」の対象を足利義視とみた場合、足利成氏は西幕府との攻守同盟をもとめて斯波義廉らに接触し、西幕府との関係をもとに東国での武力抗争を優位にすすめようと企図した、との理解に結びつく。この見解の差異は、応仁年間における京都と東国の政治的連動性の有無に対する評価と密接にかかわる重要な相違点でもある。そしてそれは、応仁・文明の乱時の東幕府・西幕府それぞれにとって、東国社会への関心の度合いが一体いかほどの割合を占めていたのかという基本的な問題にも結びつくのである。

また右の議論は、②をめぐる解釈をも分かつことになる。とくに文中にみえる管領斯波義廉の「御教書」について、その「御教書」に一体いかなる内容や意義を想定できるのかという部分と連関してくるのである。つまり、①の「申沙汰」の対象を足利義政とみた場合、「御教書」は西幕府の斯波義廉があたかも足利義政の意を受けたかのように装って足利成氏と音信を交わした文書との解釈になる。一方、対象を足利義視とした場合、「御教書」は西幕府の斯波義廉が東国の東幕府勢力である足利荘代官長尾景人らに対する足利成氏の武力抗争を正当化・権威づけした文書との解釈になる。

右の議論の難しさは、直接関係する文書が①②の二点しか見出せないうえ、応仁・文明の乱における西幕府の位置づけの評価が密接に関わってくるところにある。史料が限定されていることもあり、浅薄な言動は決して許されない重要な論点たる所以である。そこで本稿では結論を急ぐことはせず、これまでの検証作業においてなお等閑視されている諸点を問題提起し、これに代えることとする。

第一に、足利成氏と管領斯波義廉の関係は、一体いかなるものだったのであろうか。かつて文安年間に足利成氏が鎌倉公方へ就任した当初、室町幕府側の取次は当時の管領畠山持国がつとめていた。畠山持国は、足利成氏と良好な関係を築いていたことが知られる。しかし管領職が細川勝元に替わると、室町幕府と足利成氏のあいだには政治的距離がうまれたとされる(17)。この点、管領斯波義廉と足利成氏の政治的距離は一体いかなる間合いだったのであろうか。そもそも斯波義廉の実父渋川義鏡は、足利成氏征討の室町幕府勢として京都から東国へ下向し、初期の堀越公方府中枢にあった人物であった。そうした斯波義廉の出自に鑑みると、足利成氏と斯波義廉が一体どのような関係にあったのか緻密な検証作業が必要であろう。

第二に、①冒頭の「連々」とは、その起点を一体いつにおく発言・認識なのであろうか。たとえば康正二年(一四五六)の史料にみえる享徳の乱の初期段階からの推移を含意しているのであろうか(18)。それとも応仁年間の直近に足利成氏が室町幕府と積極的に接触していたことを示す表現なのであろうか。これは「申沙汰」の対象人物を、足利義政と足利義視、一体いずれに比定するのかを判断する場合にも意味をもつ問題といえるのではなかろうか。

第三に、①にみえた「義兼(廉カ)幷畠山(義就)・山名(宗全)書状」を、三人それぞれの三通の書状とみるか、あるいは三人による一通の連署状とみるかも重要であろう。この部分の解釈は、西幕府の東国社会への関与の度合いをしめす指標ともなりうるからである。たとえば『経覚私要鈔』や『大乗院寺社雑事記』に控えられたような西幕府の連署状とみた場合[19]、一体なぜ②文中の「御教書」は連署状ではなく御教書の形式が選択されたのかについて、なお説明がもとめられるべきであろう。

第四に、この応仁年間の「都鄙和睦」において、足利成氏の使者は一体だれがつとめたのであろうか。これは、足利成氏の交渉相手が東幕府・西幕府いずれなのかを人間関係の側面から迫るときに必要な情報である。次節でみる文明年間の「都鄙和睦」は、和睦交渉の経路や使者を復元でき、その推移を具体的に知ることができる。しかし応仁年間の「都鄙和睦」は、関係文書が稀少で交渉の経緯が詳らかにならない。わずかに京都使節をつとめたという経歴が知られる「中勒西堂[20]」なる人物に関与の可能性がうかがえるのみなのである。

第五に、次節でみる文明年間の「都鄙和睦」が締結されるまで、足利成氏が不改年号の「享徳」をそのまま使用しつづけたことの意味も熟考せねばならない[21]。それは足利成氏が、応仁年間の「都鄙和睦」を成立したとは考えていなかった証左とみることも可能だからである。足利成氏にとって「都」との交渉とは、一体いかなる内実を求めての接触であったのか、改めて根本を問い直す必要がある。

二、文明年間「都鄙和睦」の推移

足利成氏は、文明十二年（一四八〇）、室町幕府との和睦交渉を本格的に展開した。そして翌々文明十四年、越後守護上杉房定の関与のもとついに「都鄙和睦」が締結された。越後上杉房定は、当時の関東管領山内上杉顕定の実父であった。なおこれ以前の文明五年、足利成氏の弟尊儆が美濃守護代斎藤妙椿をつうじて京都との接触を試みていたとの風聞が知られる。『大乗院寺社雑事記』文明五年十月十一日条の「自二鎌倉御兄弟《(尊儆カ)》方一持是院《(斎藤妙椿)》事御憑子細在レ之」との記事である。しかし、事の詳細は不明である。また応仁・文明の乱は、文明九年十一月、西幕府が解散して終結をむかえ、京都における室町幕府の分裂はおさまっていた。

文明年間の和睦交渉が本格的に展開した社会背景として、文明八年六月、東国でいわゆる長尾景春の乱が勃発したことがある。[22] 山内上杉氏被官の長尾景春がおこした同乱によって、武蔵国五十子にあった関東管領山内上杉顕定の軍陣が翌文明九年正月に崩壊した。これにともない山内上杉顕定は、翌々文明十年正月、長尾景春を支援する足利成氏との和睦を選択したのであった。その条件として足利成氏は、山内上杉顕定らに対して「都鄙御和融」の実現に尽力することを「及二両年一」びもとめていたという。[23] しかし文明十一年中、山内上杉顕定らがこれに積極的にとり組むことはなかった。そこで足利成氏は、文明十二年になると親足利成氏方となった長尾景春をつうじた室町幕府との交渉を企図したのであった。そこには、足利成氏との連携手段としてこの問題を積極的に政治利用しようとする長尾景春の意思も働いていたことであろう。

長尾景春が、文明十二年、室町幕府との接触を試みていたことは『蜷川家文書』の「自二長尾《景春》方一之六通」との端裏書をもつ文書写から知ることができる[24]（写真参照）。『蜷川家文書』は、室町幕府政所の政所代蜷川氏に伝存した室町幕府関係文書群である。長尾景春経由で京都にもたらされた六通は、①足利成氏→細川政元、②長尾景春→小笠原備後守、③犬懸上杉政憲→細川政元、④沙弥信照→細川政元、⑤足利成氏→大徳寺以浩、⑥尊僘→大徳寺以浩、という書状群によって構成される。文書の発給年は、①～⑥いずれも文明十二年である。

①で足利成氏は、細川政元に対して、山内上杉顕定と扇谷上杉定正が室町幕府との「御和融」に尽力する旨を「頻申出」たが「一両年」をへても上申せず「虚言至」なので、長尾景春をつうじて室町幕府に接触させたと述べている。そして足利成氏は、長尾景春の人物像を「長棟《上杉憲実》名代お致、輔《補》佐無為」と著している。誇張された表現ではあるが、かつての上杉憲実の名声に依拠するかたちで室町幕府に長尾景春を印象づけようとしたのであろう。

②で長尾景春は、小笠原備後守なる人物に対して、交渉の使者に「大徳寺《以浩》長老」を指名したと伝えている。大徳寺以浩は、『蔭凉軒日録』寛正五年（一四六四）七月二十八日条に「関東使節之西堂大徳寺《以浩》」「使節大徳寺《以浩》」などとみえる人物である。大徳寺以浩は、旧来から京都と東国のあいだを使節として往来した履歴のある禅僧であった。また大徳寺以浩は、のちの『蔭凉軒日録』延徳四年（一四九二）六月三日条に「関東（中略）建長寺坐公文事、古者関東大樹和尚有レ之、以二彼吹嘘状一建長公文、又者鎌倉秉払謝語被レ用レ之、其後以浩《大徳寺》和尚吹嘘状同前、以浩《大徳寺》和尚後関東管領之吹嘘状被レ用レ之」とある。大徳寺以浩は、鎌倉五山の建長寺公文の推挙状を発給できる高僧であったこともあきらかとなる[25]。大徳寺以浩は、京都・東国いずれの武家社会にも知己が多かったことであろう。これが交渉の使者に選ばれた理由とみられる。

また長尾景春は、身分格式の関係上、細川政元を直接の充所として書状を発給できなかったとみるべきである。それゆえ長尾景春は、細川氏被官の小笠原備後守宛に書状をしたため、細川政元への「預㆓御披露㆒」かる書札礼をとったのであろう。この小笠原備後守は、細川氏内衆で、南北朝期に丹波守護代をつとめた小笠原備後守成明の系譜をひく人物とみられる。しかし結果として、この長尾景春をつうじた経路はまったく機能しなかった。それは長尾景春の身分格式に起因するところもあったのであろう。

③は堀越公方家宰の犬懸上杉政憲が、細川政元に対して、大徳寺以浩をつうじた和睦交渉をすすめるよう依頼した文書である。当時、足利成氏と対抗関係にあった堀越公方家宰の犬懸上杉政憲が、和睦交渉に関与していることは注目される。それは「都鄙和睦」が締結されれば、犬懸上杉政憲が奉じる堀越公方足利政知の存在意義そのものが問われかねない事態になることが想定されるからである。ただ、犬懸上杉政憲は「委細定長尾（景春）可㆑令㆓啓上㆒候」とも記しており、みずからの積極的関与を拒否しているようにもみえる。犬懸上杉政憲は、長尾景春と一体いかなる関係にあったのであろうか。関連史料は知られないが興味深いものがある。

④にみえる沙弥信照は、人物比定ができず詳細不明である。しかし犬懸上杉政憲と同様、細川政元を直接の充所として書状を発給できる身分格式をもった人物である。また沙弥信照は、文中で「関東中諸家幷隣国面々へ被㆑成㆓御下知㆒候」ことを望むなど、東国の社会全体にかかわる発言をしている。沙弥信照が、犬懸上杉政憲に匹敵する立場の人物であったことは間違いない。そして沙弥信照が発給した文書の日付は、犬懸上杉政憲が発給した文書とおなじ「（文明十二年）三月廿日」である。あるいは沙弥信照は、犬懸上杉政憲と同様、堀越公方府に近仕する人物とみることも可能であろうか。沙弥信照の人物比定は、文明年間の「都鄙和睦」の考察に残されたひとつの課題

である。

⑤は足利成氏が、⑥は成氏の弟尊敒が、ともに大徳寺以浩に対して室町幕府との和睦交渉を鋭意すすめるよう督促した書状である。さきの①②は文明十二年二月の発給、③④は同三月の発給であった。しかし⑤⑥は同年十月の発給である。足利成氏・尊敒兄弟は、秋になっても和睦交渉が進展しないことに苛立ち、大徳寺以浩に対して相次いで書状をしたためたのであろう。⑤の「早速無為之御返事候之様御調法可レ為二簡要一候」や、⑥の「速事行候之様被レ廻二嘉謀一候」こそが、大徳寺以浩に対する足利成氏・尊敒兄弟の要望だったといえる。そしてこのとき足利成氏にくわえ、成氏の弟尊敒も書状をしたためていることが注目される。当時の尊敒は、雪下殿として東国社会で宗教的に重要な位置にあった[26]。いわゆる「公方—社家体制」のあり方が具体的にみえる事例としても重要な文書である。

しかし、右のような長尾景春が企図した大徳寺以浩をつうじた交渉経路はまったく機能しなかった。じっさいに機能したのは、つぎにみる越後守護上杉房定が携わった経路だったのである。『蜷川家文書』には、越後上杉房定によってもたらされた「上杉民大〔房定〕より被レ申分三通」との端裏書をもつ三通の文書写がある[27]（写真参照）。越後上杉房定経由の三通は、①足利成氏→越後上杉房定、②越後上杉房定→細川政元、③越後上杉房定→細川政国、という書状群によって構成されている。文書の発給年は、①が文明十一年、②③が文明十二年である。

①は足利成氏が、文明十一年七月、越後守護上杉房定に対して「可レ有二　八幡大菩薩鑑覧〔ママ〕一」との起請文言を載せたうえで室町幕府との和睦交渉を依頼していることに特徴がある。越後上杉房定をつうじた交渉は、このときが初めての試みであった。そして、起請文言を含んだ文書様式に鑑みると足利成氏は、この越後上杉房定を

つうじた交渉経路に期待するところが大きかったとみられる。

②で越後上杉房定は、文明十二年十月、細川政元に対して、足利成氏の「御誓言」が記された①文書の「正文」を「徳林(岳英)西堂」に託したと著している。また「去年極月(文明十一年)」以前、①文書はすでに越後上杉房定へ届いていたこともわかる。ここに越後上杉房定は、文明十一年十二月までには足利成氏から室町幕府との交渉を依頼されていたことが判明するのである。これによって越後上杉房定による文明十二年十月の岳英徳林の京都派遣は、長尾景春・大徳寺以浩らの初動よりも出足が半年ほど遅かったことが明らかとなる。それゆえ表面上、交渉経路が中途で切り替えられたようにみえるのである。この点、長尾景春の経路が機能しなかったため越後上杉房定の経路に切り替えたとの従来の見解は、修正されるべきであろう。なお、越後上杉房定の使僧岳英徳林は、越後守護代長尾氏と関わりの深い禅僧であった。岳英徳林の人物像は次節で詳述する。

③で越後上杉房定は、細川典厩家の細川政国に対して、②と同日付・同文章の書状をしたためている。そしてこの細川政国宛の書状こそが、越後上杉房定の交渉経路が最終的に機能した最大の理由だったといえる。当時の細川氏一族は、本宗家の細川政元が年少で、じっさいには典厩家の細川政国が多くをとり仕切っていた。『親長卿記』文明五年八月二十八日条には、「右馬頭(細川政国)ハ可レ為二宗明(細川政元)代一之由、自二先日一被レ定」とみえる。細川典厩家の立場に配慮した交渉経路の選定は、越後上杉房定が京都の政治情勢に精通していたことをうかがわせるものである。

そしてそれは越後上杉氏が、この文明年間にも京都との密接な通交関係を維持していたことを示している。たとえば越後上杉氏は、文明九年十一月に「樋口以南高倉以東四町々、樋口以南万里小路以東四町々、六条坊門高倉東□南角寺敷地」(28)を当知行していたことが知られる。越後上杉氏は、洛中に敷地を所有していたのである。また、『結番日記』文明十二年十月四日条には、「上杉殿《（房定）》より諸家へ上候馬、各被二召寄一候て、御方御所様《（足利義尚）》被レ御二覧之一、貴殿《（伊勢貞宗）》大葦毛もまいる」とある。越後上杉氏は、贈答をめぐる流通経済をつうじて京都・室町幕府との密接な通交関係を維持していたのである。畢竟、当時の室町幕府中枢の政治情勢にも明るく、細川氏一族の典厩家細川政国の政治的位置についても的確に把握できていたのであろう。

越後上杉房定は、そうした京都情勢を足利成氏にも伝えていたとみられる。『蜷川家文書』の「結城氏広方より四通」との端裏書をもつ四通の文書写にはそれが反映されている(29)（写真参照）。この下総結城氏広経由の四通は、①足利成氏→細川政元、②足利成氏→細川政国、③結城氏広→細川政元、④結城氏広→細川政国、という書状群によって構成されている。文書の発給年は、①②が文明十二年、③④が文明十三年である。

①②で足利成氏は、文明十二年十月、細川政元と細川政国に対して、ほぼ同文章の書状を送達している。内容は、かねてから「長尾右兵衛尉《（景春）》、以二大徳寺長老《（以浩）》一」って「無二私曲一旨」を申上げていることに対して「御返事」が欲しいというものであった。そして、足利成氏自身がここで新たに細川政国を交渉先に加えていることが注目される。それはこれまで検討してきた『蜷川家文書』の三文書群（十三通）の末尾には、それぞれつぎの備忘文言が付されているからである（写真参照）。

「此六通正文、為二御一見一右馬頭殿《（細川政国）》被レ進候之間写二留之一、文明十三・七・十九」

「以上三通正文、右馬頭殿《（細川政国）》より被レ進之間写二留之一、文明十三・七・十九」

「此四通正文、右馬頭殿《（細川政国）》殿より被レ進之間写二留之一、文明十三・七・十九」

文明年間の「都鄙和睦」の交渉において足利成氏側から室町幕府にむけて発給された関連文書は、最終的にはすべてが細川政国をつうじて幕府政所代蜷川氏にもたらされているのである。これは、文明年間の「都鄙和睦」の締結にあたって、室町幕府中枢において実質的な影響力を行使していたのは細川典厩家の細川政国であったことを明示している。そしてそれは、越後上杉房定が選択した室町幕府中枢への交渉経路の認識の正確さを示すものである。

③④は下総国の結城氏広が、文明十三年三月、細川政元と細川政国に対して、①②の足利成氏書状の副状として送達した同文章の書状である。ただし③④冒頭には、「雖下未二申通一候上」とある。このことから、下総結城氏と細川氏一族はこのときまで通交関係がなかったとみられる。そして結城氏広が関与することになったのは、室町幕府側から発給される返書の充所として、一定の身分格式をもつ足利成氏近臣の存在を明示する必要があったためであろう。このとき長尾景春は、武蔵国秩父での武力抗争をへて、文明十二年六月にはすでに逼塞していた。それが、ここで交渉の前面に結城氏広が登場する要因のひとつであったとみられる。しかし、結城氏広は文明十三年三月に死去したという。結城氏広の関与は限定的だったといえよう。

いずれにしても越後上杉房定の関与こそが、文明年間の「都鄙和睦」が締結に至った最大の要因であった。それは、おなじく『蜷川家文書』に控えられたつぎの文書案からもあきらかとなる（写真参照）。

就二御合体之儀一、古河様(足利成氏)之御書謹令二拝見一候訖、此事自二方々一雖二被レ申候一、以二上杉民部大輔(房定)一御申殊簡要候、然者、於レ身存知之時宜、聊不レ可レ有二緩怠一候、此旨可レ然之様可レ預二御披露一候、
結城七郎殿(氏広)(30)

右の返書草案のなかで室町幕府は、越後上杉房定を介在させることが交渉において特に重要であると明記している。その理由の一端は、『大乗院寺社雑事記』文明十一年九月二十三日条の「畠山大夫（義統）、与二上杉（房定）一成レ縁而越中国ヲ可二打取一之由支度」との記事にみることができる。当時の越後上杉房定は、能登畠山義統が越後上杉房定と姻戚関係をむすび越中国を打ち取ることを画策している、との風聞が出現するほど社会的影響力が強かったのである。そうした越後上杉房定の関与こそが、関東管領山内上杉顕定の実父という立場も重なって、文明年間の「都鄙和睦」の締結に室町幕府が応じた主要因だったのである。結果として、二年後の文明十四年十一月、足利成氏は「都鄙和睦」の宿願を果たしたのであった。『松陰私語』第二にも「都鄙御一和《アリ》、越州上杉民部大夫〔輔〕房定申沙汰了」とある。文明年間の「都鄙和睦」の締結は、越後守護上杉房定の功績であるとの認識が、ひろく東国武家社会に浸透していたことがあきらかである。

次節では、和睦の条件や交渉に携わった人物を具体的に考察する。

三、文明年間「都鄙和睦」の締結

足利成氏側から発給された和睦交渉に関する文書は、前節でみたように文明十二年に集中している。翌文明十三年は、同三月、前述した下総結城氏広の発給した書状二通が残されるのみである。その後、文明十四年十一月に「都鄙和睦」が締結されるまで関連文書は知られない。つまり、文明十三年七月十九日に細川政国が『蜷川家文書』に控えられた三文書群（十三通）を取り次いで以降、文明十四年十一月二十七日に「都鄙和睦」が締結されるまでの一年四ヶ月間、この問題が室町幕府中枢において一体いかなる取り扱いであったのかは、史料が乏しく不明なのである。

そこでひとまず、文明十四年の「都鄙和睦」の合意条件について、京都・東国双方の諸史料を組みあわせてあきらかにする。関連文書は、すべて文明十四年十一月二十七日の日付で伝存している。

足利成氏の手元までじっさいに届けられた室町幕府側の発給文書は、『喜連川文書』に三通みえる。[31]その三通は、①足利義政→足利成氏、②足利義政→越後上杉房定、③伊勢貞宗→越後上杉房定、で構成される。このうち②③は、本来ならば越後上杉氏に伝来すべき文書である。しかしこの越後上杉房定宛の正文二通が関東足利家に由来する文書群に伝存していることは、それ自体、越後上杉房定の交渉経路が文明年間の「都鄙和睦」を締結に導いた要因であることをなお一層あきらかにしている。これら室町幕府の発給文書が、越後上杉房定をつうじて足利成氏にもたらされたことを示しているからである。そして①②③ともに和睦条件は、堀越公方足利政知に対して「無二不足一」ことを保障することがあげられている。このうち③の草案とみられる文書案が、室町幕府側の史料に控えられている。

就二御和睦之儀一、豆州様（足利政知）御事、被レ進二上伊豆国一、可レ被二刷申一之旨、四郎殿（上杉顕定）へ被二仰定一候之由、御注進之通致二披露一候、殊自二古河様（足利成氏）一別而可レ被レ進二御料所一之由候、旁以可レ然之旨上意候、仍御申条々悉以事行候、御面目之至候、

同日（文明十四年十一月二十七日）　　同前（伊勢貞宗）

謹上　上杉民部大輔殿（房定）[32]

和睦の具体的条件として、足利成氏は堀越公方足利政知に対して「伊豆国」を進上したうえで、さらに「御料所」も別途設定することがもとめられたのであった(33)。

また、この和睦締結にさいして越後上杉房定は、足利義政に「御太刀一腰・馬一匹栗毛、雀目結印・鳥目貳萬疋」、日野富子に「鳥目万疋」、足利義尚に「御太刀一腰・御馬一疋栗毛、雀目結印・鳥目万疋」を御礼として進上し、さらに伊勢貞宗にも「御太刀一腰・鳥目万疋」を進上している(34)。とくに室町幕府政所執事の伊勢貞宗に対して御礼がなされていることは注目されよう。これは和睦締結についての室町幕府側の文書作成が、幕府政所執事伊勢氏みずから関わるかたちでなされていたことを示している。文明年間の「都鄙和睦」にかかる文書作成の取り扱いの重要度を示していよう。さらに室町幕府側において「都鄙和睦」を承認したのは、将軍（室町殿）足利義尚ではなく東山殿足利義政であったことも見逃すことのできない事実である。

そして文明年間の「都鄙和睦」の締結にさいしては、交渉の枢要にいた越後上杉房定に対して、足利義政と伊勢貞宗だけが文書を発給したわけではなかった。畠山政長・細川政元の二人も越後上杉房定に対して書状をしたためていたことが知られる(35)。ここに室町幕府中枢では、足利義政や伊勢貞宗、細川氏一族を主導する典厩家細川政国のほか、畠山政長・細川政元ら有力大名層もこの「都鄙和睦」の締結に関わっていたことが判明する。

文明十四年末の「都鄙和睦」の締結は、すぐに市井の人々の知るところとなった。『大乗院寺社雑事記』文明十五年三月七日条には、「依二上杉(房定)申沙汰一、鎌倉殿義氏(成)、与二准后(足利義政)一御中直之由去大晦御内書被レ出レ之、無為無事必定云々、此一両年雑掌(岳英東林カ)置レ之、種々計略之間無為也云々」とある。和睦締結の日付を「大晦」とするのは誤聞であるが、越後上杉房定が交渉経路として機能したことなど記事の内容はおおむね正確である。「都鄙和睦」の風聞は遠く南都奈良まで伝わっていたのである。また足利成氏も和睦締結にともない、文明十五年六月、越後上杉房定に対して「御和睦之儀」を「誠悦入」るとの書状を送達している[36]。これらもやはり文明年間の「都鄙和睦」における越後上杉房定の果たした役割の重要性を物語っている。

つぎに、越後守護上杉房定の使者としての役割を担った岳英東林について考察をくわえる。

岳英東林は、越後国府中の円通寺（臨済宗）の住持であった[37]。また岳英東林は、禅僧ではあるが、当時の越後守護代長尾重景の従兄弟であった[38]。出自や身分格式のうえでも越後上杉房定の使者として相応しい人物であったといえる。

岳英東林は、文明十二年十月末、越後国を出発して京都へむかった。越後国人の市川氏が文明十二年十月に黒川氏へ充てた書状には、「就㆓都鄙御合体之儀㆒、遠通寺(円通寺岳英)幷飯尾方上都候（中略）昨日廿八ニ被㆓罷立㆒候[39]」や、「京都へ之使節(円通寺岳英)幷飯尾方上洛、関東之時宜と申不㆑成㆓一方㆒取乱共(マヽ)候、去廿八飯尾方罷立候、使節(円通寺岳英)も明日立候[40]」などの記述がみえる。岳英東林は、文明十二年内には京着していたものとみられる。上洛後の岳英東林は、先掲『大乗院寺社雑事記』に「此一両年雑掌(岳英東林カ)置㆑之」と著されたように、そのまま京都に長期滞在しつづけたのであった。

岳英東林が、文明年間の「都鄙和睦」において実務的な役割を果たしたことは、『文明壬寅岳英西堂送別詩[41]』と呼ばれる文書群から知ることができる。『文明壬寅岳英西堂送別詩』は、岳英東林が「都鄙和睦」の締結にともなう越後国への帰郷にあたって、京都で知己をえた多くの禅僧から贈られた送行の偈頌からなる文書群である。そのなかで岳英東林は、「老師」「老人」と尊称され老僧であったことがわかる。そして岳英東林に偈頌を寄せたのは、①玉荘徳種〔南禅寺〕、②勝幢宗殊〔南禅寺前住〕、③魯庵集連〔璉〕〔常在光寺〕、④文紀雲郁〔曇〕〔建仁寺前住〕、⑤天隠龍澤〔建仁寺〕、⑥継章元暉〔建仁寺前住〕、⑦益之宗箴〔相国寺鹿苑院蔭凉軒〕、⑧春陽景杲〔相国寺常徳院〕、⑨亀泉集證〔相国寺雲頂院松泉軒〕、⑩蘭坡景茝〔等持院〕、⑪義海良信〔建仁寺祥雲庵〕、⑫竺関瑞要〔南禅寺雲臥庵〕、⑬龍崗眞圭〔今熊野永安院〕など、いずれも京都の尊宿として知られる著名な禅僧ばかりであった。

とくに魯庵集連〔璉〕は、岳英東林の人物像について「東藩幕府之禅将」との表現をもちいている。岳英東林が越後守護代長尾氏の一族出身であることや、和睦交渉の使命を帯びていたことは、京都禅林にひろく知られていたのであろう。じっさいに岳英東林は、「洛社三年」（亀泉集證）、「数年寓洛」（義海良信）と表現されるごとく、京都に長期滞在して和睦交渉に尽力したのであった。そうした経緯もあって和睦締結にともなう越後国への帰郷時、岳英東林の功績は、「遂ニ相洛和平之望ニ」（勝幢宗殊）、「京城府與鎌倉縣和親」（文紀雲郁〔曇〕）、「献ニ東関和議之策ニ」（天隠龍澤）、「関左和親之功」（益之宗箴）、「西洛東湘一統」（春陽景杲）、「運ニ東関和親之策ニ」（竺関瑞要）などの表現をもって称えられたのであった。また岳英東林は、「建長之鈞命」（勝幢宗殊）、「建長之名藍」（魯庵集連〔璉〕）、「巨福山建長禅寺」（文紀雲郁〔曇〕）を得たとも讃えられている。岳英東林は、和睦締結に貢献した賞として鎌倉建長寺の五山公帖を得たのであった。

文明年間の「都鄙和睦」において機能したのは、越後上杉房定をつうじた交渉経路であった。そして実質的には越後守護代長尾氏一族中の岳英東林の功績であったといえる。これに対して、東国武家をつうじた交渉経路はほぼ機能しなかった。たとえば足利成氏は、山内上杉顕定と扇谷上杉定正が京都へ言上しないと繰りかえし非難していた。また長尾景春の主導する大徳寺以浩をつうじた交渉経路も機能せず、越後上杉氏をつうじた交渉経路を補完するものにとどまったとみられる。足利成氏は、室町幕府に対する有効な交渉経路を把握できていなかったのである。これは足利成氏が、室町幕府中枢における細川典厩家の政治的位置を認識した途端、新たに結城氏広を交渉に携わらせようと画策したことからもうかがえる。足利成氏は、身分格式と書札礼の関係から東国大名層の結城氏広を介在させることを着想したのであろう。前述したように結城氏広は、上所・脇附を付した書札礼ながらも細川政元を直接の充所とする文書を発給できた。これは、長尾景春が細川政元に対して細川氏被官小笠原備後守宛の披露状形式の書札礼をとらねばならなかったことに比して、結城氏広は細川政元と直接音信を交わすことが可能な回路を獲得できたことを意味している。そこでつぎに、下総結城氏広の位置づけをみておきたい。

　結城氏広は、文正元年（一四六六）からその名がみえる[42]。ただし叔父結城成朝からの下総結城氏の家督継承が穏便なものであったのかは疑問が呈されている[43]。しかし結城氏広は、文明三年六月、足利成氏がひとたび下総国古河から退去せざるをえなかったとき、「於二此口一氏広（結城）一人不レ違二累祖本意一存候」[44]と、足利成氏勢としての立場を決して崩さなかった。そのことが足利成氏の信頼を獲得し、下総結城氏の家格をもって細川氏一族との交渉を託されたとみられる。ところが結城氏広は、和睦交渉が本格的に展開する以前の文明十三年三月、死去したという。また下総結城氏をつうじた交渉経路は、結城氏被官の「多賀谷入道」がとり仕切っていたとの徴証もある[45]。これらが、足利成氏の構想に反して下総結城氏の交渉経路もまた有効に機能しなかった一因なのではなかろうか。

　文明年間の「都鄙和睦」は、越後上杉房定をつうじた交渉経路が機能して締結にいたった。しかしそれと並行して、足利成氏はいくつかの交渉経路を開拓する試みもおこなっていた。じっさいに結城氏広をつうじた交渉経路を模索した時期もあったことがわかる。越後上杉房定をつうじた交渉経路の選択は、前述のように室町幕府側の意向によるところが大きい。それは畢竟、文明年間の「都鄙和睦」は、室町幕府側に和睦交渉の主導権があったことを示していよう。

おわりに

以上、室町幕府が足利成氏征討を行った享徳の乱を終結させた「都鄙和睦」について、応仁年間・文明年間それぞれの様相を、京都と東国の関係論を中心に考察した。

応仁年間の「都鄙和睦」をめぐる議論は困難をきわめる。それは、これを東国史料で論じようと試みた場合、無年号の同時代文書が多く、文書一通の年代比定の如何によって複数の文書解釈に影響がおよぶからである。そのため本稿では問題提起をするにとどめた。議論の突破口は、応仁年間と文明年間の「都鄙和睦」を個別的ではなく連続的・一体的にとらえ直す作業にあると考える。

文明年間の「都鄙和睦」は、『蜷川家文書』によってその経緯が詳らかとなる。とくに重要なのは三文書群（十三通）の端裏書と末尾に付された室町幕府側の備忘文言である。この記載事項と使僧岳英東林のうごきを合わせみることによって、文書移動と交渉過程の実像がうかびあがるのである。このとき影響力を発揮したのは越後上杉房定であった。それは、室町幕府における細川氏一族の典厩家細川政国の政治的位置を的確に把握できていたことに起因する。また従来、その交渉経路は長尾景春から越後上杉房定に切り替えられたとみなされてきた。しかし、それは両人の初動時期の違いからうまれる外形的様相の評価にすぎない。足利成氏は、複数の交渉経路によって室町幕府中枢への接触を試みていた。越後上杉房定の交渉経路が機能したのは、室町幕府側がそれを選択したからなのである。和睦交渉の主導権は、あくまでも室町幕府にあったといえよう。

文明年間の「都鄙和睦」で実質的な役割をはたしたのは、越後守護代長尾氏出身で禅僧の岳英東林であった。岳英東林の功績は、京都禅林からも大きく顕彰された。また和睦締結のさい室町幕府側で決断を下した人物は、東山殿足利義政であった。将軍（室町殿）足利義尚ではなかったのである。この点、足利成氏の和睦交渉の相手は、足利成氏征討をはじめた足利義政その人しか政治的意味をもたなかったのではないかという素朴な疑念がうかぶ。これは、応仁年間の「都鄙和睦」をめぐる西幕府関連の議論にも影響をおよぼす根元的な問題なのではなかろうか。

応仁・文明期「都鄙和睦」には、国家論とも関わるいまひとつ重要な問題が備わっている。東国社会における「享徳」という不改年号の意味についてである。足利成氏は、応仁年間の「都鄙和睦」のさいはそのまま「享徳」を使用しつづけた。しかし、文明年間の「都鄙和睦」以後は「享徳」の使用を放棄した。足利成氏は、文明十四年の和睦締結をもってはじめて室町幕府の東国征討が終結したとみていたことがわかる。応仁年間と文明年間の「都鄙和睦」を総合的にとらえる視点の必要を提起する所以である。

註

（1）『花営三代記』応永三十一年二月五日条に「鎌倉左兵衛督持氏、与二京都勝定院殿(足利義持)一御和睦落去畢、管領(畠山満家)以下御太刀進上也、甲斐・信乃(濃)・駿河討手共被二召返一云々」、『満済准后日記』同日条に「関東事（中略）已重捧二誓文一被二懇望申一上ハ、御和睦不レ可レ有二子細一」とある。

（2）『満済准后日記』永享三年七月十九日条に「関東使節二階堂信濃守盛秀今日巳初御対面云々、管領(斯波義淳)引導云々、自二関東(足利持氏)一馬二疋置鞍一疋・金太刀・鎧一両(領)進レ之云々」、『看聞日記』同日条に「鎌倉使節二階堂駿河守(盛秀)(マヽ)、今日公方(足利義教)御対面、管領武衛同道参」とある。

（3）辻善之助「「都鄙」和睦と禅僧の居中斡旋」（『日本仏教史之研究』続編、金港堂、一九三一年、初出一九〇六年）。

（4）渡辺世祐「都鄙和睦について」（『国史論叢』文雅堂、一九五六年、初出一九一七年）。

（5）佐藤博信「足利成氏とその文書」（『中世東国足利・北条氏の研究』岩田書院、二〇〇六年、初出一九七四年）、同「足利成氏とその時代」（『古河公方足利氏の研究』校倉書房、一九八九年、初出一九八七年）、同「都鄙和睦の成立と両上杉氏の抗争」（前掲『中世東国足利・北条氏の研究』所収、初出一九八九年）。

（6）阿部能久「享徳の乱と関東公方権力の変質」（『戦国期関東公方の研究』思文閣出版、二〇〇六年、初出二〇〇三年）。

（7）和氣俊行「享徳の乱と応仁・文明の乱―両乱における政治的対立構造についての考察―」（『法政史学』六二、二〇〇四年）。

（8）山田邦明『享徳の乱と太田道灌』（吉川弘文館、二〇一五年、一〇六〜一〇九・一三五〜一四〇・一四五〜一五〇頁）。

（9）家永遵嗣『室町幕府将軍権力の研究』（東京大学日本史学研究叢書、一九九五年、第二部第一章第四節）。

（10）桜井英治『室町人の精神』（講談社、二〇〇一年、三二三〜三二五頁）。

（11）石田晴男『応仁・文明の乱』（吉川弘文館、二〇〇八年、二四一〜二四四頁）。

（12）桜井英治「応仁二年の「都鄙和睦」交渉について」（『日本史研究』五五五、二〇〇八年）。

（13）家永遵嗣「応仁二年の「都鄙御合躰」について」（『日本史研究』五八一、二〇一一年）。

（14）「正木文書」（『戦国遺文』古河公方編、一五二号）。

（15）「那須文書」（前掲『戦国遺文』一五七号）。なお本文書には、「応仁二年潤十月二日到来、御使佐々木近江守(政清)、於天明陣(命)」

との付箋墨書がある。

(16) 足利義視については、家永遵嗣「足利義視と文正元年の政変」(『学習院大学文学部研究年報』六一、二〇一四年)参照。

(17) 『神奈川県史』通史編1原始・古代・中世(一九八一年、八九八〜八九九頁、文責百瀬今朝雄)。

(18) 「武家事紀三四」(前掲『戦国遺文』一一六号)。

(19) 『経覚私要鈔』応仁元年十月二十九日条、『大乗院寺社雑事記』応仁二年十一月六日条。

(20) 「正木文書」(前掲『戦国遺文』三〇七号)。

(21) 「高文書」「茂木文書」「相州文書所収鎌倉郡報国寺文書」「横浜市立大学所蔵安保文書」(前掲『戦国遺文』一六三、一六六、一七三、一七七号)。

(22) 長尾景春の乱については、黒田基樹編著『長尾景春』(戎光祥出版、二〇一〇年)など参照。

(23) 「早稲田大学図書館所蔵赤堀文書」(前掲『戦国遺文』一七八号)。

(24) 大日本古文書『蜷川家文書』一〇四号。

(25) 『蔭涼軒日録』延徳四年六月六日条にも「建長寺公帖事白レ之(中略)建長一寺事者、自二京都一被レ成二御判一(中略)普広相公(足利義教)御時者、大樹和尚在二関東一出二吹嘘状一、其後以浩(大徳寺)和尚見二出吹嘘状一、其後者可レ然尊宿無レ之」とみえる。

(26) 雪下殿については、佐藤博信「雪下殿に関する考察—小弓公方の視点を含めて—」(『古河公方足利氏の研究』校倉書房、一九八九年、初出一九八八年)、同「鎌倉府による寺社支配の一様態—安房妙本寺・武蔵宝生寺を通じて—」(『千葉大学人文研究』四五、二〇一六年)など参照。

(27) 前掲『蜷川家文書』一〇七号。

(28) 「異本上杉家譜」(『室町幕府文書集成』奉行人奉書篇上、思文閣出版、一九八六年、一〇七三号)。

(29) 前掲『蜷川家文書』一一〇号。

(30) 前掲『蜷川家文書』一一一号。

(31) 「喜連川文書」二〇〜二二号(『栃木県史』史料編中世二)。

(32)「諸状案文」(『静岡県史』資料編7中世三、三三一号)。

(33) 拙稿「堀越公方の存立基盤―経済的側面を中心として―」(『室町幕府の東国政策』思文閣出版、二〇一四年、初出二〇〇八年)。

(34)「吉川本上杉家譜」(『古河市史』資料中世編、三〇四号)、「諸状案文」(『大日本史料』第八編之十四、七三五～七三六頁)。

(35)「吉川本上杉家譜」(前掲『大日本史料』七三四頁)。

(36)「異本上杉家譜」(前掲『戦国遺文』一八八号)。

(37) 玉村竹二『五山禅僧伝記集成』(講談社、一九八三年、五八～五九頁)、『新潟県史』通史編2中世(一九八七年、第二章第二節、文責山田邦明)など参照。

(38)『補庵京華続集』(『越佐史料』巻三、二六八頁)の横川景三「徳叟居士讃」によって、岳英東林の系譜上の位置をつぎの**【越後長尾氏略系図】**に示した。あわせて越後守護代の歴代就任順を丸囲み数字にて示した。

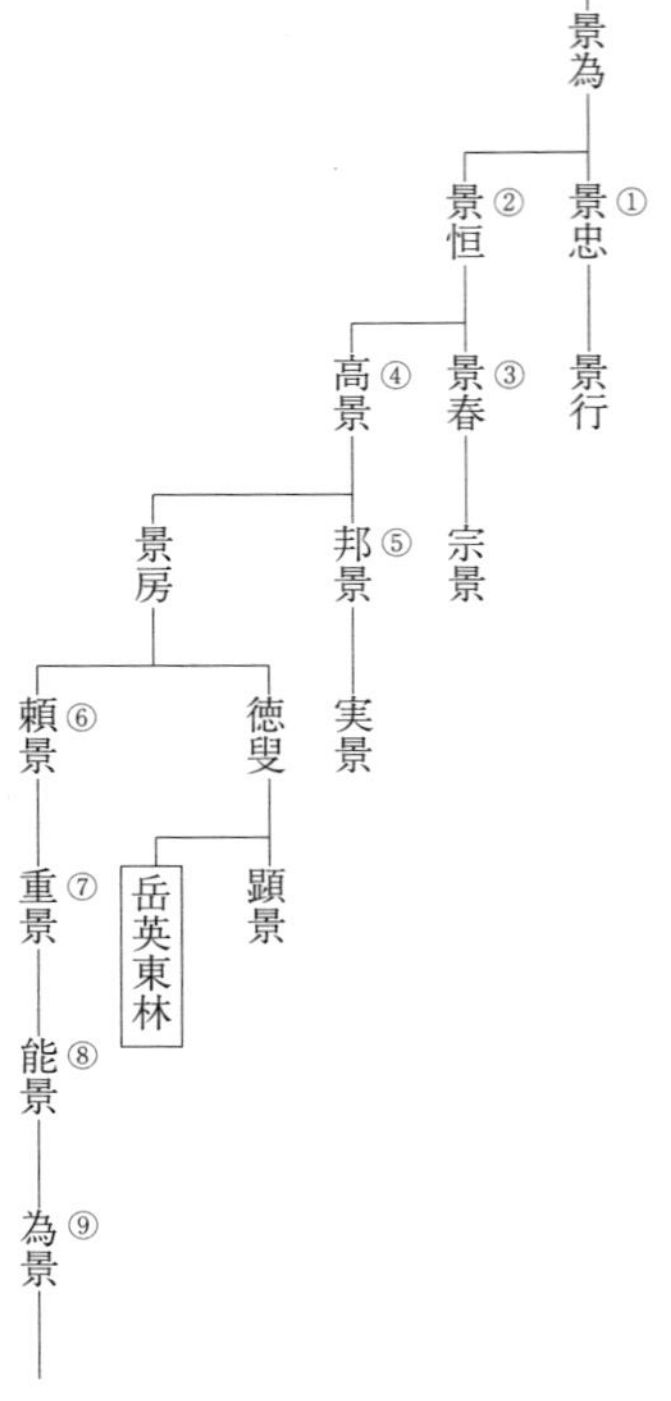

(39)「反町英作氏所蔵文書(三浦和田黒川氏文書)」(『新潟県史』資料編4中世二、一三六九号)。

(40)「反町英作氏所蔵文書（三浦和田黒川氏文書）」（前掲『新潟県史』一三七〇号）。

(41)『文明壬寅岳英西堂送別詩』（前掲『大日本史料』七三七～七四一頁）。

(42)「別符文書」（前掲『戦国遺文』一五一号）、「御内書案」（『群書類従』二十三輯下）。

(43)市村高男「東国における戦国期地域権力の成立過程―結城・小山を中心として―」（『戦国期東国の都市と権力』思文閣出版、一九九四年、初出一九八四年）。

(44)「遠藤白川文書」（『白河市史』第五巻古代・中世資料編2、六一七号）。また、文明三年に結城氏広の安堵状（「光福寺文書」一号〈『茨城県史料』中世編Ⅲ〉）や充行状（「栃木県庁採集文書」〈『結城市史』第一巻古代中世史料編、七七号〉）がみえるのもこれと関係していよう。ただし、山内上杉顕定は文明三年、結城氏広のことを室町幕府勢からの誘いに応じて「御方」に参じたと認識していた（「御内書符案」一〇・六一号〈『栃木県史』史料編中世四〉）。

(45)「古簡雑纂六」（『東京都古代中世古文書金石文集成』第二巻古文書編二、七一一号）に、「御勅免等之事（中略）此事者専多賀谷入道結構由聞候」とある。この当時の多賀谷入道が、兄多賀谷祥賀・弟多賀谷祥英いずれなのか、厳密な比定は今後の課題である。

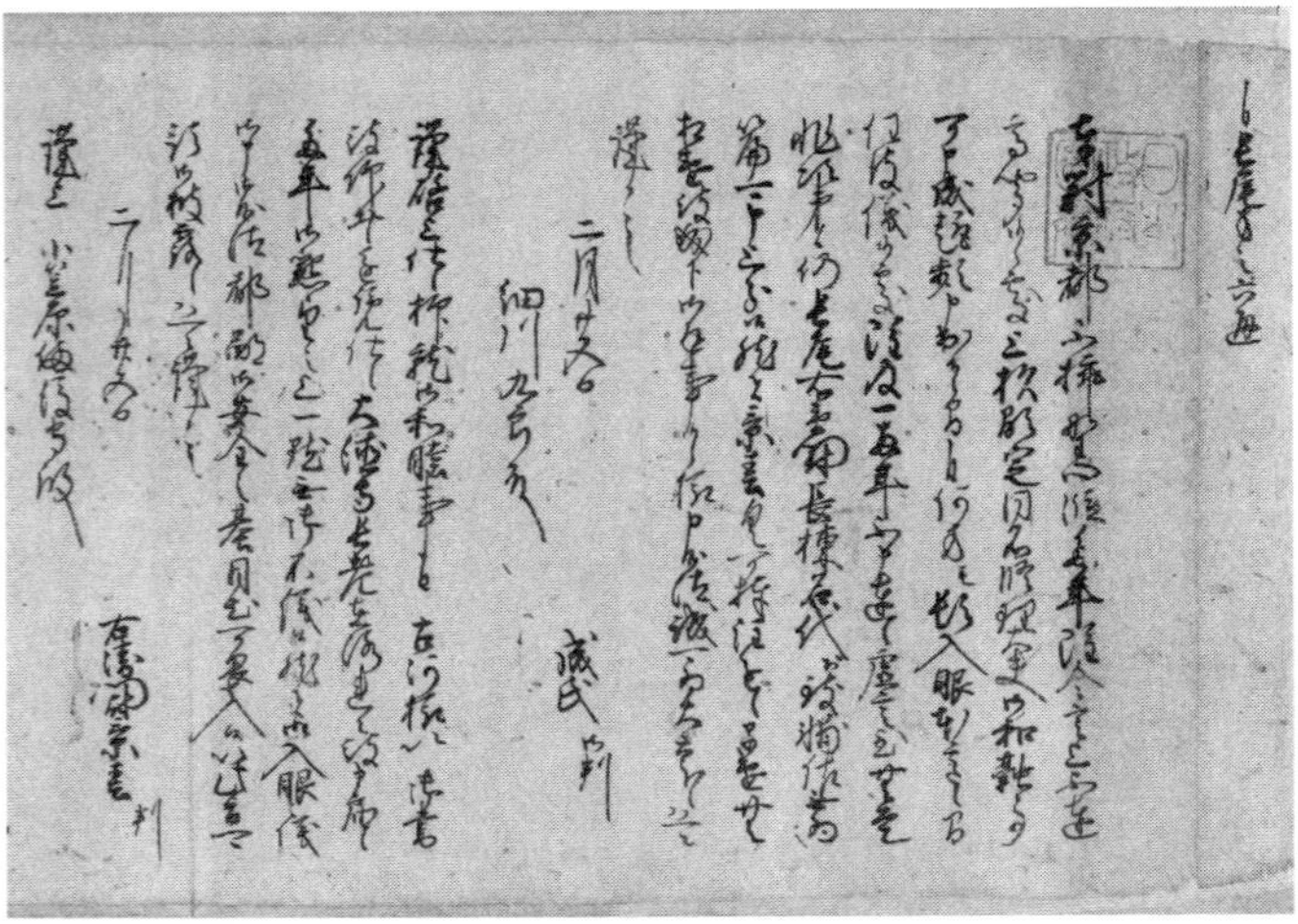

『蜷川家文書』104 号（1）

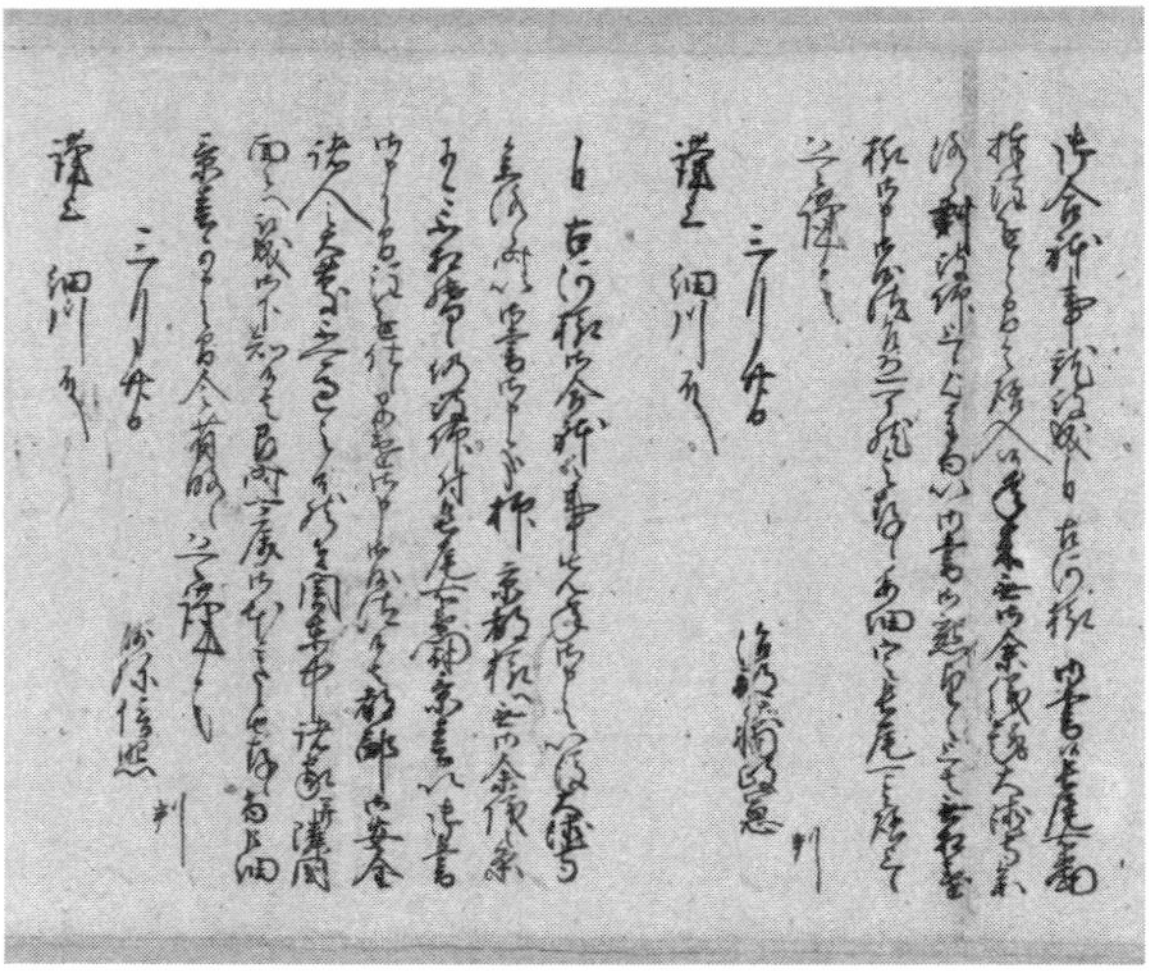

『蜷川家文書』104 号（2）

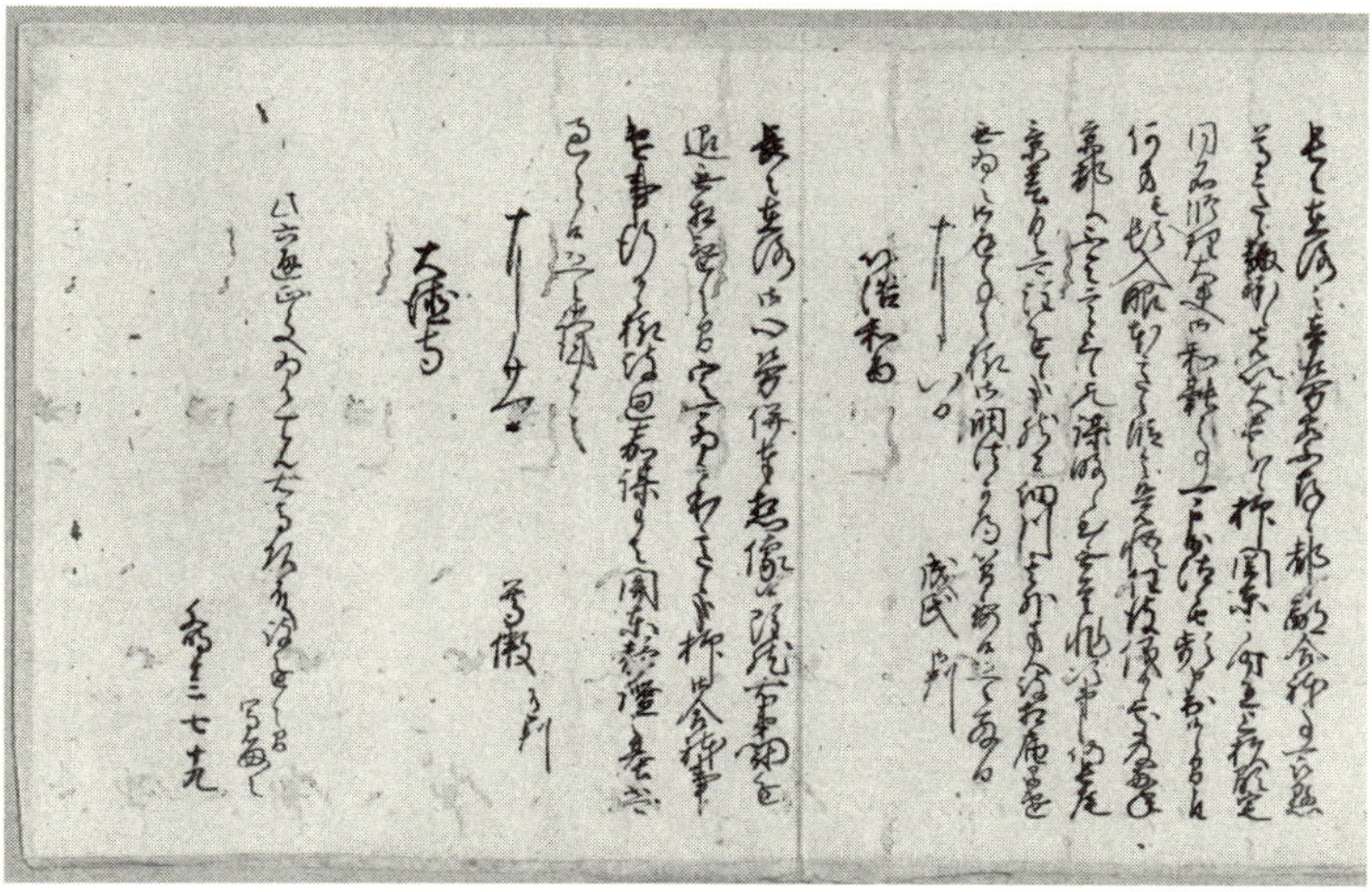

『蜷川家文書』104 号（3）

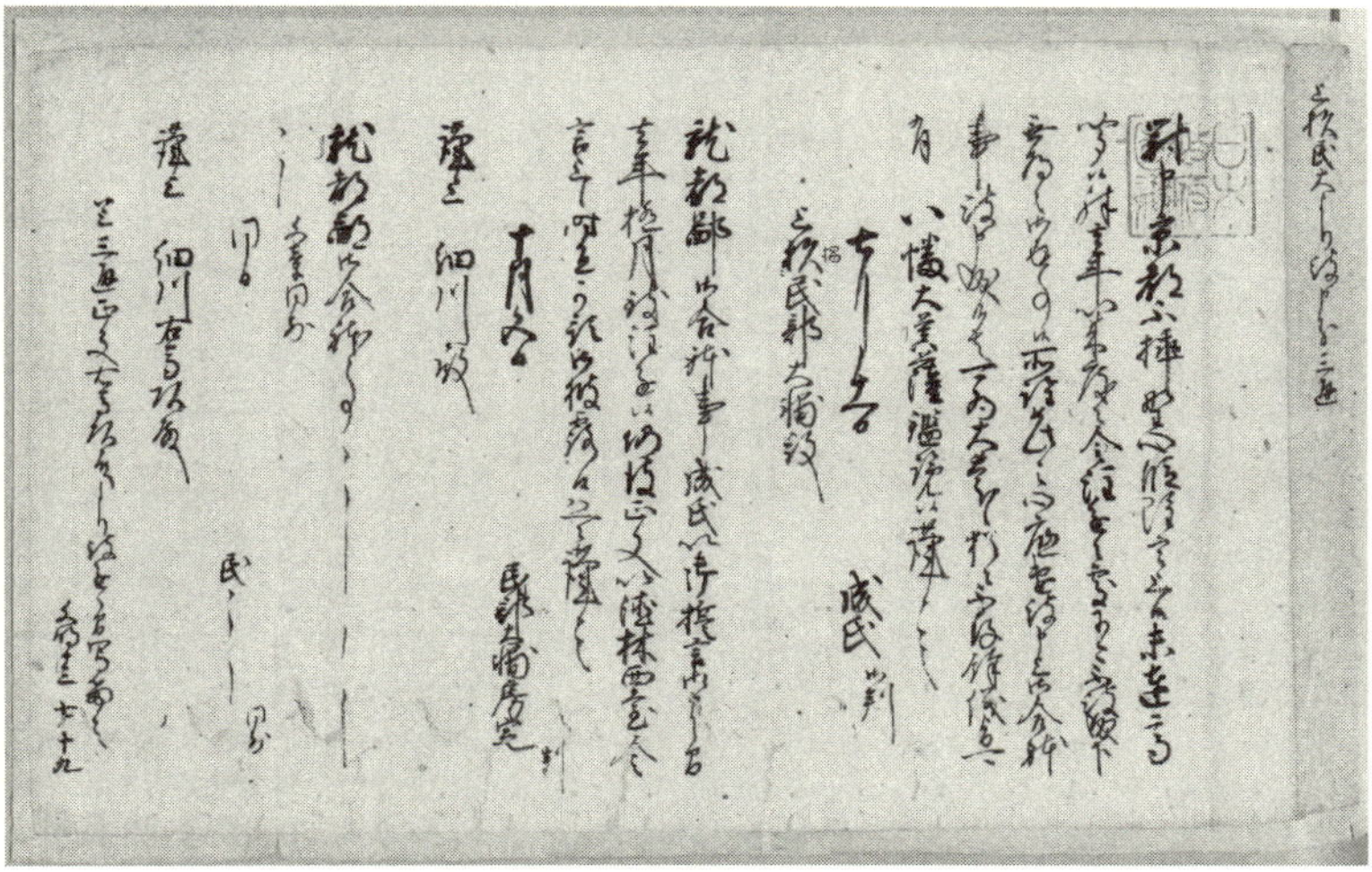

『蜷川家文書』107 号

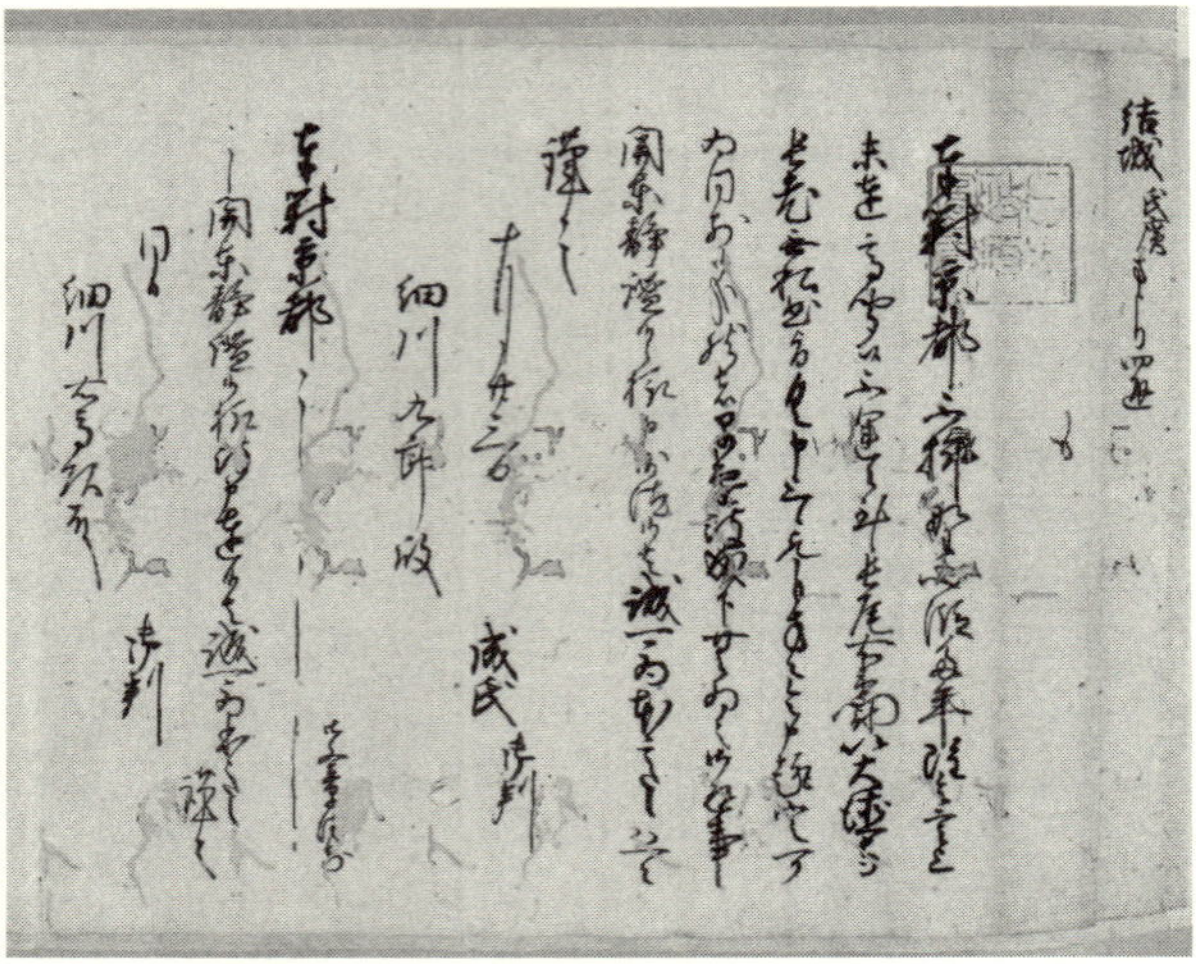

『蜷川家文書』110号（1）

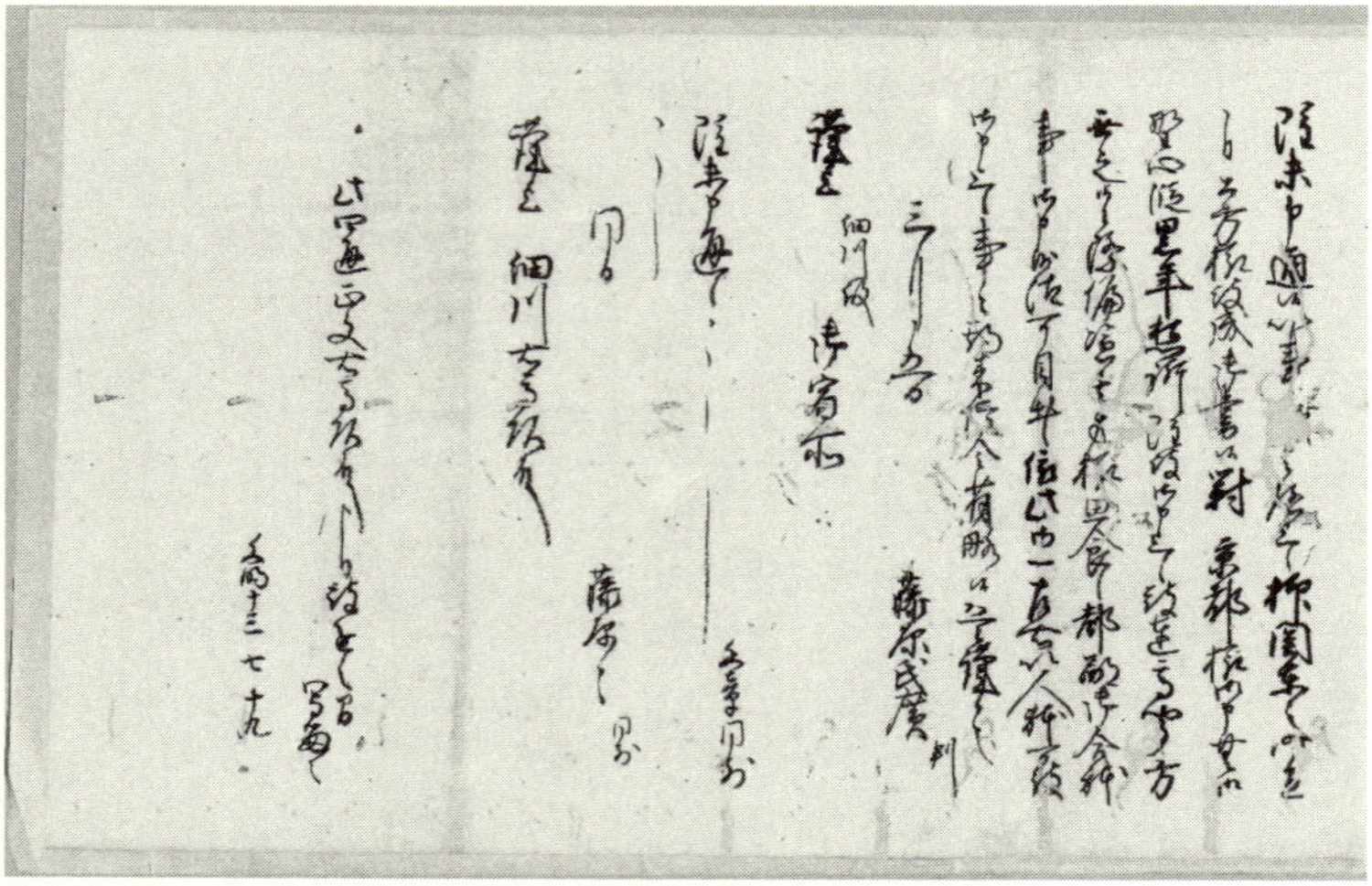

『蜷川家文書』110号（2）

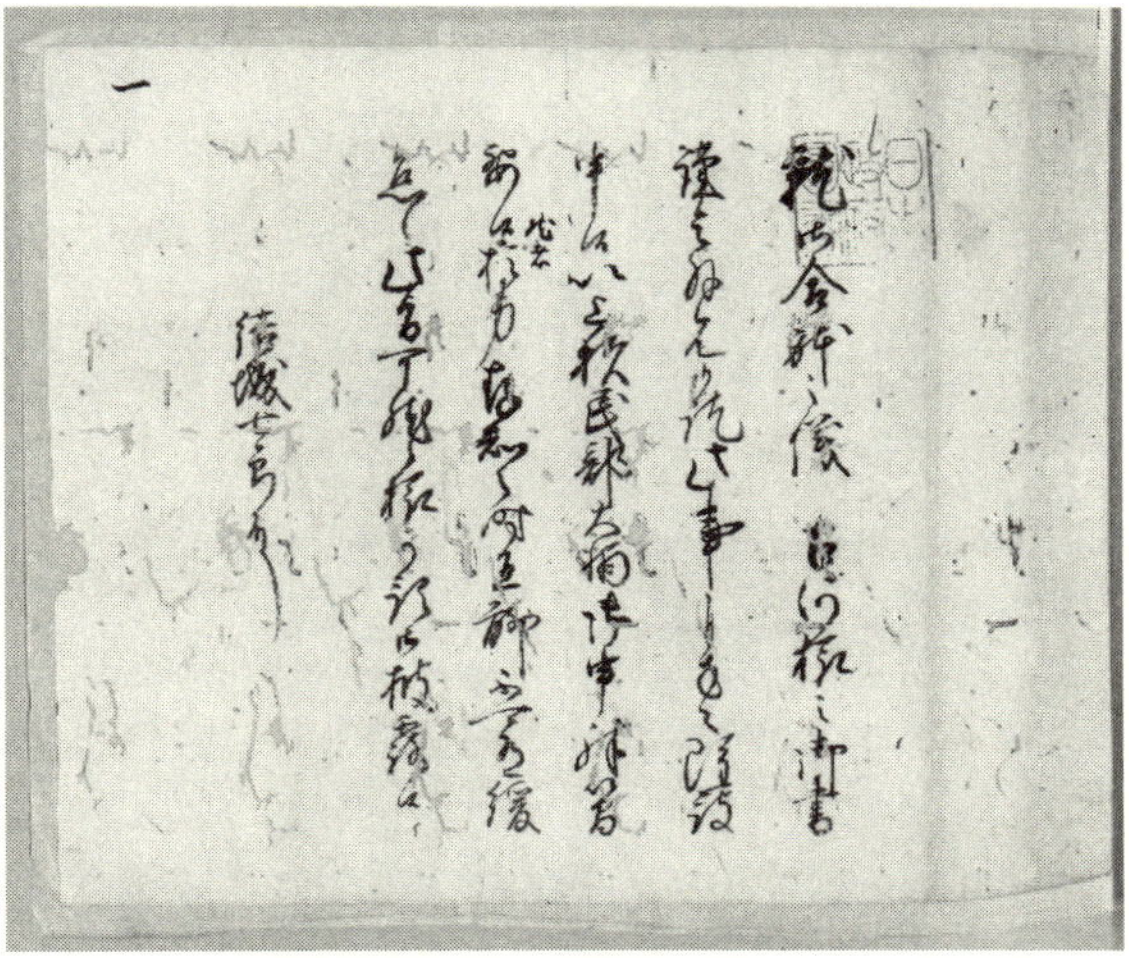

『蜷川家文書』111 号

画像はいずれも国立公文書館デジタルアーカイブより掲載

Ⅵ 成氏期の関東管領と守護

木下　聡

本稿では、足利成氏期の関東管領と守護について概観していく。成氏は文安四年（一四四七）に鎌倉公方になり、享徳三年（一四五四）十二月末に享徳の乱が勃発すると、翌年古河に移り、鎌倉に戻ることはなかった。成氏は明応六年（一四九七）に没するが、長享元年（一四八七）より始まる山内・扇谷上杉氏の争い（長享の乱）の中で、長享二年以降息子政氏が文書を出すようになり、成氏の年代のわかる文書は延徳二年（一四九〇）を最後に確認できなくなる。

そこで以下では、右を鑑みて、対象とする年代を便宜的に永享の乱が終わった永享十一年から延徳二年までとする。

一、成氏期の関東管領

上杉憲実……応永二十六年（一四一九）二月～永享十一年（一四三八）十月か十一月頃（出家辞職）

……永享十二年四月～嘉吉二年（一四四二）五月

上杉清方……～嘉吉二年五月～文安元年八月以前（死去）
上杉憲忠……文安四年～享徳三年十二月二十七日（死去）
上杉房顕……康正元年（一四五五）三月～文正元年（一四六六）二月（死去）
上杉顕定……応仁元年（一四六七）後半～永正七年（一五一〇）六月（死去）

ここでは、関東管領の推移について見ていきたい(1)。

永享の乱が終結し、将軍足利義教の命で永享十一年二月十日に公方足利持氏を切腹させると、関東管領であった上杉憲実は隠遁の意を示す。幕府は公方不在の関東を任せるべき人材が他にいないこともあって、何度も引き留めようと交渉するが、結局同年十月に憲実は出家し(2)、同じ頃関東管領の職も辞職したとみられる(3)。ただ、憲実が辞職の意を示しても、幕府は慰留したであろうから、すぐに辞職が認められたかは定かでないが、最終的には幕府も追認したようである。憲実は単に辞職するだけでなく、代わりに就任する人物を呼び寄せている。それが弟の清方である。

清方は、越後守護上杉房方の四男で(4)、憲実の実弟である。その所領越後国鵜河庄上条から、上条上杉氏の祖とされている。幕府に出仕して、永享九年六月七日には兵庫頭に任官していたが(5)、兄憲実の隠遁によって、その「名代」となり、鎌倉に下向したという(6)。実際に清方が関東で活動したことが見えるのは、翌永享十二年三月に勃発した結城合戦からである。それまでは、扇谷上杉持朝が関東管領の職務を代行していたようで、これは本来関東管領が兼帯する武蔵守護職に付随する、武州一揆への幕府からの命令伝達や(7)、次の史料から明らかである。

【史料1】伊勢貞国奉書案(8)

今度被下候関東衆、依為無足、及兵粮闕如候之由、各注進候、彼輩本知行分、幸闕所之在所候者、先被続喝衆候者可然候、忩々可申成御下知候之処、関東御成敗事者、被致房州帰参当職領状被申候而以後、可被行御沙汰由、○始管領京都之面々意見被申候間、如此延引候、其間事彼輩堪忍之仕候様、可被仰付候、

四　二（永享十二年）

上杉修――――（理大夫殿）

これは、関東に派遣された者の兵粮欠乏を補填するため、彼らの本知行地で闕所になっている所があれば与えるべきだが、房州＝憲実が当職＝関東管領に復帰してから沙汰すべきであるため延引しているので、その間は上杉修理大夫（扇谷上杉持朝）が仰せ付けるようにと、伊勢貞国から持朝に伝えたものである。史料1から、この時点で憲実が関東管領から退いたままであり、管領職は空白で、持朝が代行している状況がうかがえ、清方もまだ「名代」で、かつ幕府からは関東管領であると認められていないことがわかる。前述した、幕府が憲実の辞職を追認したであろうことも、ここからわかる。

しかし、結城合戦が勃発したことで、憲実は再び政界に復帰せざるをえなくなる。合戦勃発後に清方は文書を発給し始め、[9]合戦では総大将を務めている。[10]一方憲実も、上杉領国と無関係の下野の梅沢彦四郎に、戦功を賞したうえで恩賞の約束をしているので、[11]関東管領に復帰していたことが推測される。そのため百瀬今朝雄氏は、この時期を憲実が関東管領で、清方は山内上杉氏家督にあったと見ており、[12]本稿もその考えに従いたい。

翌嘉吉元年に合戦が終結すると、憲実は再び関東管領から退いて隠居することを申し出たが、折しも京都では将軍足利義教が討たれる事態が発生したため、管領細川持之は「当職事、如元不被補佐申候者、不可叶題目候、

所詮於関東事者被任申由、面々一同被申候」と述べ、そのまま管領の座に留まるよう伝えている。(13)

同年七月には、憲実・清方が共に武蔵国人安保宗繁に参陣・忠節を求めており、(14)いまだ両頭体制のままであることがわかる。安保氏とのやりとりから憲実は、年末まで上野や武蔵で在陣していることがわかり、(15)一方清方は、幕府から命じられたため常陸の佐竹義人を攻めている。(16)(17)

嘉吉二年に入ると、そうした軍事行動が一段落したようで、五月に清方が相模や上総の寺社領の沙汰付を命じている。(18)一方憲実は、政治的な文書を出すことがなくなり、所領の譲り渡しなど子息関係の文書のみに限られるようになる。結城合戦に始まる一連の戦いが終わったことで、憲実は自身の役割も終わったと考え、再び管領の座を退いたのだろう。問題は、関東で実質的に清方が関東管領になっていたとしても、幕府がそれを認めていたかである。おそらく幕府としては、憲実が管領で居続けるのが最善であったが、戦乱が収まったのと、憲実の意思が固いこと、そして憲実が関東にいるのであれば、大事が起きた場合再度出馬させることができるだろうとして、認めたのではないか。後述するように、幕府が綸旨でもって憲実を関東管領に補任しようとしたのは、憲実がその座にいなかったことに他ならないからである。

こうして、清方が名実ともに関東管領となったわけだが、まもなく史料上から活動が確認できなくなる。後世の編纂史料では、『越佐史料』巻三の文安三年条に載せるものとして、「続本朝通鑑」が文安三年に鎌倉で死去したとし、「上杉略譜」が同じく文安三年に、簗田家譜に云うとして、持氏の遺児を京都に送り届けて関東に帰る途中に自害したと記している。系図史料もこの説をとって、京都からの帰国途中に自害したとしている。どうやら大本は「簗田家譜」説に拠っているようだが、その「簗田家譜」(19)には、乙若君様（後の定尊）を送り届けた後に自害したとはあるが、その年代は書いておらず、前後の関係からすれば嘉吉元年のこととして記している。しかし、憲実の所領譲与から検討した百瀬氏は、文安二年八月までに清方は死去していたとしており、黒田氏はそれを受けて、一連の譲状は文安元年とするのが妥当であるので、清方の死は文安元年八月以前であるとしている。現状ある史料からでは、黒田氏の意見に従うべきであろう。ただしその死因については、自害なのか病死なのか、不明というしかない。

清方の死去により、幕府は改めて憲実に対し、関東管領に復帰して政務を執るよう働きかけた。しかし、憲実が承諾しないまま時間が過ぎ、従来通りの交渉ではうまくいかないと見たからか、幕府は朝廷にも働きかけて、綸旨を出すよう促した。それにより出されたのが次の史料である。

【史料2】後花園天皇綸旨案[20]

関東事宜奉輔佐之旨、可被遣仰長棟之由、

天気所候也、以此旨可令申入給、仍執達如件、

(文安四年)三月廿三日　　右中弁冬房(万里小路冬房)

右京大夫殿(細川勝元)

「関東事」を「補佐」せよとは、まさに従来の関東管領の政務を指すものである。当時、幕府も将軍義政が幼少で、管領が政務代行を行っていた状況であったからか、また、幕府からの命だけでは憲実に辞退されてしまうと恐れたからか、窮余の策として綸旨を持ち出したのであろう。

関東管領の補任は、それまで御教書や御内書のような文書の形で出されたわけでなく、それは幕府管領でも同

様である。にもかかわらず、ここにおいて綸旨によって補任がなされたというのは、極めて異例なことであった。ただ、この命が伝達されても憲実は辞退したので、山内上杉家家臣により擁立された、憲実の長子憲忠（当時は龍忠丸）に対し、改めて関東輔佐（関東管領）に任じる命が下された。これが次に掲げる史料3である。

【史料3】後花園天皇綸旨案[21]

関東輔佐事長棟謙退之上者、以龍忠丸為其職、加諷諫可存知之由、可被遣仰長棟之旨
天気所候也、以此旨可令申入給、仍執達如件、
（文安四年）七月四日　　左大弁俊秀（坊城俊秀）
右京大夫殿（細川勝元）

これによって憲忠は元服し、関東管領および山内上杉氏家督についた。「上杉系図」によると、この年の九月二十五日に今川播磨守が綸旨を持って鎌倉に下ったとあるので[22]、これをもって関東管領への就任がなされたのであろう。一方憲実は、出家させるつもりであった憲忠が家督に擁立されたことで、憲忠に譲る予定であった所領を次男龍春丸（後の房顕）に譲り渡し[23]、憲忠が関東管領になると、憲忠を義絶したうえで[24]、養父憲基の弟で、佐竹氏を継いでいた佐竹義人からその子実定を養子として迎え、家督に据えようとするが、山内上杉家中の反対にあったため頓挫し[25]、以後、憲実は政治から離れていく。

関東管領となった憲忠は、翌年からその活動の徴証がうかがえる[26]。ところで、憲忠の管領就任のすぐ後に鎌倉公方として足利成氏が信濃から鎌倉に入り[27]、鎌倉府体制が再興されることになる。これにより反上杉勢力が息を吹き返し、上杉方を主導する、山内・扇谷上杉氏の家宰長尾景仲・太田道真との間で政治的対立が増していく。

この両者の対立が引き金となって、宝徳二年（一四五〇）に江ノ島合戦が勃発する。これに上杉方は敗北し、憲忠も鎌倉を離れることになった[28]。

成氏は合戦に勝利した後、幕府に憲実の関東管領復帰を求めたが[29]、憲実にその意思が無かったため果たされなかった。成氏が憲実の復帰を求めた背景には、景仲・道真を押さえうる人物が憲実しかいなかったからであろう。また成氏は、憲忠を不問に処していたが、憲忠自身は管領職を退くことを幕府に申し出ており、幕府がそれを認めなかったので[30]、辞職せず、そのまま政務を務めている。

しかし、結局公方派と上杉派間の軋轢は解消せず、むしろ悪化していく一方で[31]、ついに享徳三年十二月二十七日、憲忠は家宰長尾実景父子とともに鎌倉御所へ出仕したところを、成氏の命を受けた岩松氏らにより殺害されてしまった。これを発端として、その後二十年以上にわたり繰り広げられる享徳の乱が勃発することになる。

憲忠が殺された後しばらくは、関東管領が不在の状況が続くが、憲忠の弟の中でただ一人俗体のまま上洛して、幕府に仕えていた房顕が、将軍義政の命によって翌年三月関東に下向し[32]、翌四月には錦の御旗を下されている[33]。問題は、房顕がいつ関東管領になったかであるが、京都から下向した三月の時点で、すでに幕府からその地位を認められたとするのが妥当であろう。

寛正四年（一四六三）にそれまで房顕を支えた長尾景仲が死去すると[34]、房顕は幕府に関東管領職を辞退することを申し出て、義政から引き留められている[35]。これにより房顕は、そのまま管領職に留まったが、結局病によって文正元年二月十二日に死去したという[36]。

房顕には息子がいなかったため、その跡継ぎとして誰を迎えるかが問題となった。幕府は憲実の甥にあたる越後上杉房定に、息子の一人を入れるよう命じ、[37]房定は次男の龍若丸を出すことにした。これがのちの上杉顕定である。

顕定が関東に来た正確な時期は不明だが、応仁二年に比定される十月十四日付けで豊島勘解由左衛門尉に感状を出しており、[38]少なくともそれ以前には武蔵五十子の陣に入っている。では、顕定はいつ幕府より関東管領とされたか。「上杉系図大概」には応仁元年に管領に任ずとある。[39]いまだ元服前ではあるが、史料3のように憲忠も元服前に関東管領になされているので、山内上杉の家督を継ぐと同時に関東管領にも補されたと見れば、応仁元年後半と見てよいだろう。顕定は、永正七年六月二十日に越後長森原合戦で討ち死にしたが、[40]それまで関東管領の座にあり続けている。

成氏期の関東管領は、隠遁したい憲実の意志と、憲実を関東管領にしたい幕府の思惑とにより左右されるところが強いが、憲実の反対を押し切って憲忠が関東管領に就任した後は、政治的に成氏と衝突する場面はあったものの、管領職そのものは憲忠が持ち続けていた。また、他の上杉一族から管領を持ってくるのではなく、あくまで山内上杉氏から輩出することに、関東でも幕府もこだわっていたことがわかる。そしてこれが、山内上杉氏＝関東管領という認識が関東で定着する大きな要因となるのである。

二、成氏期の守護

ここでは、成氏が活動していた時期の関東の守護を見ていくこととする。[41]持氏期の鎌倉府管轄国の中で甲斐国は、成氏が公方就任後も守護の在鎌倉がなかったようなので、鎌倉公方の管轄から離れていたと思われるが、名目上は鎌倉府内であったとして、ここでも取り扱う。

また、成氏期の関東では、成氏からの補任文書も存在せず、守護であるかが定かでなくなっている。成氏とは別個に室町幕府から守護として扱われている者もいる。以下では、片方から守護と見なされている者も含め、守護扱いされていると解釈できる人物を、守護在職者として見ていく。

武蔵

上杉憲実……～応永二十六年三月～永享十一年十月・十一月（管領辞職）
……永享十二年四月～嘉吉二年五月
上杉清方……～嘉吉元年七月～文安元年八月以前（死去）
上杉憲忠……文安四年～享徳三年十二月二十七日（死去）
上杉房顕……康正元年三月～文正元年二月（死去）
上杉顕定……応仁元年後半～永正七年六月（死去）

上杉憲基から関東管領と守護職を継承した憲実の、武蔵守護としての活動初見は応永二十六年三月である(42)。憲実が関東管領になる以前の応永二十五年三月には、公方持氏から横瀬美作守・岩田中務丞入道に対し、下地沙汰付の命令が直接下っており(43)、このとき武蔵守護は不在のようなので、この時点でも関東管領と武蔵守護が直結していたことがわかる。前述のように、憲実は永享十一年十月から十一月にかけて管領を辞職しているので、それに付随する武蔵守護も、同時に辞したことになる。そして、永享十二年三月頃に扇谷上杉持朝が、本来武蔵守護のするべき職務を代行していたが、これを守護として遂行したと見るべきではなく、憲実不在であるための臨時措置とすべきだろう。

結城合戦が起こると、憲実が一時的に関東管領に復帰するが、関東管領の項で述べたように、憲実の弟清方が山内上杉氏家督となるとともに、上野・伊豆守護も継承したと見られる。ただ武蔵守護に関しては、清方が務めた徴証がなく、憲実が暫定的についていた可能性が高いだろう。結城合戦後になると、憲実同様に清方も武蔵国人安保氏に動員をかけているので、関東管領を継承する既定路線上で、清方も武蔵守護の権限を行使していたと思われる。そして、嘉吉二年五月頃に清方は関東管領となったようなので、正式に武蔵守護になったであろう。

清方が文安元年八月以前に死去すると、しばらく関東管領は不在となり、武蔵守護も同様に空位であったが、関東管領を山内上杉氏から出す予定であったため、山内上杉氏家臣が武蔵国内の問題に当たっていた。そして、憲実の子憲忠が文安四年に関東管領に補任されると、武蔵守護も同時に兼帯することとなり、以後、享徳三年十二月に成氏によって謀殺されるまで保持していた。

憲忠が殺害された後、家督と関東管領職を継承したのはその弟房顕で、この時点で公方たる成氏と敵対していたため、関東管領とそれに付随する武蔵守護職は、当然成氏から補任されなかったであろうが、幕府からの承認を得ていたと思われる。

ところで、房顕が関東に下向した直後の閏四月十五日に、扇谷上杉持朝が富士忠時に対して武蔵国内の江戸遠江入道跡を宛行うことを約している(44)。これは房顕が関東に来たばかりであるため、憲実不在時期と同様に、持朝が職権のいくらかを代行していたからであろう。その後、房顕は武蔵五十子に帯陣するようになるため、河越や江戸を中心とした武蔵南部は持朝の勢力圏になっていく。その中で守護代長尾氏と太田氏との間での軋轢も生じていく。(45)

房顕死後に家督を継いだ顕定は、関東管領を継承するとともに武蔵守護職も引き継いだと見てよいだろう。文明九年（一四七七）に長尾景春の乱によって五十子の陣が崩壊すると、顕定は上野に逃れ、太田道灌の尽力により景春を没落させると、顕定は景春の居城であった鉢形城に入り、以後ここを本拠とする。ただし、扇谷上杉定正が河越に恒常的にいるようになり、実質的にも武蔵一国への影響力は行使できなくなっている。ただ、「梅花無尽蔵」で顕定は「武蔵刺史」と呼ばれているので、(46)顕定生存の間は、まだ武蔵守護であるとの認識はあったようである。

相模

上杉持朝……～永享十一年二月～宝徳元年八月（隠居）
上杉顕房……宝徳元年八月～康正元年正月（死去）
上杉持朝……康正元年～応仁元年九月（死去）
上杉政真……～文明五年十一月（死去）
上杉定正……～明応三年（一四九四）十月（死去）

相模守護は、永享の乱で一色持家が没落した後、扇谷上杉持朝が就いた。その初見は、永享十一年に比定される二月一日付け持朝書状で、[47] 法華堂領相州三浦郡武・林四ヶ村と上総国飫富庄飫富社領加納・本納等を保証している。守護職を持氏から委ねられたとは考えにくいので、幕府から暫定的に任せられ、そのまま正式に守護として認められたのであろう。この時点で持朝は相模・安房・上総の三ヶ国守護となり、関東管領である山内上杉氏と肩を並べることになる。そのため、前述したように、上杉憲実が関東管領を退くと、空位となった管領の代わりに武蔵国の軍事指揮権を委ねられ、幕府からも頼りにされた。

この武・林は、嘉吉二年に武田右馬助（信長）に対して成敗するよう伝えられている。[48] 一見すると、この時点で相模守護が武田信長に移ったようにも受け取られるが、これは黒田基樹氏が言及するように、[49] 結城合戦の際に兵粮料所となっていたのを信長が押領していたため、それを戻すよう命じたものなので、守護は上杉持朝のままであったとすべきである。

その後、文安五年時点でも守護としての活動が確認できるが、[50] 成氏の元服とほぼ同時に持朝は出家・隠居して、長男顕房に家督を譲っている。この時に守護職も譲ったようで、宝徳元年に幕府から愛甲庄の沙汰付命令を憲忠とともに受けている。[51] 顕房は江ノ島合戦後も守護職を剥奪されることなく再出仕していたが、享徳の乱が勃発した翌年、正月二十一日・二十二日にわたって繰り広げられた高幡・分倍河原合戦で深手を負い、それがもとで二十四日に死去した。[52] 跡継ぎとなる顕房の子政真はまだ幼少であったため、相模守護は父持朝が再び管掌したと見られる。

その持朝は、寛正二年から三年にかけて、堀越公方足利政知およびその補佐である渋川義鏡らとの対立が表面化する。これは、相模・武蔵国内の兵粮料所の扱いをめぐって引き起こされたもの[53]だが、持朝が当時認められていた権限を示すものでもある。持朝は応仁元年九月七日に死去した[54]というが、それまで相模守護にあったのは間違いないだろう。

持朝の死後は、孫の政真（顕房子）が家督となる。「政」の字と修理大夫の官途から、足利義政から一字偏諱を拝領し、任官も受けたのは間違いないので、相模守護職もそのまま認められていたのであろう。政真は文明五年十一月二十四日に戦死し、[56]その跡は持朝の子である定正が継ぐことになる。いまだ幕府との関係が続いている時期であるので、相模守護の座もそのまま認められたと見られ、万里集九からは「相州太守」と呼ばれているので、明応三年十月五日に死去するまで、[58]一応相模守護であったことは確かであろう。

上野

上杉憲実……応永二十六年八月～永享十一年十月・十一月（譲与）
上杉清方……永享十二年三月～文安元年八月以前（死去）
上杉憲忠……～文安三年二月～享徳三年十二月二十七日（死去）
上杉房顕……康正元年三月～文正元年二月（死去）
上杉顕定……応仁元年後半～永正七年六月（死去）

上野守護は、憲顕以降山内上杉氏が代々保持しており、憲基死後に養子に迎えられた憲実は、応永二十六年八月二十八日付け足利義持袖判御教書[59]で伊豆・上野守護に補任されている。前述の通り、憲実は永享十一年十月から十一月頃に隠遁したので、この時守護からも離れたのであろう。憲実に呼ばれて関東に下ってきたその弟清方は、永享十二年三月以前に家督を譲与されていたようなので、この時上野・伊豆の守護職も同時に譲り渡されたと見られる。

清方が死去すると、山内上杉氏家督と関東管領職はともに空白となる。文安四年に憲実の長子憲忠が関東管領となるが、それ以前に家督は継いでいたようで、文安三年二月に見える「当御代」(60)が、山内上杉当主であることは間違いなく、憲実とも区別されているため、これが憲忠であろうと指摘されている(61)。憲実からは認知されていなかったが、山内上杉家中からは家督として擁立されていたのであろう。家督を継承していたとすれば、それに付随する上野・伊豆守護にも認定されていたと考えられる。これ以後、享徳三年十二月に謀殺されるまで、憲忠が上野守護であった。

憲忠の死後は、房顕・顕定と家督が継承されるが、上野守護職もそれに付随して幕府から安堵されたと見られる。

下野

結城氏朝ヵ……永享二年五月～永享十二年三月～

小山持政……永享十二年四月?～文明三年十二月～

永享の乱の際の下野守護は、結城氏朝と思われる。守護としての活動は、現在史料上に見えないが、他に守護になりうる宇都宮・小山両氏を見ても、とても守護としての活動ができる政治的状況に無く、氏朝が基光の跡を受けて、そのまま守護にあったと理解するのが自然だからである。しかし氏朝は、永享十二年三月に足利春王・

安王を擁して挙兵し、翌年四月に敗れて自害する。[62] 下野守護がその間どうなっていたか不明だが、下野国人島津修理亮の軍功を小山持政が幕府に注進していることからすると、[63] 氏朝の挙兵を幕府に伝え、氏朝から離れて幕府方についた持政が、そのまま下野守護職を幕府から委ねられた可能性が高い。

結城合戦終結後は、引き続き小山持政が守護職を幕府から認められた。現在、小山持政を下野守護とする、嘉吉元年九月五日付けの口宣案が残されているが、[64] 口宣案でこうした補任がなされることはないので、これは後世の偽作と断定できるが、持政が守護であったのは間違いない。持政が氏満期の小山義政以来の下野守護になったことで、いつ頃かは不明だが、小山家内で作成されたのだろう。

持政は成氏が公方に就任すると、公方派として活動している。享徳の乱が始まっても成氏方の主力として転戦し、成氏からは「兄弟可為契盟」と伝えられるほどの信任を得ていた。[65] この間の下野守護は、享徳の乱開始まで持政が持っていたことは間違いない。乱勃発後は、成氏方から守護として扱われていたが、幕府としてはどうしていたのか。幕府方の宇都宮等綱が任じられた可能性もあるが、下野国内の武士の軍功は、関東管領である上杉房顕が京都に注進していたので、[66] 幕府は持政が再び幕府方につくことを期待して、持政を守護のまま遇していたのではないだろうか。享徳の乱の最中、はたしてそれまでと同様な守護のあり方が保たれていたか検討を要する点もあるが、持政一代の間は、途中で幕府方へ寝返りしながらも、おそらく成氏・幕府双方から守護とされ続けたと思われる。持政の死去した年代は定かでなく、文明三年十二月がその終見である。[67]

持政死後の小山氏は、養子の成長が継承する。文明十年に比定される足利成氏の書状[68]の宛所にある「小山梅犬丸」が成長である。元服前に家督を継承したわけで、次に成長が見えるのが明応三年の安堵状[69]になる。ただ、守護の座をそのまま認められたかは不明である。持政晩年の政治動向や、周囲の勢力などから見ても、守護職補任はされなかったのではないだろうか。

常陸

佐竹義人……～応永十五年十月～永享十二年十二月以前
佐竹義俊……～永享十二年十二月以前～文明三年五月以前?
佐竹実定……康正元年～寛正六年九月（死去）

常陸守護は、満兼期から持氏期にかけて佐竹義人（初名義憲）が務めており、義人は永享十二年十二月以前に息子義俊（義頼）へ家督を譲る(70)が、守護の座も同時に渡したとみられる。佐竹氏は永享の乱で旗幟が鮮明でなかったが、結城合戦では結城氏寄りの姿勢を見せたことで、幕府から討伐命令が出されている(71)。ただ、持氏期のように、一族の山入氏が幕府から守護に任じられた徴証は現在確認できない（可能性はあるかもしれないが）ので、守護はそのままであったか。

成氏の公方就任後は、佐竹氏が成氏方として行動するが、家督と守護はあくまで義俊で、義人はその後見であったようである(72)。ただ、義俊は弟実定と対立し、その構図は享徳の乱が起きても続き、義俊は成氏方についたが、実定は幕府・上杉方につき、幕府からは守護として扱われていた(73)。実定は寛正六年に死去し(74)、跡はその息子義実が継承したようだが、義実の活動は定かでなく、まもなく大田城も義俊に奪還されて没落している(75)。

義俊は、家譜類によれば文明九年十一月二十四日に死去したようだが(76)、文明三年五月の時点で、幕府から息子義治に勧誘が来ており、(77)江戸通長の働きで、九月に義治は幕府方に転じている。(78)おそらく、文明三年五月以前に義俊は義治に家督を譲っていたのだろう。文明四年以降、義治が感状や宛行状を発給しているのは、これに基づくものといえる。

家督を継承した義治だが、幕府に転じた際、常陸国内の領主たちは上杉顕定と相談するように義政から指示されており、(79)少なくとも幕府からは守護として扱われていない。これ以後、幕府との関係も確認できない。では、成氏からはどうであったか。義治の政治的動向は、史料の少なさから不明の部分が多いが、義治の死の前後で佐竹宗家が他勢力より孤立した存在であったとの指摘(80)からすると、成氏とも距離があったようなので、守護とはされなかったとここでは判断する。

下総

千葉胤直……永享二年六月~文安三年(一四四六)四月以前
千葉胤将……~文安三年(一四四六)四月~享徳三年六月(死去)
(千葉胤宣?……享徳三年六月~康正元年八月(死去))
千葉康胤……~康正二年十月(死去)
千葉輔胤……康正二年十月~文明三年八月以前
千葉孝胤……~文明三年八月~明応元年(一四九二)九月以前

下総では、千葉兼胤が永享二年六月十七日に死去した後に、(81)息子胤直が守護を継承した。その後、永享の乱を経ても在職し続けていたが、文安三年四月に息子胤将が安堵状を出し[82]、以後、胤直が文書を出していないことからすると、それ以前に家督を譲り、守護職も胤将に移ったと見るべきだろう。

こうして胤将は守護職を継承し、成氏が公方となると、小山・宇都宮氏らとともに成氏を支える一員となるが、享徳三年六月に死去したという[83]。家督と守護職はその弟胤宣（宣胤）が継承したと思われるが、まだ十代半ばであったため[84]、おそらく胤直が後見する形をとっていたのであろう。ただし、守護としての徴証は無い。

胤直・胤宣は享徳の乱で上杉方となり、康正元年八月に成氏方の庶家馬加・原氏らの攻撃を受け、胤直・胤宣父子は下総多古で自害した[85]。千葉氏嫡流は、武蔵に逃亡した胤直の弟胤賢の子実胤らが継承することになる。

その後の下総守護は、おそらく康胤が成氏から家督を認められると同時に受け継いだと見られる。武蔵に逃れた実胤・自胤兄弟は、幕府からの文書を見る限り、下総守護として扱われていないようなので、幕府は下総守護の座を空白にしていたのであろう（実胤兄弟が下総復帰後に補任するつもりだったか）。ただし康胤は、翌康正二年の市川合戦で戦死する[86]。康胤の息子胤持はそれより前に死去していたので、千葉家督は一族の輔胤が継承する。

輔胤は、享徳五年（康正二年）十月二十五日付けの寺領安堵状を出しており[87]、成氏から家督相続とともに守護職も認められていたと思われる。そして、享徳二十年（文明三年）八月二十七日付けで息子孝胤が香取社領の安堵状を出しているので[88]、家督と守護職（成氏からの認定）をこれ以前に継承していたことになる。ただし、輔胤がこれで隠居したわけでなく、その後も「千葉介」として成氏の文書に見える。そして、孝胤の子勝胤は、延徳四年（明応元年）九月一日付けで安堵状を出しており[89]、これ以後、孝胤が法名で見えることからすると、これより前に家督の継承が行われたのであろう。

上総

上杉持朝……～永享十一年二月～同年十一月？

千葉胤直……永享十一年十一月？～文安三年四月以前

千葉胤将……～文安三年（一四四六）四月～享徳三年六月（死去）

（千葉胤宣？………享徳三年六月～康正元年八月（死去））

（千葉康胤……～康正二年十月（死去））

（千葉輔胤……康正二年十月～文明三年八月以前）

（千葉孝胤……～文明三年八月～延徳四年九月以前）

持氏末期の上総守護は、史料が無いため不明だが、永享の乱後になると、永享十一年二月に、扇谷上杉持朝が法華堂領上総飫富庄飫富社領加納・本納などについて清浄光院に保証を伝えており[90]、持朝がこの時守護にあったことが想定される。持氏期に守護として判明する最後の上杉定頼は、扇谷上杉家督を代行する立場にあったので、持朝が成人したことで、定頼から持朝へ守護が継承され、そのまま守護であった可能性が高い。

嘉吉二年五月になると、同じ地蔵院領上総国飫富庄之内本納・加納と、同国周西郡田中郷等の成敗命令が、千葉次郎に伝えられている[91]。この千葉次郎は、千葉介である胤直とは別人である。後に新介と名乗る胤直子胤将に比定する考え[92]もあるが、これもやはり別人とするのが妥当で、石橋一展氏が指摘する[93]、胤直の弟胤賢が現在最も可能性が高いだろう。問題は、この千葉次郎が上総守護であるかどうかだが、相模国の項で触れた、上杉清方が同日付けで相模三浦郡武・林の成敗を命じた武田右馬助信長が相模守護でないことからすれば、千葉次郎も守護でなく、公方近臣であると見るべきだろう。

では、この時点での守護は持朝であるのか。前述したように、文安三年四月に下総では千葉胤将が安堵状を出していることから、千葉氏家督と守護が胤直から交替したことがわかるが、この安堵状と同日付けで、胤将が上総霊通寺に対して紛失状を出している。(94) その後も胤将は、上総国内で沙汰付命令を受けるなど守護としての働きをしている。(95) つまり胤将は、下総守護のみならず、上総守護も家督と同時に胤直から継承していたのである。そうすると、文安三年四月以前に胤直が上総守護職を得ていることになる。

とすれば、いつ上杉持朝から千葉胤直へ上総守護が移ったのかが問題となる。胤直は、永享十一年二月に持朝とともに足利持氏を自害させ、九月には将軍足利義教から戦功を賞されている。(96) その後も胤直は幕府から持朝とほぼ同等の扱いを受け、また信任を得ている。

以下はあくまで推測であるが、すでにここまで見たように、関東管領であった上杉憲実が出家隠遁し、その後継として弟清方が関東に下るが、永享十二年三月時点で持朝が武蔵守護の代行をしている。三ヶ国の守護もしていることも考慮すれば、持朝の負担が非常に大きい（持朝の権限が大きくなりすぎるとも言える）。そこで、幕府・上杉氏双方からの信頼がある胤直に、一族の上総氏が一定の影響力を持ち、下総の隣国でもある上総国の守護職が譲渡されたのではないだろうか。つまり、憲実の管領辞職による玉突き人事で、胤直に上総守護の座が転がり込んだわけである。結城合戦が勃発すると、胤直の弟次郎賢胤に兵粮料所として地蔵院領が割り当てられ、戦後その返却が求められた（註91文書）。そして、山内上杉氏が不安定な状況であったため、味方として引き付けておく目的もあり、上総はそのまま千葉氏が持つことになったのではないだろうか。

胤将は、下総の項で述べたように享徳三年六月に死去し、その跡は弟宣胤が継承したと思われるが、実質的に胤直が代行したかは定かでない。そして、先述のように胤直・胤宣父子は康正元年八月に自害している。

享徳の乱勃発後、上総国には周知のように武田信長が入部し、その子孫は長南・真里谷武田氏として勢力を築くが、享徳の乱中は千葉系上総氏がいまだ勢力を保持していたようなので、(97) 武田氏が守護となったとは考えられない。その上総氏（上総介）は、文正元年に義政から味方になるよう伝えられ、(98) 文明三年には幕府方に転じているが、(99) これも守護として扱われていた様子は見えない。幕府からは、下総国と同様な扱いであったと思われる。一方成氏からは、裏付けとなる史料が無いため推測でしかないが、康胤・輔胤・孝胤が下総守護と兼ねる形で地位を認められていたのであろう。

安房

（上杉持朝……?～宝徳元年八月）

上杉顕房……宝徳元年八月?～宝徳元年十二月～康正元年正月（死去）

持氏期後半の安房守護の徴証は、永享の乱後まで見えず、不明である。ただ、宝徳元年十二月に扇谷上杉顕房（持朝子）が安房国内の闕所地を与えているので、(100) 上総守護同様に、定頼から上杉持朝が継承していた可能性が高い。そして相模守護同様に、宝徳元年八月の持朝の隠居と同時に顕房が継承したのであろう。その後、安房国での守護としての活動は見えないが、おそらくは享徳四年正月に死去するまで、顕房が守護であったと思われる。顕房の死後は、本来ならば持朝が守護に復帰したはずであるが、周知のように享徳の乱をきっかけに安房へは里見義実と呼ばれる人物が入部する。扇谷上杉氏の安房への関わりは以後史料上には現れず、一方で里見義実は康正二年に安房から兵を出したとあるので、これ以前には安房である程度の勢力を築いているようである。これ[101]について、里見氏は鶴岡八幡宮との関係から、安房国内の八幡宮領である群房庄代官となっていたのではないか。ただし成氏の守護補任のあり方からすれば、義実が守護に補任されたとは考えにくいとの指摘がある。代官職を[102]梃子に里見氏は勢力を拡げたようだが、里見氏への書札礼を考えても守護職を補任されたとは考えられないので、扇谷上杉氏から実質手を離れていたことを加味すると、ひとまず守護不在の国になっていたのではないか。定尊が享徳五年（康正二年）に妙本寺領を安堵しているのは、その証拠であろう。[103]

伊豆

上杉憲実……応永二十六年八月～永享十一年十月・十一月（譲与）
上杉清方……永享十二年～文安元年八月以前（死去）
上杉憲忠……～文安三年二月～享徳三年十二月二十七日（死去）
上杉房顕……康正元年三月～長禄二年

伊豆守護は、守護となった者、期間ともに上野守護と同じである。ただし、房顕期になると、長禄二年に足利政知が伊豆国堀越に下向し、以後、伊豆は山内上杉氏の手から離れ、実質政知の支配下に入る。ただし、政知は守護となったわけではない。おそらく守護不設置の国となったのだろう。

甲斐

武田信重……～永享十年八月～宝徳三年十一月（死去）

武田信守……宝徳三年十一月～康正元年五月（死去）

武田信昌……～康正元年後半？～延徳頃？

甲斐守護は、永享の乱が起きた後に武田信重が幕府から補任され、永享十年八月に京都から入部した。文安三年三月には、一蓮寺の客殿造営について命を伝えており[104]、守護としての活動がうかがえる。その後は信重は甲斐で敵対勢力と戦いつつ、宝徳三年十一月二十四日に死去している[105]。おそらく、守護職も死ぬまで保持していたと見られる。

信重の跡を継いだのは、その嫡子信守である。しかし、鎌倉府に出仕したり、鎌倉に滞在していた様子はうかがえない。また、史料上から信守の守護としての活動も確認できない。ただし、この時期の幕府は守護補任をしないことはないだろうから、信重同様に守護に任じられていた可能性が高い。信守はその後、康正元年五月に死去したという[106]。

信守から家督を継承したのは信昌である。『甲斐国志』巻九四によれば、この時九歳という。そのため、政務は守護代跡部氏が代行している[107]。信昌は伊豆千代丸と称している寛正四年から、元服して五郎に改めた同五年にかけて、幕府に公帖の申請や仏事銭進上などしており[108]、寛正六年にも幕府へ馬などを進上している[109]。秋山敬氏は、これらの進上を家督継承の認定や守護職補任運動のためと見ているが[110]、それであると家督継承から時間が空きすぎてしまい、成氏対策に越後・信濃・駿河の軍を動かそうとしている幕府の動きからすれば、甲斐だけ何も対処しないでいるのは不自然になる。家督継承してからまもない時期に、幕府から家督認定と守護職安堵を受けたとすべきである。

信昌は晩年に家督を息子信縄に譲ったようで、『山梨県史通史編』では延徳頃かと見ている。家督継承はおそらくその頃と見てよいだろう。ただし、その後信昌と信縄との間で紛争が起こり、甲斐国内は戦乱状況へと入っていく。

＊　＊　＊

成氏期の守護は、永享の乱から結城合戦を経て、山内上杉・扇谷上杉氏が関東西部の武蔵・上野・相模・伊豆および安房を持ち、上杉・幕府に近い千葉氏が上総・下総を、結城合戦で幕府方となった小山氏が下野守護職を得た。ただし成氏の公方就任後は、千葉・小山氏は成氏に接近していく。一方、常陸の佐竹氏は、幕府といったんは敵対しながらも、守護職は保持していたようである。また、甲斐国は再興された鎌倉府と距離をとっていた。

享徳の乱が起き、争乱状態が長く続くと、「守護」として支配しているのか、実効支配を背景に権力体となっているのか、判別がつかなくなる。十五世紀後半以降、文書によって、あるいは記録上でも、関東で守護に補任された者がいないこともこれに拍車をかける。関東において守護かどうかは、せいぜい家格に関わるぐらいの問題でしかなくなっていくのである。

註

（1）　成氏期の関東管領について述べたものとして、『神奈川県史通史編Ⅰ原始・古代・中世』（百瀬今朝雄氏執筆分、一九八一年)、佐藤博信「足利成氏とその時代」・「足利成氏についての覚書─鎌倉帰還の問題を中心として─」(同『古河公方足利氏の研究』校倉書房、一九八九年)、黒田基樹a「関東管領上杉氏の研究」(同編著『関東管領上杉氏』戎光祥出版、二〇一三年)・同b「上杉清方の基礎的研究」(同上書)、拙稿「山内上杉氏における官途と関東管領職の問題」(黒田基樹編著『山内上杉氏』戎光祥出版、二〇一四年)などがある。

(2) 上杉憲実書状(「円覚寺文書」『神奈川県史資料編3上』五九九三号)。

(3) 「喜連川判鑑」(『続群書類従第五輯上』)では十一月に辞職とある。出家と同時に辞職したかは確定できないので、本稿では便宜的に十月から十一月とした。

(4) 清方については、前註(1)黒田b論文に詳しい。以後、清方に関する黒田氏の見解はこれによる。

(5) 「薩戒記目録」同日条。

(6) 「喜連川判鑑」(『続群書類従第五輯上』)など。

(7) 伊勢貞国奉書案(「政所方引付」『埼玉県史料叢書11 古代中世新出重要史料一』四七〇号)。

(8) 「政所方引付」(『埼玉県史料叢書11 古代中世新出重要史料一』四七七号)。

(9) 永享十二年に比定される六月十二日付け上杉清方書状(「臼田文書」『茨城県史料中世編Ⅰ』五三号)、永享十二年八月三日付け上杉清方禁制(「法雲寺文書」『茨城県史料中世編Ⅰ』二一号)。

(10) 仙波常陸介書状写(「安得虎子」『北区史資料編古代中世1』一二六号)。

(11) 上杉憲実奉書写(「青木氏蒐集文書」『群馬県史資料編7』一四九五号)。

(12) 前註(1)百瀬氏。以後、百瀬氏の見解はこれによる。

(13) 細川持之書状案写(「足利将軍御内書并奉書留」『神奈川県史資料編3上』五九八七号)。

(14) 上杉憲実書状写(「安保清和氏所蔵安保文書」『埼玉県史料叢書11 古代中世新出重要史料一』四八二号)、上杉清方書状(「安保文書」『神奈川県史資料編3下』六〇二四号)。

(15) 上杉憲実書状(「埼玉県立文書館所蔵安保文書」『群馬県史資料編7』一五〇二~一五〇四号)など。

(16) 細川持之書状案写（「足利将軍御内書并奉書留」『北区史資料編古代中世1』一二九号）。
(17) 上杉憲実書状写（「安保清和氏所蔵安保文書」『埼玉県史料叢書11　古代中世新出重要史料一』四八四・四八五号）。
(18) 上杉清方書状写（「東寺観智院金剛蔵文書」『千葉県の歴史資料編中世編5』一〇・一一号）。
(19) 『総和町史資料編　原始・古代・中世』七一四頁。
(20) 『建内記』文安四年三月二十四日条。
(21) 『建内記』文安四年七月十日条。
(22) 『続群書類従第五輯上』六九・一〇〇頁。
(23) 上杉憲実譲状（『大日本古文書上杉家文書之一』一二六・一三一号）。
(24) 上杉憲実披露状写（『大日本古文書上杉家文書之一』一四三―一二号）。
(25) 臼田道珍等連署起請文案（「臼田文書」『茨城県史料中世編Ⅰ』三八号）。なお、前註（1）黒田a論文が指摘するように、秋田県立公文書館所蔵「康応記録」の記述によると、憲実が実定に名跡を継がせることにし、長尾氏の反対を押し切って重代の文書を渡しており、大石駿河守と春秋尾張守（常陸江戸氏家臣か、数十年後の江戸通長家臣に春秋駿河守がいる）とが力石氏に託して常陸太田まで届けさせたという。
(26) 長尾景仲書状（「内山文書」『群馬県史資料編7』一五五一号）。なお、憲忠に関連する文書は、黒田基樹「史料紹介・上杉憲忠文書集―山内上杉氏文書集4―」（『駿河台大学論叢』四三号、二〇一一年）がある。
(27) 細川勝元書状（「喜連川文書」『神奈川県史資料編3下』六〇七三号）。
(28) 畠山持国奉書案（『大日本古文書上杉家文書之一』一四三―一一号。
(29) 足利成氏書状写（「鎌倉大草紙」『北区史資料編古代中世1』一四〇号）。
(30) 畠山持国書状案（『大日本古文書上杉家文書之一』一四三―一三号）。
(31) この享徳二～三年頃の政治情勢を述べたものとして、黒田基樹『長尾景仲』（戎光祥出版、二〇一五年）がある。
(32) 『康富記』享徳四年三月三十日条。

（33）『康富記』享徳四年閏四月十五日条。

（34）足利義政御内書案写（木下聡編『足利義政発給文書集（1）』〈戦国史研究会、二〇一五年〉三七六・三七七号、以後、同史料は『義政1』と略す）。

（35）足利義政御内書案写（『義政1』三八三号）。

（36）「上杉系図大概」（片桐昭彦「山内上杉氏・越後守護上杉氏の系図と系譜―米沢上杉家本の基礎的考察―」黒田基樹編著『山内上杉氏』戎光祥出版、二〇一四年）。

（37）足利義政御内書案写（『義政1』四三〇号）。房定は当初渋っていたが、岩松家純からの説得などにより了承した（『松陰私語』第五）。

（38）龍若（上杉顕定）感状（「豊島宮城文書」『北区史資料編古代中世1』一九二号）。

（39）前註（36）。

（40）上杉憲房書状写（「古簡雑纂」『北区史資料編古代中世1』二七三号）、『実隆公記』永正七年七月十日条。

（41）本稿で主に参考としたものは、武蔵…杉山博「室町時代の武蔵守護（下）」（『府中市史史料集第十四集』一九六七）・阿部哲人「鎌倉府料国武蔵国にみる守護支配―遵行体制を手懸りとして―」（『文化』六二―一・二号、一九九八年）、相模…佐藤博信「室町時代の相模守護」（同『中世東国の支配構造』思文閣出版、一九八九年）・黒田基樹「扇谷上杉氏の政治的位置」（同編著『扇谷上杉氏』戎光祥出版、二〇一二年）、上野…勝守すみ『長尾氏の研究』（名著出版、一九七八年）・前註（1）黒田b論文、下野…新川武紀「下野国守護沿革小考」（『栃木県史研究』二一号、一九八一年）・佐藤博信「室町・戦国期における小山氏の動向―代替わりの検討を中心として―」（松本一夫編著『下野小山氏』戎光祥出版、二〇一二年）、常陸…佐藤博信「十五世紀中葉の常陸佐竹氏の動向―特に義憲（義人）・義頼（義俊）・義治をめぐって―」（同『続中世東国の支配構造』思文閣出版、一九九六年）・日暮冬樹「常陸佐竹氏の権力確立過程」（『国史学』一六三号、一九九七年）・佐々木倫朗「佐竹義舜の大田城復帰と「佐竹の乱」」（同『戦国期権力佐竹氏の研究』思文閣出版、二〇一一年）・山川千博「東国の戦乱と「佐竹の乱」」（高橋修編『佐竹一族の中世』高志書院、二〇一七年）、下総…湯山学「永享の乱後の下総千葉氏」（同『中世南関東の武士と時宗』岩田書院、二〇一二年）・石橋一展「室町期千葉氏に関する覚書―胤直期を中心に―」（『中世東国史の総合的研究』二〇一四年）・同「室町期下総千葉氏の動向―兼胤・胤直・胤将―」（『千葉史学』六六号、二〇一五年）、上総…松本一夫「上総守護の任免状況とその背景」（同『東国守護の歴史的特質』岩田書院、二〇〇一年）・上述黒田基樹「扇谷上杉氏の政治的位置」・上述石橋論文および石橋一展「享徳の乱前後における上総および千葉一族―千葉次郎と上総介―」（『千葉いまむかし』二七号、二〇一四年）、安房…『千葉県の歴史通史編中世』・上述黒田基樹「扇谷上杉氏の政治的位置」・滝川恒昭編『房総里見氏』（戎光祥出版、二〇一四年）、伊豆…勝守すみ『長尾氏の研究』（名著出版、一九七八年）、湯山学「室町時代伊豆国に関する予察前編―山内上杉氏の守護領国支配形成過程―」（同『鎌倉府の研究』岩田書院、二〇一一年）・前註（1）黒田b論文、甲斐…『山梨県史通史編2中世』、秋山敬「武田信昌の守護補任事情」（同『甲斐武田氏と国人』高志書院、二〇〇三年）、磯貝正義『武田信重』（戎光祥出版、二〇一〇年）、杉山一弥『室町時代の東国政策』（思文閣出版、二〇一四年）などである。なお、関東の守護のあり方については、新田英治「中世後期の東国守護をめぐる二・三の問題」（『学習院大学文学部研究年報』四〇号、一九九三年）を参照。

(42) 山内上杉氏奉行人連署奉書写（「東福寺文書」『群馬県史資料編7』一三八三号）。

(43) 足利持氏御判御教書（「横浜市立大学図書館所蔵安保文書」『神奈川県史資料編3上』五五五九号）。

(44) 上杉持朝書状（「田中穣氏旧蔵典籍古文書」『埼玉県史料叢書11　古代中世新出重要史料一』五一一号）。

(45) これについては、黒田基樹「戦国大名権力の成立過程―扇谷上杉氏を中心に―」（同『中近世移行期の大名権力と村落』校倉書房、二〇〇三年）など参照。

(46) 『五山文学新集六』九一八頁など。

(47) 「尊経閣文庫所蔵宝菩提院文書」（『北区史資料編古代中世1』一一八号）。

(48) 前註（18）文書一〇号。

(49) 黒田基樹「武田信長論」（同編著『武田信長』戎光祥出版、二〇一一年）。

(50) 細川勝元奉書案写（「相州文書鎌倉郡覚園寺所蔵文書」『北区史資料編古代中世1』一三四号）。

(51) 細川勝元書状案（「足利将軍御内書并奉書留」『北区史資料編古代中世1』一三八号）。
(52) 足利成氏書状写（「武家事紀」『戦国遺文古河公方編』一一六号）、「鎌倉大草紙」（『群書類従第二十輯』）。
(53) 足利義政御内書案写（「御内書案」『義政1』三三五～三三七・三五七～三六一号）。
(54) 『大日本史料第八編之二』応仁元年九月六日条。
(55) 足利義政御内書案写（「御内書符案」木下聡編『足利義政発給文書（2）足利義凞（義尚）発給文書』〈以後『義政2』と略す〉五八七号）、上杉政真書状（「早稲田大学図書館所蔵白川文書」『北区史資料編古代中世1』二〇三号）。
(56) 『大日本史料第八編之七』文明五年十一月二十四日条。
(57) 「梅花無尽蔵」（『五山文学新集六』七〇二・七〇三頁など）。
(58) 護国院殿大祥忌陞座拙語（「文明・明応年間関東禅林詩文等抄録」『北区史資料編古代中世2』三編五一号）。
(59) 『大日本古文書　上杉家文書之二』九一号。
(60) 某憲景譲状（「臼田文書」『茨城県史料中世編Ⅰ』一六号）。
(61) 前註（31）黒田氏著書。
(62) 『看聞日記』嘉吉元年四月二十五日条、『建内記』同日条など。
(63) 足利義教御内書写（「国立国会図書館所蔵青山文庫文書」国会図書館ＨＰ）。
(64) 後花園天皇口宣案（「松平基則氏所蔵文書」『栃木県史史料編中世二』一二三号）。
(65) 足利成氏契状写（「小山氏文書」『戦国遺文古河公方編』一三六号）。
(66) 足利義政御内書案写（「御内書案」『義政1』二三一・四四三号など）。
(67) 足利義政御内書案写（「昔御内書符案」『義政2』六三六号）。
(68) 足利成氏書状写（「小山氏文書」『戦国遺文古河公方編』一七六号）。
(69) 小山成長安堵状（「青木文書」『小山市史史料編中世』四三九号）。
(70) 佐竹義頼安堵状写（「水府志料所収文書」『茨城県史料中世Ⅱ』一八〇号）。これについては、前註（41）佐藤氏論文「十五世紀中葉の常陸佐竹氏の動向」参照。また、家督を譲る少し前に義人へ改名している。
(71)　細川持之書状案写（「足利将軍御内書并奉書留」『北区史資料編古代中世1』一二八・一二九号）。
(72)　佐竹義俊書状（「東京大学白川文書」『白河市史五　古代中世資料編2』六一四号）。
(73)　足利義政御内書案写（「御内書案」『義政1』二二七・二二八号など）。
(74)　『常陸太田市史編さん史料（九）―佐竹系譜―』一一六・一一七頁。
(75)　「佐竹系譜事蹟略」（『大日本史料第八編之九』八五六頁）など。
(76)　『大日本史料第八編之九』八五四頁同日条。
(77)　足利義政御内書案写（「御内書符案」『義政2』五六〇号）。
(78)　足利義政御内書案写（「御内書符案」『義政2』六二四・六二五号）。
(79)　足利義政御内書案写（「御内書符案」『義政2』六二二・六二三・六三〇号）。
(80)　前註（41）佐々木氏論文。
(81)　『千葉縣史料中世篇　本土寺過去帳』一七三頁など。
(82)　千葉胤将安堵状（「圓福寺文書」『千葉県の歴史資料編中世3』一五号）。
(83)　「千学集抜粋」（『戦国遺文房総編補遺編』付編補遺二四号、以後同史料はこれに拠る）。なお、「千葉大系図」（『房総叢書九』）は享徳四年六月十五日に四十二歳で死去したとするが、年齢からして採用できず、享徳四年の一連の戦いで胤将の姿が見えないことからすれば、それ以前に死去していたとするのが妥当だろう。
(84)　前註（83）「千葉大系図」、「千学集抜粋」。
(85)　足利成氏書状写（「武家事紀」『戦国遺文古河公方編』一一六号）。
(86)　「赤城神社年代記」（『千葉県の歴史資料編中世5』記録五六九号）・「千学集抜粋」。
(87)　千葉輔胤安堵状（「弘法寺文書」『戦国遺文房総編第一巻』二二号）。
(88)　千葉孝胤安堵状（「香取大禰宜家文書」『戦国遺文房総編第一巻』一六九号）。

(89) 千葉勝胤安堵状（「弘法寺文書」『戦国遺文房総編第一巻』三一九号）。
(90) 上杉持朝書状（「尊経閣古文書纂」『千葉県の歴史資料編中世4』一六号）。
(91) 前註（18）文書一一号。
(92) 『千葉県の歴史資料編中世5』九六頁。千葉胤将に比定すると同時に、上総守護の徴証としている。
(93) 前註（41）石橋論文「享徳の乱前後における上総および千葉一族」。
(94) 千葉胤将紛失状（「神保誠家文書」『千葉県の歴史資料編中世3』一号）。
(95) 千葉胤将書状（「円覚寺文書」『神奈川県史資料編3下』六〇五五号）、細川勝元奉書写「相州文書鎌倉郡覚園寺所蔵文書」（『神奈川県史資料編3下』六〇六九号）。
(96) 足利義教御内書案写（「御内書案」『続群書類従第二十三輯下』三〇五頁）。
(97) 前註（41）石橋論文「享徳の乱前後における上総および千葉一族」。
(98) 足利義政御内書案写（「御内書案」『義政1』四五〇号）。
(99) 足利義政御内書案写（「御内書符案」『義政2』六〇四号）。
(100) 上杉顕房宛行状写（「常陸誌料雑記」『北区史資料編古代中世1』一三九号）。
(101) 「鎌倉大草紙」（『群書類従第二十輯』七〇一頁）。
(102) 長塚孝「里見義実の安房入部」（滝川恒昭編著『房総里見氏』戎光祥出版、二〇一四年）。
(103) 定尊安堵状（「妙本寺文書」『戦国遺文房総編第一巻』二六号）。
(104) 武田信重奉書「一蓮寺文書」（『山梨県史資料編4』一八号）。
(105) 「一蓮寺過去帳」（『山梨県史資料編6上』三九九頁）。なお、「鎌倉大草紙」や系図類は宝徳二年十一月二十四日没としているが、史料の信頼性から本稿では宝徳三年説をとる。
(106) 「一蓮寺過去帳」（『山梨県史資料編6上』三九九頁）。
(107) 跡部景家安堵状（「向嶽寺文書」『山梨県史資料編4』三八四号）。

(108)『蔭凉軒日録』寛正四年三月二十四日・同二十八日条、同年十月十三日条、寛正五年八月二十八日条など。

(109)『親元日記』寛正六年六月二日・同五日条など。

(110) 前註(41)秋山氏論文。

Ⅶ　成氏期の奉行人

植田真平

本稿では、シリーズ前号所収の前稿「持氏期の奉行人」(1)に続く五代鎌倉公方・初代古河公方足利成氏の時代に活動した、鎌倉府・古河公方の奉行人の活動をとりあげる。なお、前稿では公方足利持氏が永享の乱の末に自害する永享十一年（一四三九）二月までを検討したため、本稿はそこから成氏登場までの公方空位期も含め、成氏の終見とされる延徳二年（一四九〇）までを検討範囲とする。

前稿までは(2)、鎌倉府奉行人の活動との区別が難しいとして、関東管領上杉家奉行人も検討の対象とした。本稿も、享徳の乱勃発以前は形式的にせよ鎌倉府が存続したため、ひきつづき上杉家奉行人も併せてとりあげる。しかし、乱勃発によって鎌倉府が崩壊し、公方足利氏と管領上杉氏はそれぞれ別個の権力体を形成する。享徳の乱勃発以降は、公方足利氏歴代の動向に注目するという本シリーズの主旨にあわせて、上杉家奉行人については基本的にとりあげず、古河公方足利氏の奉行人のみを検討の対象とすることとする。前稿同様、鎌倉府・古河公方奉行人であることが確実な者は見出しを「○」で、上杉家奉行人であることが確実な者は見出しを「◎」で、いずれとも確証のない者は「●」で示した。

永享の乱後の公方空位期および成氏期の奉行人についての先行研究は決して多くはないが、佐藤博信氏による前下野守義行の分析[3]が重要であろう。詳しくは同人の項で述べるが、永享の乱中に持氏方の奉行人として活動していた義行が、公方空位期の鎌倉府において上杉氏とともに活動し、成氏の帰還後の鎌倉府でも活動を続けて、享徳の乱勃発以後は古河公方奉行人として存続していくことを明らかにした。そして、それを可能にしたのは、義行の持つ右筆という専門職能であったとしたうえで、それまで山内上杉家奉行人と見なされてきた義行を、「身分的にはあくまでも足利氏の家臣として存在しており、関東管領家のそれとは明確に区別された存在」として、その活動を「永享の乱後の鎌倉府の奉行人の一軌跡を示している」と評価している。

古河公方の奉行人についても研究は多くないが、これも佐藤氏による清一族の分析がある。[4]古河公方足利政氏～義氏段階に活動していた右筆清氏が、鎌倉府奉行人清氏の系譜に連なるものであるとしたうえで、清氏が古河公方の右筆を独占的につとめていた可能性を指摘している。

本稿で扱う公方空位期と成氏期は、いうまでもなく鎌倉府権力が動揺、崩壊し、古河公方権力へと移行する変革期である。その間において権力の中枢にあって専門職能を有する奉行人（右筆）がどのような活動をしていたのかを明らかにすることは、崩壊した権力、あるいは新たに成立した権力の性質を考えるうえでも重要であろう。

◎力石右詮（花押：図1）

上杉家奉行人力石氏についても、佐藤氏の研究[5]がある。佐藤氏は、南北朝期から戦国期にかけての力石氏の展開を検討するなかで、当該期の右詮にも触れ、彼が永享末期から宝徳年間に上杉家のみならず、鎌倉府においても実務官僚として活動したことを明らかにしている。

「右馬允」を名乗る山内上杉家奉行人力石右詮の初見は、前稿「持氏期の奉行人」でも述べたとおり、正長二年（一四二九）三月二十一日付けの鎌倉府奉行人民部丞某との連署奉書（神五八二六）[6]である。その後はしばらく活動が確認できないが、結城合戦勃発後の永享十二年十月に次の文書を発給している。

【史料1】長尾忠政・力石右詮連署奉書（「黄梅院文書」、神六〇一〇）

円覚寺黄梅院領武州賀美郡石神村内桜堂在家事、青木山城守致強入部之間、度々被仰付之処、不応御成敗之条、頗招其科者歟、所詮莅彼所、縦雖及事、堅可被沙汰付下地於当院雑掌之由候也、仍執達如件、

永享十二年十月十三日　右馬允（力石右詮）（花押）
沙　弥（長尾忠政）（花押）

長尾左衛門尉（景仲）殿

奥署判の「沙弥」長尾忠政（芳伝）は山内上杉氏の家宰であり、本文書は、奉行人と家宰が連署する上杉氏被官奉書の典型的な形式[7]であるため、山内上杉氏の発給文書と考えることができる。内容的にも、円覚寺黄梅院領の武蔵国賀美郡石神村内桜堂在家に青木山城守が強入部していることに対して、武蔵守護代長尾景仲に黄梅院雑掌への沙汰付を命じたものであり、被官が奉じた武蔵守護山内上杉氏の遵行命令と見ることができる。

ただし、【史料1】に続く守護代長尾景仲遵行状（神六〇一二）と同打渡状（神六〇一四）には「任去十月十三日御奉書之旨」とあり、もっぱら遵行命令の伝達およびその執行は【史料1】のみに基づいている。【史料1】が守護遵行状とすると、これに先行すべき鎌倉府の施行命令があるはずだが、その存在はうかがえない。このことから、【史料1】が、本来関東管領が奉じる鎌倉府施行状の機能を兼ねていた可能性も浮上する。

持氏期以前、関東管領が守護職を兼務する国においては、関東管領が奉じる施行状が守護遵行状を兼ね、一通で守護代への沙汰付命令が下されていた。しかし、その場合の発給者は管領本人であり、上杉氏被官連署奉書がその役を果たした例は、原則的には見られない[8]。【史料1】が、上杉氏被官連署奉書でありながら、関東管領が奉じるべき鎌倉府施行状と守護上杉氏の遵行状という二つの機能を兼ねていたとすれば、上杉氏の家宰と奉行人が上杉氏の家政のみならず鎌倉府の政務をも担っていたことを示す事例となる。上杉氏が鎌倉府を主導していたとされる公方空位期の象徴的な事例といえよう。

同様に考えられるのが、右詮が文安五年（一四四八）五月の円覚寺の事書（神六〇六四）と規式（神六〇六五）の紙継目に裏花押を据えていることである。類例を探すと、時期はさかのぼるが、暦応五年（一三四二）に足利直義が定めた円覚寺規式（関一三二九）[9]に直義の奉行人が紙継目裏花押を据えており、貞治三年（一三六四）の円覚寺規式（関三一五三）には、鎌倉府奉行人依田聖法が紙継目に裏花押を据えて裏封をしていることが確認できる。鎌倉禅宗寺院の規式の制定に足利氏・鎌倉府の奉行人が関与していたことが推測される。とすれば、右詮が円覚寺事書・規式の紙継目に裏花押を据えたのも、佐藤氏が指摘するように[10]、鎌倉・東国を支配する公的な権力に連なる吏僚として行ったことと考えられる。【史料1】よりも一層明確に、上杉家奉行人が鎌倉府奉行人の職務を担っていたことを示している。

同じ文安五年の九月には、家宰長尾景仲とともに伊豆国白浜村へ三島宮大歳役の催促を命じる連署奉書を伊豆守護代寺尾憲明に宛てて発給している[11]。【史

図1　力石右詮花押（『鎌倉市史　史料編第二』より）

料1】と同じく先行する鎌倉府の施行命令は確認できないが、伊豆国内の三嶋社関連の案件は守護上杉氏のもとで処理されることがあり、本件も同様だったと考えられる。右詮の活動は伊豆守護山内上杉氏の被官としてのものであり、上杉家奉行人としての立場を喪失したわけではないことが確認される。

成氏帰還後の宝徳三年（一四五一）三月、報国寺休畊庵は右詮へ寺領注文を提出している（神六二一九）。これも、先の円覚寺事書・規式と同様、鎌倉寺院が上杉氏を公権力と認めて安堵を申請し、その家政機関が処理した事例と位置づけられよう。なお、この頃にはすでに、鎌倉府の吏僚組織もある程度機能を回復していたが、一方では、前年に江ノ島合戦が起こるなど、公方方と上杉方の対立も激化していた。その間のこうした上杉家奉行人の活動は、鎌倉府奉行人の復帰（後述）が上杉家奉行人の活動縮小を促さず、両者が別個の公的な権力の窓口として併存していたことをうかがわせる。

このほか、右詮の発給文書として、嘉吉元年（一四四一）～二年に比定される常陸国人鳥名木氏宛ての書状三通（家臣参考一一[12]～一三）、および年未詳の同国国人烟田氏宛て書状二通（家臣参考二〇・二一）があり[13]、嘉吉元年ヵとされる鳥名木氏宛て兵部少輔某書状（家臣参考一四）本文中の「当奉行」も前後関係から右詮に比定され、関連文書に数えられる。いずれも、結城合戦などに際して上杉氏の意向や動向を伝えるものであり、右詮が上杉氏の家政機関において鳥名木氏や烟田氏など上杉方の東国武士の取次をつとめていたことを示している。

享徳の乱勃発後は、被官として当然ながら上杉方に属していた。寛正二年（一四六一）四月に、家宰長尾景信と連署奉書を発給している（神六二七六）。管見の限り、これが右詮の終見であり、在俗のまま三〇年以上活動していたこととなる。

その後の力石氏の活動については、佐藤氏が明らかにしているとおり、戦国期の山内上杉憲政の段階まで同家の奉行人として続いたとされる。

●明石大炊助

軍記物『結城合戦記』などに所収されている「上杉清方着到首注文」には、越後長尾実景が結城合戦で生け捕りにした結城方の人物として「明石大炊助」の名が見える。鎌倉府奉行人明石氏の一族かとも考えられるが、他に所見はなく不詳とせざるをえない。

○前下野守義行（花押：図2）

冒頭で述べたとおり、前下野守義行については佐藤博信氏の専論[14]があり、義行が上杉家奉行人ではなく鎌倉府奉行人であったこと、公方空位期にも鎌倉府奉行人として活動し、享徳の乱勃発後は古河公方奉行人へ転身したことが明らかにされている。以下、佐藤氏の成果によりつつ、義行の活動を追ってみたい。

図２　前下野守義行花押（筆者作図）

義行の初出とされるのが、永享の乱のさなかの永享十年九月六日に、円覚寺領宛ての禁制（神五九四五）を奉じた「民部丞」である。花押の残画が一致するばかりでなく、佐藤氏によれば、この禁制の筆跡は、原本が残存する義行発給文書（連署奉書含む）のうち後掲【史料15】を除くすべてのものと一致するという。

その後しばらくの活動は定かでないが、結城合戦終結後の嘉吉元年末、次の連署奉書を発給している。

【史料2】前下野守義行・長尾忠政連署奉書（「鶴岡八幡宮文書」、神六〇二六）

鶴岡八幡宮本地護摩公料武蔵国師岡保柴関所事、為殊御寄進間、雖被准自余歟、然者如元社家知行不可有相
違由候也、仍執達如件、

嘉吉元年十二月廿六日　前下野守《(義行)》（花押）
沙弥《(長尾忠政)》（花押）

当社雑掌

【史料2】は、鶴岡八幡宮に寄進された武蔵国師岡保柴関所を安堵したもので、奥署判の「沙弥」は、花押より山内上杉家家宰長尾忠政に比定される。「御寄進」の時期や主体は明らかでないが、被安堵者が鶴岡八幡宮、対象地が関所であることから[15]、安堵の主体は鎌倉府と考えるべきだろう。鎌倉府奉行人と上杉氏被官が連署する【史料2】は、公方不在時の特徴的な文書と位置づけられている[16]。

次の【史料3】も、同様に考えられている。

【史料3】前下野守義行・長尾忠政ヵ連署奉書案（「東寺観智院金剛蔵文書」、家臣三三五）

醍醐寺地蔵院雑掌申、武蔵国小机保内鳥山郷事、自京都被仰下上者、退大石左衛門尉《(憲儀ヵ)》押妨、可被沙汰付下地
於当院庄主由候也、仍執達如件、

嘉吉二年五月廿七日　前下野守《(義行)》在判
沙弥《(長尾忠政ヵ)》在判

長尾（景仲）左衛門尉殿

醍醐寺地蔵院領武蔵国小机保鳥山郷における大石氏の押妨を停止し、同院に沙汰し付けるよう武蔵守護代長尾景仲に命じている。このほか同院領、同日付けの連署奉書案に、「武蔵国春原庄内所々并領家分年貢等」の「成敗」を同じく長尾景仲に命じたもの（家臣三六）と「伊豆国宇加賀・下田等」の「沙汰付」を伊豆守護代寺尾憲明に命じたものの二通があり、【史料3】と同じく日下に「前下野守」義行、奥に「沙弥」が署判している。日下の義行は、これらの訴訟の担当奉行であったと考えられる。「沙弥」の花押は案文ゆえ明らかでないが、ここでは【史料2】より長尾忠政かと類推しておきたい。

この三通は守護代宛ての遵行状であるが、いずれにも「自京都被仰下」とあるように、施行の命令者は室町幕府であった。京都政権の施行命令を東国に仲介（ときに拒絶）するのも、鎌倉府の権能のひとつであるが、公方の不在と幕府－上杉氏による鎌倉府の主導によって、より直接的に室町幕府の施行命令が上杉氏へ下達されていたのである。【史料3】は、鎌倉府奉行人がその命令体系や文書発給システムに位置づけられていたことを表している。

次の【史料4】は、佐藤氏の検出にはかかっていないが、【史料3】に関連する義行の発給文書である。

【史料4】前下野守義行書状案（「東寺観智院金剛蔵文書」、『埼玉県史料叢書一一　古代・中世新出重要史料一』中世四八八号）

（端裏書）「鳥山入部時奉行折紙案」

鳥山郷事、固大石左衛門尉（憲儀カ）ニ被仰付候処、無相違可渡申之由領掌候、此上者早々可有御入部候、其段長尾方（景仲）江

中候、恐々敬白、

（嘉吉二年カ）九月十日　　　義行判

地蔵院雑掌

鳥山郷への押妨を訴えられた上杉氏被官大石憲儀ヵが、醍醐寺地蔵院の領有を認めて引き渡すことを了承したのに際し、その旨を義行が地蔵院に伝えている。義行はさらに、地蔵院側の入部について守護代長尾景仲とも連絡をとっており、上杉氏被官と個別に交渉しながら訴訟の処理を行っていたことがうかがえる。義行が担当奉行であったことは端裏書からも明らかだが、右の活動からは、単なる訴訟担当奉行という以上に、立場的に上杉氏に近い位置で職務を行っていたことが推測される。義行が公方空位期にも活動を続けえたのも、そうした立ち位置ゆえだろうか。

文安年間になると、次代鎌倉公方の復帰に関して、義行の活動が見られるようになる。文安元年（一四四四）十二月十八日付けで足利鑁阿寺供僧中へ歳末の祈禱巻数請取状（鑁阿寺一三）[17]を発給すると、同日付けで[18]次の書状を出している。

【史料5】前下野守義行書状（「鑁阿寺文書」、鑁阿寺二四九、傍線筆者）

先日以幸便令啓候処、委細預御報候、恐悦之至候、仍　①上様へ巻数御進上候、則達　上聞、御返事進之候、②先々者自政所雖被進之候、無祗候之間、当年事者、愚身蒙仰、方々へ御返事進之候、随而御代始候処、未寺家より御礼無御申候、不可然候歟、殊当寺事ハ不可被准他寺事候間、御礼被申可然存候、次御寺領等事、還御候者、早々可有御申候、不可有相違事候、委細之趣御使令申候、恐々謹言、

十二月十八日　　　　　　　　前下野守義行（花押）

謹上　龍福院御同宿中

義行は、鑁阿寺から進上された祈禱巻数を「上様」に取り次ぎ、鑁阿寺宛てに「御返事」＝請取状を発給した（傍線部①）。請取状発給は従来政所の職務であったが、政所が「無祗候」であるので、当年は義行が「上様」の「仰」により発給したという（同②）。後段からは、この「上様」はすでに「御代始」を行っていたが、鎌倉にはまだ「還御」していなかったことが読み取れる。

【史料5】が示すとおり、このとき義行は「上様」を奉じ、その「御代始」や鎌倉「還御」を肯定する立場にあった。問題はこの「上様」が何者かという点である。詳しい考察は本書所収の石橋論文[19]に譲るとして、義行に関する点に限り、私見を述べておきたい。

佐藤氏は、この「還御」予定の「上様」を、嘉吉元年末から幕府・上杉氏に対抗して鎌倉帰還を目指していた万寿王丸（成氏）としている[20]。しかし、嘉吉二年に上杉氏に接近していた義行が、にわかに万寿王丸方へ立場を変じたとは考え難い。それよりも、文安二年に幕府のもとにあった「鎌倉殿」[21]と考えたほうが自然ではないだろうか。義行が幕府・上杉氏主導の鎌倉府において政所の職務を代行する（【史料5】）など、幅広い活動ができたのも、幕府・上杉氏よりの立場を一貫させていたゆえのことと考えられる。【史料3】にも見えるように、義行は幕府の意向を強く反映する当該期の鎌倉府の実務官僚として、忠実に職務を遂行していたといえよう。

そうした行動を示していたためか、文安四年八月の成氏鎌倉復帰の前後には、義行の動向は見えない。成氏が鎌倉公方の座についてしばらくすると、義行はその下で再び奉行人としての活動している。宝徳二年六月三日付けで建長寺大工職に関する連署奉書（後掲【史料8】）を発給し、続けて同年十二月二日付けで相承院に宛てて「右大将法華堂領相模国三浦郡大多和村内田三町供僧分并本郷新阿弥陀堂領田九段等沽脚地」を「為徳政」として返付する旨の連署奉書を、「沙弥」（後掲）とともに発給している（神六二一一）。

この宝徳二年の徳政については、義行発給文書のなかにもう一通関連史料がある。

【史料6】前下野守義行書状（『茨城県史料 中世編Ⅰ』所収「塙不二丸氏所蔵文書」八六号）

徳政之御判申沙汰進之候、神野神主従御判事ハ書上申候、未被成御判候、来便之時、申成可進之候、公方様事ハ、随分至辛労無等閑候、定御代官之人躰可被申候哉、恐々謹言、

（宝徳二年）十二月八日　前下野守義行（花押）

関連文書もなく文意もとりづらいが、義行が「御判」の発給にかかわり、「公方様」に近仕していたことはうかがえよう。佐藤氏は、この徳政を単なる成氏の代替わり徳政ではなく、江ノ島合戦後の関東管領上杉憲忠の鎌倉不在の隙をついた、成氏方と上杉方の対立の所産だとしている[22]。成氏の公方就任により、義行は公方の右筆という鎌倉府奉行人の本来的な性格を取り戻したばかりでなく、政治的にも公方成氏に近仕する存在となっていたのである。

ついで義行の活動は、宝徳四年四月二十一日付けの「鶴岡八幡宮両界一切経以下修理料所相模国小田原宿関所」宛ての禁制（神六二三六）の発給と続き、享徳の乱勃発直前の享徳三年十月二十八日、下野国足利荘内の鑁阿寺領における上杉氏被官大石重仲の押妨を停止する旨の連署奉書を、重仲本人と鑁阿寺供僧に宛てて左衛門尉康定とともに発給している（神六一七四・六一七五）。「上裁」や「仰出」の主体は、いずれも佐藤氏が指摘する

ように、公方成氏と見て間違いないだろう。右はいずれも鎌倉府奉行人としての活動と評価される。

とくに右の鑁阿寺領の一件は、同文書および関連文書（鑁阿寺二六九）によれば、同様の命令はすでに二回出されていたものの、大石重仲の抵抗により三回目に到ったという。大乱勃発直前の対立の一端を示す事例であり、義行が明確に成氏方の陣営にあったことを示している。

享徳の乱勃発後も、義行は成氏にしたがった。享徳四年（康正元年）十二月二十三日付け足利成氏禁制（戦古九五）[23]も、佐藤氏によれば義行の筆跡という。ここに、義行が鎌倉府奉行人から古河公方奉行人へと転身したことが確認される。

そして、次の文書が義行の終見となる。

【史料7】古河公方奉行人連署打渡状（『真壁町史料 中世編Ⅰ』所収「真壁文書」二六号）

常陸国真壁郡亀熊郷堀内南方・宿南方・細柴村・新堀村・西荒野村・桜井郷・田村郷・山宇郷・山田郷・下小幡郷・押樋郷・上谷貝郷内金敷村半分并庶子白井修理亮・飯塚近江守等事、任被仰付之旨、為折中之分、所沙汰付真壁安芸守朝幹之状如件、

享徳五年六月三日　左衛門尉康定（花押）

前下野守義行（花押）

古河公方成氏が常陸国人真壁氏の紛争を調停し、古河公方奉行人の康定（後述）・義行がその一方の真壁朝幹に所領等を沙汰し付けたことを示す文書であるが、享徳の乱のさなかに奉行人両使遵行が行いえたのかという点に疑問が残る。鎌倉府段階における奉行人両使遵行が一四世紀末に途絶えている（国人両使遵行・守護遵行に移行す

る）ことを考慮すれば、疑問はより一層深まる。さしたる軍事力を持たない奉行人が、戦乱状況下で実効性をともなう沙汰付を行いえたとは考えがたく、またこの頃、成氏は上野方面に出陣していたとされ、[25]その間に右筆が成氏のもとを離れて現地へ赴き沙汰付を行ったとも（代官派遣の可能性はあるが）、やはり想定しがたい。「沙汰付」とはいうものの、実際には実態をともなわない安堵行為の一形態であったと見るべきではなかろうか。[26]

以上、佐藤氏の成果によりつつ、義行の活動を見渡した。以下、人名比定に関して多少の疑問等を述べておきたい。

持氏段階の官途「民部丞」と実名の「行」字が、奉行人明石氏のものに共通することから、義行はしばしば明石氏に比定されている。古河公方の右筆（奉行人）が清・明石両氏によって構成されていたということも、[27]その傍例となっていよう。しかし、「前下野守」の受領名は明石氏には他例がなく、通字「行」も通常一字目にある。その比定には慎重を期すべきだろう。本稿ではひとまず姓不詳としておきたい。

そもそも、永享の乱で持氏方であった「民部丞」が、乱後の嘉吉元年には「前下野守」となっている（その間には当然「下野守」段階もあろう）ことは、いかに解すべきだろうか。自称か任官かはともかく、六位相当の京官から受領への官途の変更は、身分の上昇にあたり、義行は持氏の滅亡後に立場を後退させていなかったこととなる。義行の公方空位期における幕府・上杉氏よりの立場を示すものであろうか。持氏滅亡後の旧持氏方の活動を考えるうえで、重要な手がかりとなるだろう。

また、関連が疑われる永享期の鎌倉府奉行人民部丞行義（花押不詳）については、前稿「持氏期の奉行人」では義行と別人としたが、永享の乱直前に元服した持氏の嫡男義久か、あるいは永享の乱後に幕府将軍義教に憚って、行義が「義」字を一字目にして「義行」と名乗った可能性も十分に考えられる。ただし、目下判断に必要な材料も手がかりも持たないので、なお不詳としておきたい。

○雑賀前遠江守（花押：図３）

前項で触れたとおり、宝徳二年に次の連署奉書が出されている。

【史料８】鎌倉府奉行人連署奉書写（「当山大工所古書之写」、神六一二一四）

当寺大工職事、将監入道由、所被仰出也、仍執達如件、

宝徳二年六月三日　　前下野守（義行）（花押影）

　　　　　　　　　　沙　弥（雑賀前遠江守）（花押影）

建長寺都官（管）

図３　雑賀前遠江守花押（『鎌倉市史　史料編第一』より）

奥に署判する「沙弥」はこれまで人名比定がなされてこなかったが、花押を確認したところ持氏期の奉行人雑賀前遠江守のものと一致した。このことから、正長～永享年間に活躍した雑賀前遠江守が、出家した後も鎌倉府奉行人として新公方成氏のもとで奉行人をつとめていたことが判明する。持氏期から成氏期にまたがる奉行人は、前下野守義行に続く貴重な例である。ただし、公方空位期に活動が見られない点、および永享の乱後の何らかのタイミング（持氏自害か）で出家している点は、義行と対照的である。そして、右の【史料８】が同人の終見であり、古河公方段階の活動

は知れない。

なお、この前遠江守が属する雑賀氏について、山口県文書館所蔵『譜録』に注目すべき記述がある。それによると、貞治年間（一三六二～六八）に「雑賀左衛門佐教行」が足利氏に属して紀伊より相模、ついで武蔵に移住し、その子「遠江守直行」は同国児玉郡に居住したという。さらに、その子「豊前守知澄」も武蔵に住したが、孫「刑部次郎常澄」は大内氏に属して西国に移ったとある。ただし、一次史料ではこれらの人物が確認できず、近世の系譜史料であるため内容は検討を要する。「直行」を前遠江守に比定するとしても、父教行との年代が合わず、直行の名も同時期に活動した室町幕府奉行人雑賀五郎直行と混同している可能性もある。ここでは紹介するにとどめたい。

●沙弥某

前述のごとく、宝徳二年十二月二日付けの「徳政」に関する相承院宛て連署奉書を、前下野守義行とともに発給している（神六一一二）。ただし、この文書には日下に義行の署判はあるが、奥の「沙弥」には花押がない。それゆえ、何者にも比定しえない。もし、【史料2・3】等と同様「沙弥」を上杉家家宰とすれば、長尾景仲に比定され、花押の欠は、同年四月に勃発した江ノ島合戦により、従前の文書発給システムに破綻が生じたことをうかがわせる。しかし、「沙弥」が鎌倉府奉行人某とすれば、花押を記していないのは個別の事情があったのかと推測されるにとどまる。

◎治部少輔憲泰（花押：図4）

治部少輔憲泰は、まず次の二通の連署奉書が確認される。いずれも奥に山内上杉家家宰が署判する上杉家被官連署奉書の形式である。

【史料9】治部少輔憲泰・長尾忠政連署奉書（「覚園寺文書」、家臣三七）

覚園寺雑掌申、当寺領相模国散田郷用水事、為同国河入郷之流末之間、可令沙汰井料之由、被催促云々、太不可然、既於当寺領者、官符宣以下代々証文等分明之上者、任旧例、速可被停止彼違乱之由候也、仍執達如件、

嘉吉三年四月十一日　　治部少輔（憲泰）（花押）
沙　弥（長尾忠政）（花押）

長尾因幡守（実景）代

【史料10】長尾実景・治部少輔憲泰連署奉書（「臼田文書」、家臣三九）

下総国豊田庄内笠間御台江被分進地事、任以前庵主様（上杉憲実）御判之旨、筑前左近蔵人相共莅彼所、遂糺明、可被渡進下地於之由候也、仍執達如件、

宝徳三年七月廿九日　　治部少輔（憲泰）（花押）
前但馬守（長尾実景）（花押）

臼田河内入道殿

【史料9】の散田（三田）郷用水井料問題は、持氏期には公方持氏自ら御教書を発給して問題に当たっており

図4　治部少輔憲泰花押（黒田基樹編著『山内上杉氏』より）

（神五五八九）、このときも鎌倉府が処理すべき案件だったと考えられる。充所が越後上杉房定の重臣長尾実景（【史料10】の前但馬守とは別人）の代官である理由は、兵粮料所など何らかの権限を有していたかと推測されるばかりで判然としない。[28] 山内上杉氏の家宰と奉行人が【史料9】を発給したのは、【史料1】にも見られたように、山内上杉氏の家政機関が鎌倉府の政務をも担っていたためと考えられる。山内上杉氏（清方）が相模守護ではない（このときの相模守護は扇谷上杉持朝[29]）点からすると、むしろ【史料1】よりも純粋に鎌倉府を主導する立場から発給したということができよう。

これに対して【史料10】は「庵主様」（山内上杉憲実）の「御判」に基づくもので、下地の打渡しを命じられた筑前・臼田氏とも山内上杉氏被官であり、山内上杉家の家政にかかわるものと判断される。これにより、発給者の憲泰は山内上杉家の奉行人であったと判明する。

この間の宝徳二年、憲泰は下野の小野寺朝通の言上状に裏書を記したかとされている（家臣参考一七）。小野寺氏は永享の乱でも幕府・上杉方であり、このときも鎌倉府において上杉氏側に持ち込まれた訴訟に、同家の奉行人として関与したと考えられる。翌年、力石右詮のもとへ報国寺から寺領注文が持ち込まれた（前述）のと同じように、東国武士・東国寺社が訴訟を持ち込む先として、鎌倉府内部に公方系統と上杉氏系統の二つが併存しており、それぞれが調停能力を有する公的な権力として機能していた（あるいはそう目されていた）と考えられる。

このほか、憲泰は年欠十二月十四日付けで鑁阿寺供僧宛てに歳末巻数請取状を発給しているが（鑁阿寺五八〇）、その本文には「被取乱候間、自私御返事可申候由候也」とあり、憲泰の発給が「取乱」によるイレギュラーなものであったことがうかがえる。享徳の乱勃発以前に上杉氏が鑁阿寺より巻数を受けた徴証は見られないので、憲泰の請取状は鎌倉府に宛てられた巻数の返書と考えられ、上杉氏が鎌倉府を主導していた公方空位期のものと推定される。結城合戦による「取乱」として、永享十二年に比定されようか。これもまた、上杉家奉行人が鎌倉府の政務に関与した一例となろう。

○秋間泰長
○吉岡春胤

公方空位期の文安二年に、次の文書が見える。

【史料11】鎌倉府奉行人連署奉書（『千葉県の歴史　資料編　中世（県外文書一）』県外「金沢文庫文書」四三六号、花押未確認）

（端裏書）
「あきま
よしをか」

御料所下総国埴生庄内山口郷御年貢事、為鶴岡八幡宮放生会料之内、今月中可被致沙汰之由候也、仍執達如件、

文安二年七月十六日　泰長（花押）
春胤（花押）

金沢称名寺雑掌

「御料所」の「御年貢」に関するものであり、発給主体は鎌倉府と見てよいだろう。とすれば、発給者の泰長・春胤は鎌倉府奉行人と考えられる。端裏書に「あきま」「よしをか」とあり、順序より泰長が「あきま」氏、春胤が「よしをか」氏と比定される。公方空位期において御料所の経営に奉行人がかかわっていたことを示す、貴重な事例である。御料所経営が政所の所管とすると、両人は政所寄人だろうか。

「よしをか」氏については、『殿中以下年中行事』の奉行人の一覧にも「吉岡」とあり、また、持氏期には相模国内で流出した田地の検使をつとめた吉岡盛胤がいる（神五六三八・五六三九・五九〇二）。盛胤は鎌倉府奉行人かどうかは明らかでないが、盛胤と春胤は「胤」を通字とし、鎌倉府に仕える同族であったと考えられる。ただし、南北朝期以来、鎌倉府奉行人にも室町幕府奉行人にも吉岡氏は見られず、前代の鎌倉期にも文筆官僚には見えない。「胤」の字からして、下総千葉氏の庶流臼井氏の一族吉岡氏とも推測されるが、系譜や奉行人になった経緯等は不明とせざるをえない。

もう一方の「あきま」氏は、それ以上に不明な点が多い。享徳四年閏四月の足利成氏加判岩松持国申状写（戦古五一）には、岩松持国が所望する闕所のひとつに「同国（上野国）師郷北一揆秋間跡」とあり、上州北一揆に秋間氏がいたことがわかる。同氏は同国碓氷荘秋間郷を名字の地とする上野国人で、元弘板碑（徳蔵寺所蔵）で著名な飽間斎藤氏の同族であろう。しかし、室町期における秋間氏の活動はこれ以外に明らかでなく、むろん鎌倉府でも上杉氏でも奉行人としての活動は見えない。【史料11】に連署する地位に到った経緯も不詳とせざるをえない。

○前但馬守定之（花押：図5）

前但馬守定之は、文安二年九月二十七日付けで鑁阿寺供僧に宛てて、「就還御、々祈禱之巻数」に対する請取状（鑁阿寺三二）を発給している。貴人の「還御」に際して鑁阿寺が祈禱の巻数を捧げたことに対する請取状で、【史料5】の「上様」「還御」と連動したものであることは、佐藤氏が指摘するとおりである。

このとき「還御」が取り沙汰されている貴人は、先述のとおり、在京していたと思しき新公方の候補者であろう。文安元年末の段階では、鑁阿寺からの「御礼」もないなど「御代始」の周知は十分ではなかった（【史料5】）が、翌年九月には「還御」が半ば既定路線となっていたことがうかがえる。しかし、実際にはこの人物の「還御」が実現することなく、文安四年八月の成氏復帰を待つこととなる。

定之はその成氏の鎌倉帰還の際にも、「就　還御、々祈禱之巻数一枝」に対する請取状（鑁阿寺五八七）を、文安四年八月二十日付けで鑁阿寺龍福院に発給している。それと密接にかかわるとされているのが、同寺普賢院宛ての次の【史料12】である。

【史料12】前但馬守定之書状（「鑁阿寺文書」、鑁阿寺三七二、傍線筆者）

①就去廿七日還御、巻数御進上、則令披露候、目出候由被仰出候、②御返事雖可被任本符候、役人未定時分候、相定候者、可申出候、其間事、可心得申間、先御使令下候、③次御拝堂事、雖其聞候歟、実不〔否カ〕不存知候、承定候者、自是可告申候、但拙者依存知候、不可有御油断候、此段年行事方へ御伝達可然候、事々期後信候、

恐々謹言、

八月廿九日　　　前但馬守定之（花押）

謹上　普賢院

定之は八月二十七日に「還御」した貴人に鑁阿寺の巻数を披露したところ、「目出候」との仰せがあった（傍線部①）。「御返事」＝巻数請取状は「本符」によって成すべきところ、「役人未定時分」であるので、当面のこととして使者を派遣する、としている（同②）。この【史料12】により、文安四年八月二十七日に成氏が鎌倉に帰還したとされている。(30)

しかし、傍線部③で「御拝堂」（新任の住持等が本堂に参拝する儀式）の調整がなされており、新たに鑁阿寺別当（鶴岡八幡宮別当兼帯）となった人物が存在したことがうかがえる。虚心に【史料12】を読めば、「去廿七日還御」した人物と、「御拝堂」する新別当（予定者含む）は同一人物ではないだろうか。その人物とは、宝徳元年八月に鎌倉に帰還し、翌年までに鶴岡別当の座に就いた成氏の弟定尊以外に考えられない。【史料12】は宝徳元年に比定しえよう。定尊は別当就任のときまで公方亭かその近くにおり、定之は公方家の奉行人として公方連枝の動向にもかかわっていたのである。

では、やはり成氏「還御」の関連史料とされてきた次の史料はどうだろうか。

【史料13】前但馬守定之書状（『鑁阿寺文書』、鑁阿寺二五二）

就　還御、巻数并御折帋等、自社務以河口被御申送候、則令披露候、御対面候き、目出候、時宜巨細定自彼方可被申候、衆中一人御参上事、可為御煩候歟間、申談候き、仍今度巻数歳末之由、雖被送進候、彼御折帋ニ被副候之間、被成臨時候、歳暮御巻数追而便宜時給候て、政所返事可取進候、事々期後信候、恐々謹言、

霜月廿八日　　　前但馬守定之（花押）

謹上　龍福院

ある貴人の「還御」に際して、「巻数并御折紙等」が社務（鶴岡八幡宮別当）から河口某を通じて送られてきたので、定之はこれを貴人に披露し、両者の「御対面」が叶った。貴人の意向について詳しくは社務から伝達があるだろうが、鑁阿寺側の負担となりそうな供僧一人の参上については、調整するとしている。また、このときの巻数は歳末祈禱としてとのことだったが、「御折紙」に副えられてきたので、臨時のもの（＝還御関連）と見なし、歳末祈禱の巻数は追って送ってもらえれば、政所から返事＝請取状を発給する、としている。

鶴岡別当の近臣河口氏の活動が、定尊の登場後であることから、[31]「社務」（鶴岡別当）は定尊以外にありえない。それと協調関係にある貴人は、やはり成氏と考える以外にないだろう。「還御」は定尊の別当就任以降であり、宝徳二年の江ノ島合戦にともなうものか、享徳の乱勃発後のいずれかの段階で、古河から鎌倉への「還御」を目指した際のものと考えられる。

図５　前但馬守定之花押
（筆者作図）

【史料13】において定之は、成氏の奏者をつとめており、成氏・鶴岡別当（＝鑁阿寺別当）定尊・鑁阿寺供僧の三者間の連絡を、成氏側の立場から行っている。佐藤氏は定之を鶴岡別当の奏者と位置づけ、さらに「定」を通字とする牧氏かと推定しているが、[32]本稿では定之を、鶴岡別当の外在的存在であり、なおかつ鎌倉府政所の状況に通じた人物であることから、鎌倉府の奉行人であったと見ておきたい。

なお、吏僚組織についても、わずかながら時系列的な変化を追うことができる。巻数請取状を発給する政所は、文安元年の【史料５】では「無祇候」、文安四年八月の【史料12】では「役人未定」により請取状を発給できない状況であったが、【史料13】では可能となっている。こうした推移からも、【史料13】が【史料12】より後のものと推測される。新公方の鎌倉復帰にともなって吏僚層が再び結集し、吏僚組織の機能を回復させていったことがうかがえる。

図6　左衛門尉康定花押（筆者作図）

○左衛門尉康定（花押：図6）

左衛門尉康定は、いずれも前下野守義行との連署による発給文書三点が確認される。一点目は、先述の享徳三年十月二十八日付け下野国足利荘内鑁阿寺領に関する大石重仲宛て押妨停止命令の連署奉書（神六一七五）、二点目は同案件同日付けの鑁阿寺供僧宛て連署奉書（神六一七四）、もう一点は享徳の乱勃発後の前掲【史料7】である。【史料7】は康定が日下に署判しており、担当奉行だったとも考えられるが、鎌倉府の文書発給システムがどこまで古河公方権力に踏襲されていたのかは不明であり、即断はできない。いずれにせよ連署者の義行と同じく、康定も鎌倉府奉行人から古河公方奉行人に転身した人物と解される。

佐藤氏は、官途「左衛門尉」と「定」字より、清氏と推測している。[33] 先述のとおり、戦国期には清・明石両氏が古河公方の右筆（奉行人）を独占したとされている。[34]

以上、永享の乱後の公方空位期から成氏期の奉行人の活動を見渡した。鎌倉府奉行人六名、その可能性のある者二名、山内上杉家奉行人二名（鎌倉府段階に限る）を検出し、鎌倉府奉行人のうち二名は古河公方奉行人とし

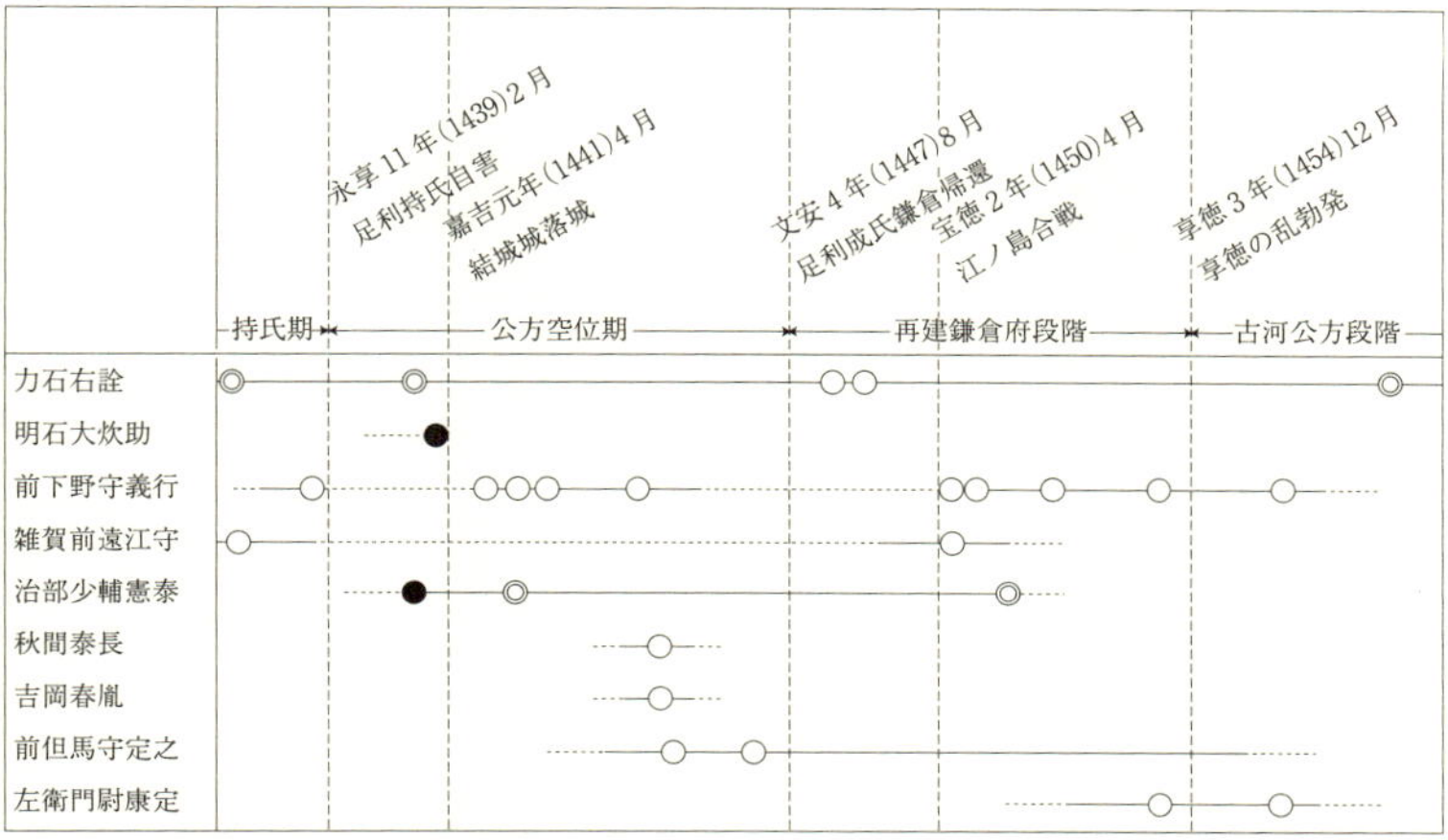

図1　奉行人活動時期分布図

ても確認された。その活動時期の分布を示すと、図1のとおりとなる。

公方空位期に活動が見える鎌倉府奉行人は、前下野守義行・秋間泰長・吉岡春胤・前但馬守定之の四名である。このうち秋間・吉岡両氏は、持氏期以前に鎌倉府奉行人たる確証がなく、当該期に特徴的にあらわれる奉行人といえる。永享の乱と結城合戦でダメージを受け、人員不足に陥っていた鎌倉府の吏僚組織に、新たに補充された人員であろうか。

成氏の鎌倉公方就任後になると、前下野守義行・前但馬守定之の活動がひきつづき見えるとともに、持氏期に活動していた雑賀前遠江守と新たに見える左衛門尉康定が確認される。雑賀前遠江守の再登場や清氏に比定される康定の登場は、公方の帰還が奉行人の復帰を促したことをうかがわせる。

享徳の乱勃発後、古河公方の段階に入ると、前下野守義行と左衛門尉康定しか確認されない。史料の残存によるものと思われるが、内乱にともない奉行人（右筆）の淘汰が起きた可能性も捨てきれない。鎌倉府奉行人の氏族が古河公方の右筆として存続していくことは、先行研究の指摘するとおりだが、それとて特定の氏族に限られたものであった。なにより、前下野守義行と左衛門尉康定の発給文書が、内乱初期の一通を残して途絶えていることが、奉行人の職務が著しく縮小していたことを示す証左となろう。

ついで、当該期の政局や政権と奉行人とのかかわりを見てみたい。

持氏期の鎌倉府奉行人は、公方空位期にも文筆官僚として鎌倉府で活動を続け、公方成氏の鎌倉復帰、享徳の乱勃発による古河公方の成立を経ても、公方の右筆・奉行人としてあり続けた。このことは、佐藤氏が前下野守義行の例から明らかにしていたことだが、宝徳三年（【史料8】）の「沙弥」も持氏期の奉行人雑賀前遠江守に比定されたことで、複数の事例から検討することが可能となった。これにより、むしろ義行の活動の特異性が際立ち、当該期の奉行人の代表的存在とされてきた前下野守義行は、雑賀前遠江守の〝発見〟によって相対化されるべき段階にあるといえる。

公方空位期に幕府－上杉氏によって鎌倉府が運営されていたことは、上杉家奉行人の力石右詮や治部少輔憲泰の活動からも明らかである。上杉家奉行人による鎌倉府の政務への関与は、すでに持氏段階にも見られたものだが、その際には関東管領上杉氏の実質的不在が要因となっていた。当該期は逆に公方の不在により、代わりに上杉家の家宰や奉行人が鎌倉府の文書を発給する事態となっていた。文書ごとに鎌倉府の職務と上杉家の家政とを切り分けることは、多くの場合不可能ではないが、実際の政権運営は、混然となっていただろうことは想像に難くない。

そうしたなかで鎌倉府奉行人として唯一、上杉家奉行人と匹敵する活動を示している前下野守義行は、やはり特異といわざるをえない。先述のとおり、義行は永享の乱後に官途を上昇させており、一定の政治的地位を保持していたと考えられる。その間に出家を果たしているばかりでなく、活動そのものを止めている雑賀前遠江守とは、きわめて対照的である。前下野守義行は、政治的に幕府－上杉氏に近い立場につくことで、鎌倉府奉行人としての活動を保持したのである。

結城合戦ののち、新たな鎌倉公方の座をめぐって、幕府や上杉氏、旧公方派勢力の間で状況は錯綜する。最終的に鎌倉公方となる万寿王丸（成氏）ばかりでなく、その兄弟（のちの成潤・定尊）、および京都の将軍連枝もその候補にあがり、鎌倉入りが準備されていた(35)。そうした状況下で、鎌倉府を主導する上杉氏が幕府と調整しながら新公方の選定を行っていたことはいうまでもないが、鎌倉府奉行人のうちでも前下野守義行と前但馬守定之がそれらの「還御」にかかわっていた。とくに文安元年末段階における前下野守義行のそれは、幕府の推す公方候補のものであったと考えられ、旧公方派としての政治的主体性を発揮して反幕府－上杉氏の万寿王丸を支持したわけではなかったのである。

また、新たな公方の帰還は、鎌倉府の吏僚組織の再建ももたらした。永享の乱と結城合戦により、鎌倉府の吏僚層は壊滅状態に陥ったと考えられるが、成氏の帰還後には雑賀前遠江守や左衛門尉康定があらわれ、吏僚組織も機能を回復させせたらしいことがうかがえる。公方空位期に没落、逼塞していた奉行人たちが、成氏の帰還とともに再結集したことは、奉行人の多くは前下野守義行とは異なり、公方派、反幕府－上杉氏派といった一貫した党派性を帯びていたということの表れであろう。

しかし、いずれにせよ鎌倉府奉行人はいずれも公方の右筆という属性上、公方の求心性に引き寄せられ、江ノ島合戦や享徳の乱直前の局面では公方権力を支え、上杉氏との対抗の一角を担っている。そして、享徳の乱勃発による鎌倉府の崩壊後、鎌倉府奉行人の多くは古河公方にしたがったのであり、五十子陣の上杉氏や堀越公方に属した様子は見られない。

そして、古河公方成氏期の奉行人の発給文書は【史料7】のみで、鎌倉府段階のような連署奉書は残されていない。享徳の乱勃発直前の享徳三年十月まで奉行人連署奉書が出されていたことと比較すると、やはり乱の勃発を契機として公方権力における文書発給システムが大きく転換し[36]、奉行人の職務も奉書の発給から直状の右筆へと収斂したと考えられる。その点を見極めるには、古河公方文書の筆跡の分析が不可欠だが、もはや本稿の課題を超過しているので後考に譲ることとしたい。

付表

No.	年	西暦	月	日	史料上表記	人名比定	職務・活動	史料・所蔵	刊本	本文中
1	永享12年	1440	10	13	右馬允	力石右詮	長尾忠政とともに守護代長尾景仲宛の武蔵国内黄梅院領沙汰付命令の連署奉書を発給	黄梅院文書	神6010	史料1
2	（永享12年ヵ）	〃	12	14	治部少輔憲泰	治部少輔憲泰	鑁阿寺へ歳末祈禱巻数の請取状を発給	鑁阿寺文書	鑁阿寺580	
3	（嘉吉元年ヵ）	1441	3	15	右馬允右詮	力石右詮	鳥名木国義へ某城を攻めるよう伝える	鳥名木文書	家臣参考11	
4	嘉吉元年	〃	4	17	明石大炊助	明石大炊助	越後長尾実景に生け捕られる	「上杉清方着到首注文」		
5	（嘉吉元年ヵ）	〃	10	13	右馬允右詮	力石右詮	鳥名木国義へ注進の内容を主人に披露したことを伝える	鳥名木文書	家臣参考12	

6	（嘉吉元年ヵ）	〃	11	13	右馬允右詮	力石右詮	鳥名木国義へ藤井村の件や主人の帰陣などについて伝える	鳥名木文書	家臣参考13	
7	（嘉吉元年ヵ）	〃	11	13	当奉行	力石右詮	兵部少輔より主人への披露を期待される	鳥名木文書	家臣参考14	
8	嘉吉元年	〃	12	26	前下野守	前下野守義行	長尾忠政とともに武蔵国内鶴岡社領安堵の連署奉書を発給	鶴岡八幡宮文書	神6026	史料2
9	嘉吉2年	1442	5	27	前下野守	前下野守義行	長尾忠政ヵとともに守護代長尾景仲宛の武蔵国内醍醐寺地蔵院領沙汰付の連署奉書を発給	東寺観智院金剛蔵文書	家臣35	史料3
10	嘉吉2年	〃	5	27	前下野守	前下野守義行	長尾忠政ヵとともに守護代長尾景仲宛の武蔵国内醍醐寺地蔵院領沙汰付の連署奉書を発給	東寺観智院金剛蔵文書	家臣36	
11	嘉吉2年	〃	5	27	前下野守	前下野守義行	長尾忠政ヵとともに守護代寺尾憲明宛の伊豆国内醍醐寺地蔵院領沙汰付の連署奉書を発給	東寺観智院金剛蔵文書		
12	（嘉吉2年ヵ）	〃	9	10	義行	前下野守義行	№9について大石憲儀の避渡を地蔵院雑掌へ伝える	東寺観智院金剛蔵文書	埼玉県史料叢書11・中世488	史料4
13	嘉吉3年	1443	4	11	治部少輔憲泰	治部少輔憲泰	長尾忠政とともに長尾実景代宛の相模国内覚園寺領井料催促停止命の連署奉書を発給	覚園寺文書	家臣37	史料9
14	文安元年	1444	12	18	前下野守	前下野守義行	鑁阿寺へ歳末祈禱巻数の請取状を発給	鑁阿寺文書	鑁阿寺13	
15	（文安元年）	〃	12	18	前下野守義行	前下野守義行	鑁阿寺へ№14について政所の代わりに発給したこと、「還御」する「上様」に礼に来るべきことなどを伝える	鑁阿寺文書	鑁阿寺249	史料5

16	文安2年	1445	7	16	あきま／泰長	秋間泰長	称名寺宛の御料所下総国埴生荘山口郷年貢の鶴岡放生会料納入命令の連署奉書を発給	金沢文庫文書	千歴県の歴史中世4金沢文庫文書436	史料11
17	文安2年	〃	7	16	よしをか／春胤	吉岡春胤	称名寺宛の御料所下総国埴生荘山口郷年貢の鶴岡放生会料納入命令の連署奉書を発給	金沢文庫文書	千歴県の歴史中世4金沢文庫文書436	史料11
18	文安2年	〃	9	27	前但馬守	前但馬守定之	鑁阿寺へ「還御」祈禱巻数の請取状を発給	鑁阿寺文書	鑁阿寺32	
19	文安4年	1447	8	20	前但馬守	前但馬守定之	鑁阿寺へ「還御」祈禱巻数の請取状を発給	鑁阿寺文書	鑁阿寺587	
20	文安5年	1448	5		（花押のみ）	力石右詮	円覚寺の事書・規式の紙継目に裏花押をすえる	円覚寺文書	神6064・6065	
21	文安5年	〃	9	27	右馬允	力石右詮	長尾景抑とともに伊豆守護代寺尾氏宛て三嶋社神役催促命令奉者	三嶋神社文書	静2091	
22	（宝徳元年）	1449	8	29	前但馬守定之	前但馬守定之	鑁阿寺普賢院へ去27日「還御」につき巻数を披露したこととその請取状発給に関すること、および「御拝堂」について伝える	鑁阿寺文書	鑁阿寺372	史料12
23	宝徳2年	1450	5	3	（花押のみ）	治部少輔憲泰カ	小野寺朝通言上状に裏書か	小野寺文書	家臣参考17	
24	宝徳2年	〃	6	3	前下野守	前下野守義行	建長寺宛の大工職補任の連署奉書を発給	当山大工所古書之写	神6124	史料8
25	宝徳2年	〃	6	3	沙弥	雑賀前遠江守	建長寺宛の大工職補任の連署奉書を発給	当山大工所古書之写	神6124	史料8
26	宝徳2年	〃	12	2	前下野守	前下野守義行	相承院宛の相模国内右大将家法華堂領を徳政により返付する旨の連署奉書を発給	法華堂文書	神6111	

27	宝徳2年	〃	12	2	沙弥（花押欠）	沙弥某	相承院宛の相模国内右大将家法華堂領を徳政により返付する旨の連署奉書を発給	法華堂文書	神6111	
28	（宝徳2年）	〃	12	8	前下野守義行	前下野守義行	「徳政之御判」の発給について某へ伝える	塙不二丸氏所蔵文書	茨Ⅰ塙不二丸86	史料6
27	宝徳3年	1451	3	27	力石殿	力石右詮	報国寺休畊庵より寺領注文を受け取る	報国寺文書	家臣参考18	
30	宝徳3年	〃	7	29	治部少輔	治部少輔憲泰	長尾景仲とともに臼田河内入道宛の下総国内笠間御台領沙汰付命令の連署奉書を発給	臼田文書	家臣39	史料10
31	宝徳4年	1452	4	21	前下野守	前下野守義行	鶴岡修理料所相模国小田原宿関所宛の禁制を奉じる	鶴岡八幡宮文書	神6136	
32	享徳3年	1454	10	28	前下野守	前下野守義行	鑁阿寺供僧宛の下野国内同寺領知行命令の連署奉書を発給	鑁阿寺文書	神6174	
33	享徳3年	〃	10	28	左衛門尉	左衛門尉康定	鑁阿寺供僧宛の下野国内同寺領知行命令の連署奉書を発給	鑁阿寺文書	神6174	
34	享徳3年	〃	10	28	前下野守	前下野守義行	大石重仲宛の下野国内鑁阿寺領押妨停止命令の連署奉書を発給	鑁阿寺文書	神6175	
35	享徳3年	〃	10	28	左衛門尉	左衛門尉康定	大石重仲宛の下野国内鑁阿寺領押妨停止命令の連署奉書を発給	鑁阿寺文書	神6175	
36	享徳4年	1455	12	23	（筆跡のみ）	前下野守義行	鑁阿寺宛の成氏禁制を執筆	鑁阿寺文書	戦古95	
37	享徳5年	1456	6	3	左衛門尉康定	左衛門尉康定	常陸国内真壁朝幹領の打渡状（安堵状カ）を発給	真壁文書	真壁Ⅰ26	史料7
38	享徳5年	〃	6	3	前下野守義行	前下野守義行	常陸国内真壁朝幹領の打渡状（安堵状カ）を発給	真壁文書	真壁Ⅰ26	史料7

39	寛正2年	1461	4	26	右馬允	力石右詮	長尾景信とともに長尾忠景宛の武蔵国内鶴岡八幡宮領沙汰付命令の連署奉書を発給	鶴岡八幡宮文書	神6276	
40	?		4	11	右馬允右詮	力石右詮	烟田某へ神役について主人に披露したことなどを伝える	烟田文書	家臣参考20	
41	?		5	15	右馬允右詮	力石右詮	烟田孫太郎へ某事を伝える	烟田文書	家臣参考21	
42	?		11	28	前但馬守定之	前但馬守定之	鑁阿寺龍福院へ「還御」祈禱巻数の披露と歳末祈禱巻数について伝える	鑁阿寺文書	鑁阿寺252	史料13

註

（1）拙稿「持氏期の奉行人」（黒田基樹編著『足利持氏とその時代』戎光祥出版、二〇一六年）。

（2）拙稿「基氏期の奉行人」（黒田基樹編著『足利基氏とその時代』戎光祥出版、二〇一三年）、同「氏満期の奉行人」（黒田編著『足利氏満とその時代』戎光祥出版、二〇一四年）、同「満兼期の奉行人」（黒田編著『足利満兼とその時代』戎光祥出版、二〇一五年）、前掲註（1）拙稿。

（3）佐藤博信「鎌倉府奉行人の一軌跡―前下野守義行の場合―」（『中世東国の支配構造』思文閣出版、一九八九年、初出一九八三年）。

（4）佐藤博信「古河公方の右筆について―清氏のこと―」（前掲註（3）佐藤書）。

（5）佐藤博信「上杉氏奉行人力石氏について」（前掲註（3）佐藤書、初出一九八八年）。本稿における力石右詮に関する佐藤氏の研究は、すべて同論文による。

（6）『神奈川県史　資料編三　古代・中世（三上）』五八二六号の略。以下同。

（7）山内上杉氏被官の連署奉書については、黒田基樹「室町期山内上杉氏論」（同編著『山内上杉氏』戎光祥出版、二〇一四年）参照。なお、この黄梅院領の件については、同『長尾景仲―鎌倉府を主導した陰のフィクサー―』（戎光祥出版、二〇一五年）にも詳しい。

（8）応永二十六年に、上杉家家宰長尾定忠と同奉行人島田泰規が武蔵守護代長尾忠政宛てに施行状を奉じた例があるが、これは関東管領の不在に室町幕府がからむ案件であったという特殊な状況が重なったことによるもので、原則的には上杉氏被官連署奉書は上杉氏の家政や守護分国の支配にかかわることにとどまる。前掲註（1）拙稿参照。

（9）『南北朝遺文 関東編』一三二九号の略。以下同。

（10）佐藤氏はさらに右詮を鎌倉府の「寺奉行」であったとするが、本文で触れたとおり、鳥名木氏との間でも「当奉行」と呼ばれており、管轄を寺院に限定する必要はないように思われる。

（11）『静岡県史 資料編六 中世二』二〇九一号の略。以下同。

（12）黒田基樹編「山内上杉氏家臣奉書集」（前掲註（7）黒田書）一一号の略。以下同。

（13）右詮の受給文書として年未詳鳥名木国義書状（家臣参考一九）があるが、永享十一年十月には入道している国義（『茨城県史料 中世編Ⅰ』所収「鳥名木文書」二四号）が在俗時のものであるので、前掲註（5）佐藤論文が指摘するとおり、持氏期のものと比定される。前稿「持氏期の奉行人」でとりあげるべきものであった。

（14）前掲註（3）佐藤論文。以下、義行に関する佐藤氏の研究は、すべて同論文による。

（15）鎌倉府の関所支配については、風間洋「鎌倉府の関所支配について」（『鎌倉』七五、一九九四年）参照。

（16）黒田基樹「室町期山内上杉氏論」（同編著『山内上杉氏』戎光祥出版、二〇一四年）。

（17）『栃木県史 史料編 中世二』所収「鑁阿寺文書」一三号の略。以下同。鑁阿寺の文書が年行事によりある程度の年代比定が可能なことについては、佐藤博信「鑁阿寺文書覚書―供僧十二院の干支の分析を中心に―」（前掲註（3）佐藤書、初出一九八二年）。

（18）佐藤博信「足利成氏についての覚書―鎌倉帰還の問題を中心として―」（『古河公方足利氏の研究』校倉書房、一九八九年、初出一九八五年）。佐藤氏の年次比定に対して内山俊身「鳥名木文書に見る室町期東国の政治状況―永享の乱・結城合戦時の霞ヶ浦周辺と足利万寿王丸の鎌倉公方復権運動について―」（『茨城県立歴史館報』三一、二〇〇四年）は、文安元年の義行巻数請取状と【史料5】の同日付けを偶然の一致とし、【史料5・13】を龍福院が鑁阿寺年行事をつとめた戊年＝嘉吉二年に比定する。だが本稿では、公方空位期の義行の立場を幕府－上杉氏よりのものと理解し、同日付けの請取状が残る文安元年としておきたい。年次比定の結果は佐藤説に同じだが、位置づけは異なることとなる。

(19) 石橋一展「足利持氏没後の騒乱と鎌倉公方足利成氏の成立」（本書所収）。

(20) 前掲註（3）（18）佐藤論文。

(21) 『高倉永豊卿記』文安二年四月二十五日・五月十四日・六月十・十六・十七日条。同史料翻刻は、榎原雅治・木下聡・谷口雄太・堀川康史「『高倉永豊卿記』の翻刻と紹介」（『東京大学日本史学研究室紀要』一八、二〇一四年）。また、谷口「足利持氏の妻と子女」（前掲註（1）黒田編書）参照。

(22) 佐藤博信「東国における享徳の大乱の諸前提について―鎌倉公方足利成氏の徳政令をめぐって―」（『続中世東国の支配構造』思文閣出版、一九九六年、初出一九九一年）。

(23) 『戦国遺文 古河公方編』九五号の略。以下同。

(24) 拙稿「公方足利氏満・満兼期鎌倉府の支配体制―「鎌倉府体制」再考にむけて―」（『歴史学研究』九一七、二〇一四年）参照。

(25) 黒田基樹「享徳の乱と古河公方の成立」（本書所収）。

(26) 【史料7】を収載する『真壁町史料 中世編Ⅰ』も、すでに安堵と解している。

(27) 一六世紀段階の東国の書札礼を記した『里見家永正元亀年中書札留抜書』に、「清・明石御判奉行御右筆也」とある。同史料翻刻は、佐藤博信「「里見家永正元亀年中書札留抜書」（内閣文庫蔵）」（滝川恒昭編著『房総里見氏』戎光祥出版、二〇一四年、初出一九八八年）。

(28) かつて、相模守護としてのものと考えられていた嘉吉二年時の武田信長の相模国内での活動も、現在では武田信長に与えられた兵粮料所におけるものとされている。黒田基樹「武田信長論」（同編著『武田信長』戎光祥出版、二〇一一年）。

(29)　木下聡「成氏期の関東管領と守護」（本書所収）。ただし、佐藤博信「室町時代の相模守護」（前掲註（3）佐藤書、初出一九七七年）は【史料9】より山内上杉氏が相模守護であったとしている。
(30)　前掲註（18）佐藤論文。
(31)　佐藤博信「雪下殿に関する考察―小弓公方研究の視点を含めて―」（前掲註（18）佐藤書、初出一九八八年）。
(32)　前掲註（3）佐藤論文。
(33)　前掲註（4）佐藤論文。
(34)　前掲註（27）参照。
(35)　前掲註（21）谷口論文、前掲註（19）石橋論文参照、清水克行「まぼろしの鎌倉公方―足利義永について―」（『駿台史学』一五七、二〇一六年）。
(36)　古河公方成立にともなう文書発給システムの変化については、和氣俊行「古河公方袖加判申状からみる関東足利氏権力の変遷―足利成氏袖加判申状を中心に―」（『古文書研究』五八、二〇〇四年）に指摘がある。

【付記】雑賀前遠江守に関する史料の所在等については、木下聡・角田朋彦両氏よりご教示を賜った。記して謝したい。

前稿「基氏期の奉行人」において飯尾貞兼に比定した「飯尾左衛門大夫尉」については、田中誠「室町幕府奉行人在職考証稿⑵―貞和元年（一三四五）～文和元年（一・三五二）―付奉行人氏族研究（安富氏）―」（『立命館史学』六五三、二〇一七年）において、飯尾頼国であるとの指摘を受けた。同氏の見解にしたがい、訂正したい。

註（13）で述べたとおり、前稿「持氏期の奉行人」で取り上げるべき力石右詮の活動が一件脱漏していた。ここにその不足を補うこととしたい。

Ⅷ　成氏期の上杉氏

黒田基樹

はじめに

鎌倉公方四代足利持氏は、永享十一年（一四三九）二月に永享の乱の結果として、室町幕府方によって自害させられ、これにより鎌倉公方家は断絶した。その後、文安四年（一四四七）八月に持氏の五男成氏が、室町幕府から鎌倉公方に任じられて鎌倉公方五代となり、鎌倉公方家は復活した。その後、享徳三年（一四五四）十二月に成氏は関東管領山内上杉憲忠を誅殺したことを契機に、翌康正元年（一四五五）正月から、幕府・上杉方との全面抗争である享徳の乱が展開され、そのなかで成氏は、鎌倉を離れて下総国古河城を本拠とし、「古河様」などと称されることになる。いわゆる古河公方家の誕生である。

享徳の乱では、幕府は、成氏に対抗する幕府方の鎌倉公方として、将軍足利義政の庶兄政知を擁立し、政知は伊豆国に下向、「豆州様」などと称されたが、後に堀越を本拠としたため、堀越公方家と称されている。享徳の乱では二つの鎌倉公方家が存在する恰好となったが、文明十四年（一四八二）十一月に、幕府と成氏との和睦（「都鄙和睦」）が成立し、成氏が鎌倉公方として承認されることになった。

その後、成氏の公方家当主としての活動は、延徳二年（一四九〇）まで確認される。その後は、嫡子政氏が公方家当主としての活動をみせるようになっている。成氏は明応六年（一四九七）九月晦日に死去するが、その間の動向は確認されない。そのため本論では、四代持氏の死去後の永享十一年から、五代成氏の政治行動の終見である延徳二年を対象に、当時の史料に所見される上杉氏一族について、家ごとにまとめるかたちをとって、個々に取り上げることにしたい。

〔山内家〕

上杉憲実（長棟）

山内家憲基の養子で、実は越後家房方の三男。応永十七年（一四一〇）生まれで、永享十一年（一四三九）には三十歳。安房守を称した。同年二月に鎌倉公方足利持氏が滅亡した後の六月二十八日に、持氏の墓所として建立された長春院に参詣した際に自殺を図ったが、家臣に押しとどめられて一命を取り留めている。その後、養生したが、そのなかで出家して、法名「長棟」を称した。現在確認される初見は、十月二十九日付けで鎌倉円覚寺に宛てた書状とみられ（「円覚寺文書」憲実五二）[1]、この頃には快復し、鎌倉府の政務に復帰していたとみられる。しかし、同年十一月二十日に隠遁し、鎌倉を退去して相模国藤沢に移り、十二月六日に伊豆国国清寺に移ったとされる（「鎌倉持氏記」『室町軍記総覧』所収）。おそらくその際に、山内家の「名代」として実弟の上条家清方を招き寄せ、事実上、家督を譲ったとみられる。

翌同十二年三月に、足利持氏の次男安王丸・三男春王丸らが蜂起し、結城合戦が展開されると、室町幕府から関東管領職への復帰を要請されるが、長棟は返事をしなかったらしく、それをうけて二十七日に、厳しい口調で再度の要請をうけている（「足利将軍御内書并奉書留」）。そして、四月六日に復帰することにし、伊豆国を発って鎌倉山内庄に戻り、長尾郷に滞在し、五月十一日に武蔵国神奈川郷に出陣、七月八日に同所を発って、八月九日に下野国小山庄祇園城に着陣し、安王丸方との合戦を展開している。

翌嘉吉元年（一四四一）四月に結城合戦が鎮圧されると、六月十三日以前に、室町幕府に次男竜春（後に房顕）の在京奉公と自身の隠居を申請し、再び政務から離れた（「上杉文書」憲実参考七〇・五六）。しかし、直後に嘉吉の変による幕政の混乱のため、隠遁は認められず、長棟もそれに従って、常陸佐竹義憲攻めをすすめた。同年十二月には、信濃勢の上野侵攻に備えて上野国に出陣している。

同二年五月には関東での戦乱も終息したらしく、鎌倉府の政務が再開され、そこでは関東管領の職務を「名代」清方が行っているので、長棟は鎌倉への帰陣後は実質的に隠遁し、政務を清方に委ねたとみられる。しかし、文安元年（一四四四）に清方が死去したらしく、そのため山内家の後継問題が生じる。同年八月、長棟は在京奉公していた次男竜春以外は出家させ、竜春に譲与した所領以外は、鎌倉府に返還することとした（「上杉文書」房顕三・四）[2]。これに対して家宰の長尾昌賢（景仲）らは、長棟の長男竜忠（後に憲忠）を山内家家督への擁立をすすめ、同三年二月までには新たな山内家当主としている。長棟はこれに反発し、竜忠を義絶するとともに、養父憲基の実弟佐竹義人（もと義憲・義定）の次男実定を山内家家督に擁立する動きをすすめている。

しかし同四年四月に、新たな鎌倉公方に足利持氏の遺子万寿王丸（後に成氏）が決定され、その際に後花園天皇の綸旨によって関東管領への復職を要請されたが、長棟はこれを拒否して、六月五日に在京する次男房顕に所領を譲り、鎌倉を退去して伊豆国に移って隠遁した。これは、長尾昌賢らとの政争に敗北したためとみられる。宝徳二年（一四五〇）四月から、鎌倉府での成氏と上杉方との対立により江の島合戦が展開すると、事態への対処に関して成氏から相談をうけている（「南部文書」戦古四）[3]。その際、駿河国に在所していた実弟道悦（重方）を和睦仲介のために鎌倉に派遣している。また、事態の収拾にあたって、室町幕府からはまたも関東管領への復職を要請されたが、長棟はそれを請けなかった。

江の島合戦は、同年八月に成氏らの鎌倉帰還によって終息をみたが、十月頃に憲忠は関東管領の辞職を申請、これをうけて室町幕府は伊豆国狩野に在所していた長棟に説得を要請したが、十一月十一日、長棟は憲忠とは義絶していることを理由に拒否している（「上杉文書」憲忠参考五）[4]。そしてこれが、長棟が関東政界に関与した最後になる。同時に長棟が関東に在所していたことが確認される最後になる。長棟はその後、西国へ行脚する。ただし、その動向はほとんど不明であり、行脚の過程で、周防国高岸に滞在していたこと（「諸家古案」）、その後に九州に赴いたこと、などが知られるのみである。そして文正元年（一四六六）閏二月六日に、滞在していた周防国山口太寧寺の槎留軒で死去した。享年五十七。

子女には、某（永享三年生まれ）・憲忠（同五年生まれ）・房顕（同七年生まれ）・理慶（円城寺）・周清（大徳寺）・法興（建長寺長生庵）・周泰の六男一女の存在が確認されている[5]。

上杉清方

山内家憲実の隠遁後の山内家「名代」で、越後家房方の四男。上条家の始祖で、兵庫頭を称した。永享十一年

（一四三九）十一月に実兄の山内家憲実が隠遁するにともなって、山内家「名代」として招かれ、鎌倉に移ったとみられる。しかし、実際に鎌倉での山内家当主としての活動が確認されるのは、翌同十二年四月の結城合戦の展開にともなってであった。四月二日付けで室町幕府から出された文書の宛名に、「上杉兵庫頭」があげられているものになる（「足利将軍御内書并奉書留」「成簣堂文庫文書」憲実参考五八～九）。

結城合戦では幕府・鎌倉軍の総大将を務め、四月十九日に鎌倉を出陣、七月二十九日に下総国結城城に着陣し、同城攻略にあたった（「鎌倉持氏記」）。そこでは山内家の当主としてだけでなく、全軍への軍事指揮、他家に対しても戦功の幕府への注進、関東管領兼帯の武蔵国守護の職務などを果たしているので、実質的に関東管領職にあったとみられる。幕府は、正式な関東管領は政界復帰した長棟（憲実）とみていたが、清方は山内家当主として、その家職である関東管領職の職務を果たしている。

翌嘉吉元年（一四四一）四月に結城城を攻略し、結城合戦を終息させると、続いて常陸佐竹義憲討伐をすすめて常陸国に在陣した。在陣は同二年正月まで確認されるが、同年五月には鎌倉に帰還しており、同月二十七日・二十八日には所務遵行を行っており、関東管領としての職務を務めている（「東寺観智院金剛蔵聖教文書」憲実参考七四～八）。この時点で、前当主長棟は鎌倉に在所しつつも、政務にはまったく関与しなくなっているので、清方が正式にも関東管領にあったとみられる。

しかし、清方の動向が確認されるのはこれが最後であり、二年後の文安元年（一四四四）八月までに死去したと推定される。この清方の死去をうけて、山内家では後継問題が展開されていくことになる。子女には、定顕（兵庫頭・播磨守）・房定（越後家を継承）・房実（淡路守）の三男があった(6)。

上杉憲忠

山内家憲実（長棟）の長男で、永享五年（一四三三）生まれ。幼名は竜忠。同十一年には七歳。元服後は右京亮を称した。文安元年（一四四四）八月以前に、山内家当主の清方が死去したことをうけて、長棟は八月六日、次男竜春（後に房顕）を在京奉公させ、それ以外の子は出家させることにした。これに山内家家宰の長尾昌賢（景仲）らは反対して、竜忠を山内家当主に擁立することをすすめ、同三年二月には、新たな山内家当主として存在していたとみられる（「臼田文書」『茨城県史料中世編Ⅰ』四二四頁）。

その後も長棟との間で山内家当主をめぐる政争が展開されるが、同四年六月に、新たな鎌倉公方足利万寿王丸（成氏）の誕生にともない、長棟が室町幕府から要請されていた関東管領への復帰を拒否したことで、竜忠の山内家当主の地位は確立した。そして同年七月四日、後花園天皇の綸旨によって関東管領に任命され（「建内記」）、九月二十五日に幕府を通じて右京亮に任官された。この時に元服して憲忠を名乗ったと推測される。以後、山内家当主および関東管領として鎌倉府の運営にあたっていく。またこの頃に、扇谷上杉持朝の娘を妻に迎えたとみられる。

上：上杉憲忠花押１
下：上杉憲忠花押２

しかし、公方足利成氏方との政治対立が生じ、宝徳二年（一四五〇）四月から江の島合戦が展開される。同年八月に、足利成氏・憲忠ともに鎌倉に帰還して、同政争は終息をみるが、両勢力の政治対立は続き、同年十月頃に憲忠は関東管領の辞職を幕府に申請している。十一月二十二日付けで幕府から辞職を認めないので職務の遂行を命じられ（「上杉文書」憲忠一八）、再び政務についている。しかし、成氏方との政治対立はおさまることはなく、享徳三年（一四五四）十二月下旬には、再び軍事衝突の情勢となり、重臣長尾昌賢らは上野国で、扇谷上杉道朝（持朝）は相模国で軍備を整えていたところ、十二月二十七日、憲忠は足利成氏の御所に召されたところ、成氏方に誅殺された。享年は二十二。家督は室町幕府の意向により、弟房顕に継承された。

上杉房顕

山内家憲実（長棟）の次男で、山内家憲忠の弟。永享七年（一五三五）生まれで、幼名は竜春。同十一年には五歳。元服後は、仮名八郎・官途名兵部少輔を称した。母は一色氏の娘と伝えられているが（「上杉系図」続群書類従巻一五三ほか）、具体的に誰の娘かは判明していない。結城合戦が終息した直後の嘉吉元年（一四四一）六月、父長棟により、越後家房朝に預けられ、在京奉公することが室町幕府に申請され（「上杉文書」房顕参考一）、翌同二年正月に幕府から認められている（「上杉文書」同前一）。同年十月には長棟から越後国の所領を譲られ（「上杉文書」同前参考二）、同年十二月に京都奉公と越後国の所領の継承について、あらためて幕府から承認されている（「上杉文書」同前二）。これにより京都に移り、室町幕府に奉公したとみられる。

文安元年（一四四四）八月六日、これ以前に山内家当主の清方が死去したため、山内家の後継問題が生じるにともない、長棟は竜春を在京奉公させ、それ以外の男子はすべて出家させることとし、竜春に譲った所領以外は鎌倉府に返還する方針を定めた（「上杉文書」同前三～五）。これに対し、山内家家宰長尾昌賢（景仲）らは、山内家家督に長棟の長男竜忠（後に憲忠）を擁立することをすすめていった。これをうけて長棟は、同年九月二日、竜忠への一期分所領について、竜忠が出家しない場合には竜春に譲ることを定めている（「上杉文書」同前六・七）。

しかし同三年二月には、竜忠が山内家当主として確立され、同年四月までに竜春は元服して八郎房顕を名乗り、長棟から竜忠への譲与分とされていた所領を譲られ、同年六月には苗字の地上杉村を含む丹波国八田郷を譲られている（「上杉文書」同前八〜十一）。山内家後継問題における房顕の動向はここまでであり、その後は、越後家とともに在京奉公する上杉氏一族として存在することになった。享徳三年（一四五四）三月二十九日には兵部少輔の官途を与えられている（「上杉文書」同前一三）。

上杉房顕花押１

上杉房顕花押２

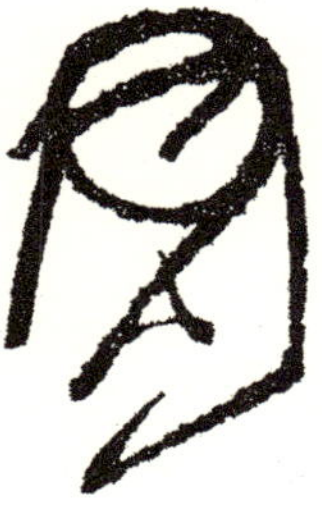
上杉房顕花押３

上杉房顕花押４

同年十二月に兄の山内家憲忠が鎌倉公方足利成氏に誅殺されたことを契機に、享徳の乱が勃発、房顕は室町幕府から、不在となっていた山内家当主・関東管領に任じられ、三月二十八日に、幕府から「天子御旗」を与えられて関東に下向した（「康富記」）。房顕は北陸道を経由して、越後家房定（房朝の養子、上条家清方の子）とともに関東に入るが、五月十三日には上野国北部の白井城に到着していたと推測される（「正木文書」戦古参考九）。そして六月五日には、上杉方の総帥として、上野国で成氏方と合戦におよんでいる（「豊島宮城文書」山内二）(7)。

その後、長禄二年（一四五八）九月頃までに、本陣を武蔵国五十子に構えて、成氏方と対峙した。寛正四年（一四六三）十二月頃に、房顕は幕府に関東管領辞職を申請していたが、十二月二十六日付けで辞職は認められず、堀越公方足利政知の補佐をあらためて命じられている（「足利家御内書案」山内一三）。辞職申請の理由は明確ではないが、堀越公方家との政争が推測される。そして、文正元年（一四六六）二月十二日に五十子陣で死去した。享年は三十二。家督は家宰長尾景信（昌賢の子）の意向により、越後家房定の子顕定に継承された。

娘の存在が推測され、下野宇都宮正綱の妻で、その次男興綱の母であったとみられる。「下野国誌」所収宇都宮系図（『宇都宮市史第二巻』三九三頁）に、興綱の母について「上杉兵部少輔顕実女」とある。「顕実」とあるが、官途名から房顕にあたると考えられる。興綱は文明七年（一四七五）生まれと推定されているので(8)、房顕の娘は一四五〇年代後半の生まれと推測され、房顕は二十代となり、年齢的にも整合する。ただし婚姻は、房顕死後の可能性が高く、その場合は後継の顕定、もしくは山内家家宰長尾景信か同忠景の主導によるものとみられる。

上杉顕定

山内家房顕の養子で、実は越後家房定の次男。享徳三年（一四五四）生まれで、幼名は竜若。元服後は仮名四郎を称した。同年十二月に山内家憲忠が鎌倉公方足利成氏に誅殺されると、山内家家宰長尾昌賢（景仲）は、竜若を山内家当主に迎えたいことを房定に打診したが、この時は房定は拒否した（「松陰私語」）。文正元年（一四六六）二月に、憲忠の後継であった山内家房顕が嗣子なくして死去すると、山内家家宰長尾景信（昌賢の子）は、あらためて房定に、竜若を山内家当主に迎えることを打診した。同時に景信は、室町幕府にも働きかけをしていて、同年六月三日に幕府将軍足利義政から房定に対して、「息中一人」を山内家当主とするよう命じている（「御内書案」）。ただし、この御内書はすぐには出されなかったらしく、九月二十五日に書き直され出されている。房定もこの将軍の意向をうけて、竜若を山内家当主にすることを了承したと考えられる。

山内家当主としての活動が確認されるのは、応仁二年（一四六八）十月十四日付けで、上野国綱取原合戦における戦功を賞する感状を出しているものになる（「豊島宮城文書」山内一八ほか）。この時には山内家当主・関東管領として、上杉方の総帥の地位にあったことがわかる。ただし、元服前のため署名は「竜若」となっている。この年、竜若は十五歳になっているので、おそらくはこの直後に元服し、山内家歴代の仮名の四郎、実名の顕定を名乗ったと推測される。なお、元服後の顕定が確認される最初は、文明三年（一四七一）三月まで下る（「文明三年造内宮役夫工米記」山内二〇）。

この後、顕定は上杉方の総帥として、足利成氏方との抗争を続けていく。文明九年正月に、重臣長尾景春の叛

上：上杉顕定花押１

中：上杉顕定花押２

下：上杉顕定花押３

上：上杉憲房花押１

中：上杉憲房花押２

下：上杉憲房花押３

乱により、上杉方の本陣であった五十子陣が崩壊した後は上野国に退去するが、同十年七月、景春が叛乱拠点としていた武蔵国鉢形城を攻略すると、同城に入り、以後は同城を本拠にしている。そして、同十四年十一月の「都鄙和睦」によって享徳の乱が終息すると、初めて成氏と和睦を成立させることになる。[9]

上杉憲房

山内家顕定の養子で、実は山内家憲実の三男周清の長男。母は常陸真壁朝幹の娘とみられ、応仁元年（一四六七）生まれ。元服は十五歳の時の文明十三年（一四八一）頃と推測され、仮名五郎を称した。その直後と思われる同年四月二十八日付けで、下野国足利庄鑁阿寺に戦勝の祈祷を依頼しており（「鑁阿寺文書」山内三〇）、これが憲房に関する初見となる。しかもこの時、憲房は、前年に長尾景春の乱で、顕定によって武蔵国から退去した長尾景春（景信の子）の補佐をうけており、この時は景春に擁立され、顕定とは対立する立場にあったとみられる。

しかしその後、しばらく所見はなくなる。おそらく同十四年十一月の「都鄙和睦」により、顕定とは和睦し、再び顕定のもとで上杉氏一族として存在するようになったと推測される。長享の乱では、顕定に従っていたことが確認され、同二年には顕定が本拠とした武蔵国鉢形城の留守居を務めている（「上杉定正状」『新編埼玉県史資料編5』一〇一九号）。[10]

［越後家］

上杉房朝

越後家朝方の嫡子で、応永二十八年（一四二一）生まれ。永享十一年（一四三九）には十九歳。左馬助を称した。嘉吉元年（一四四一）六月まで左馬助でみえるが（「上杉文書」房顕参考一）、翌同二年十月には官途名民部大輔でみえるので（「上杉文書」同前参考二）、この間に越後家歴代官途である民部大輔に任官している。在京して室町幕府将軍に奉公することを基本としており、嘉吉元年六月には、山内家憲実からその次男竜春（後に房顕）を預けられて、在京奉公させることを委ねられている。

宝徳元年（一四四九）二月二十七日に京都で死去、享年は二十九（「康富記」）。ただし、同史料は官途を「兵庫頭」と誤記）。嗣子がなかったため、従兄弟を養子にしたとあり、これが叔父清方の次男房定にあたる。

上杉房定

越後家房朝の養子で、実は上条家清方の次男。永享三年（一四三一）生まれ。同十一年には九歳。宝徳元年（一四四九）二月に従兄の越後家房朝が嗣子なく死去したため、養子に迎えられて越後家を継いだ。十九歳であ

上：上杉房定花押1

中：上杉房定花押2

下：上杉房定花押3

ったから、すでに元服していたとみられ、実名房定がその時からのものとすれば、越後家房朝から偏諱を得て、実兄定顕の「定」字に冠したものと推測される。家督継承にともない、越後家歴代官途の左馬助に任官したとみられ、翌同二年には確認される。同年に京都から越後国に下国し、十一月十二日に家宰で守護代の長尾邦景を誅殺しており、そのため邦景の子実景との間で戦乱が展開され、越後国は動揺したという（「和田房資記録」『越佐史料巻三』三五頁）。房定は、邦景の弟景房の次男頼景を、新たな家宰に取り立てている。

　越後国の戦乱は、享徳二年（一四五三）十二月には終息をみたようで、これにより房定は越後家当主としての地位を確立した（「上杉文書」同前五〇頁）。またこの時には、越後家歴代官途の民部大輔に任官していることが確認される（「読史堂古文書」同前五一頁）。房定は宝徳二年以来、在国を続けていたとみられる。同三年十二月に山内家憲忠が鎌倉公方足利成氏に誅殺されたことを契機に、享徳の乱が展開され、翌康正元年（一四五五）三月に、室町幕府により新たな山内家当主として房顕が任命されると、房定は幕府から房顕の補佐を命じられたらしく、五月には房顕とともに越後国から上野国に進軍した。

　以後は、山内家房顕・扇谷家道朝（持朝）とともに、上杉方の主力の一人として存在し、乱のなかでは北上野の白井城を拠点とし、長禄二年（一四五八）九月頃からは上杉方の本陣の武蔵国五十子陣に在陣した。文正元年（一四六六）二月に山内家房顕が嗣子なくして死去すると、山内家家宰長尾景信とその働きかけをうけた室町幕府から、次男竜若（のちに顕定）を山内家当主にするよう要請され、十月に幕府の命令をうけてこれを承認した。これにより房定は、上杉方の総帥山内家顕定の実父として、上杉方における長老の地位に位置することになった。

文明三年（一四七一）四月までに、信濃国の問題により帰国していたが、関東の上杉方が足利成氏に大攻勢をかけるにあたって、将軍足利義政からすぐに関東に出陣するよう命じられている（「御内書符案」同前一七四頁）。同年五月、幕府は在京していた上野国新田庄岩松明純を越後国に派遣して、房定の関東出陣をうながしている（「御内書符案」同前一七七～八頁）。関東には嫡子定方（定昌）を残していたこともあり、結局、房定は関東には出陣していない。この後、嫡子定昌が死去したあとの長享二年（一四八八）まで、房定は関東に出陣せず、在国して越後国の領国化をすすめていった。

文明十一年七月になって、足利成氏から「都鄙和睦」の周旋を依頼され、同十二年十月から幕府への働きかけを行い、同十四年十一月に成立させた（「集古文書」ほか、同前二五一～七頁）。同十八年三月十日には、「室町殿」足利義政から相模守に任官され、同時に従四位下に昇叙されている（「御内書案」同前二九五頁）。同年十二月までは相模守でみえるが（「御内書案」同前三一一頁）、翌長享元年十一月には法名常泰でみえているので（「北国紀行」同前三一九頁）、この間に出

上：上杉常泰（房定）花押4

下：上杉常泰（房定）花押5

家している。

同二年三月、嫡子定昌が長享の乱の過程で白井城で自殺したため、その後継に三男房能を立てた。そして、常泰は久しぶりに関東に出陣し、山内家顕定を支援して、敵対する扇谷家定正の相模国小田原城・七沢城など同国における軍事拠点を攻撃したうえで（「伊東文書」『神奈川県史資料編中世3下』六三八〇～一号）、同年八月に白井城に帰陣した後に（「和田中条文書」『越佐史料巻三』三三一頁）、越後国に帰国している。(11)

上杉定方（定昌）

越後家房定の長男。享徳二年（一四五三）生まれ。文明五年（一四七三）四月二十二日付けで関東在陣中の越後衆黒川氏実から所領安堵を求められたことに返書を出しているのが初見で、実名定方を名乗っている。また、越後家歴代の仮名五郎を称していたことが確認される（「読史堂古文書」『越佐史料巻三』一九六～七頁）。これにより、定方が房定の嫡子とされていたことが確認される。実名のうち「定」字は父房定の偏諱、「方」字は越後家縁の字（房方・朝方など）を採ったものと思われる。しかし、翌同六年四月二十八日までに、実名を定昌に改名している（「発智文書」同前一六六頁）。

定昌は、父房定が関東から帰陣した後も、引き続いて関東に在陣しており、関東在陣を続ける越後衆に対して、父房定に代わって軍事指揮にあたっている。しかし、所領安堵などについては、「府中」（房定）によって行われており、定昌はそれを了解する立場にあった。関東在陣は上野国白井城を拠点としており、同時に上杉方の本陣であった武蔵国五十子陣に在陣した。文明九年正月に長尾景春の乱により五十子陣は崩壊するが、その時に越後家歴代の官途左馬助でみえている（「松陰私語」）。

同十四年十一月の「都鄙和睦」成立にともない、越後国に帰国できる情勢となったが、実際に帰国したかは確認されない。同十八年九月九日の時点で、いまだ白井城に在城していることが確認されるから（「北国紀行」同前三〇一頁）、引き続いて関東に在陣していたとみられる。またこの時、越後家歴代官途の民部大輔を称している。これは父房定が同年三月に相模守受領したことをうけて、同官途を譲られたことによると考えられる。同官途は越後家当主のものであったから、これをもとに越後家の家督を譲られた可能性も想定されている。

翌長享元年（一四八七）閏十一月から、関東では長享の乱が展開され、定昌は実弟の山内家顕定を支援したが（「赤堀文書」同前三二〇頁）、翌同二年三月二十四日に白井城で自殺してしまった。享年は三十六（「実隆公記」同前三二二頁）。自殺の理由は不明である。嗣子がなかったため、末弟房能があらたに越後家の嫡子に立てられた。

右：上杉定昌花押１

左：上杉定昌花押２

上杉房能

越後家房定の三男で、文明六年（一四七四）生まれ。長享二年（一四八八）三月に長兄定昌が死去したことをうけて越後家の嫡子に立てられ、九月三日には元服して、仮名九郎を称した。ちょうど十五歳であった（「中条文書」『新潟県史資料編４』一八三三号）。しかし、この時点ではまだ実名は決まっていなかった（同前一八八四

上：上杉房能花押１

中：上杉房能花押２

下：上杉房能花押３

号）。実名の房能が確認されるのは、明応三年（一四九四）十月に父房定が死去して、越後家の家督を継承した後の同四年十二月が初見であり（「上杉古文書」『越佐史料巻三』三九六頁）、同六年九月には越後家歴代官途の民部大輔を称している（同前四一三頁）。

上杉重方（道悦）

越後家房方の五男。仮名三郎を称した。実名は文書史料では確認されないが、「鎌倉持氏記」などに「重方」と記されている。若いときから実兄の山内家憲実に従って関東に在所した。永享十一年（一四三九）三月四日付けで陸奥国白川氏朝・小峯朝親が山内家家宰長尾芳伝に宛てた書状写（「皆川文書」憲実参考五五）、翌日付けの篠川公方足利満直から「上杉三郎」宛てで文書を与えられており（同前参考五六）、憲実への取り成しを依頼されていて、憲実を支える一門として存在したことが確認される。

翌同十二年の結城合戦においては、長棟（憲実）が下野国小山庄祇園城に着陣した頃に、信濃勢の侵攻に備えて、上野国国分に在陣している（「鎌倉持氏記」）。その間の動向は不明だが、おそらく長棟と共にいて、そこから派遣されたとみられる。なお、「鎌倉大草紙」（『新編埼玉県史資料編8』所収）は相模国国分としているが、「鎌倉持氏記」の記述が妥当である。在俗段階での活動がみられるのはこれが最後であり、その後はおそらく、長棟が鎌倉から隠遁した文安四年（一四四七）六月に、長棟に従って出家、隠遁したと推測される。宝徳二年（一四五〇）五月には、駿河国に在所して法名道悦を称している（「南部文書」戦古四）。このとき、鎌倉公方足利成氏と関東管領山内家憲忠らとの抗争が展開されており（江の島合戦）、長棟は成氏の要請をうけて憲忠らとの和睦を周旋し、その仲介として道悦が成氏のもとに派遣されている。

その後の動向は不明だが、長棟とともに西国行脚したと推測され、「上杉系図大概[12]」には、「今出家修道、在九州」と記されていて、同史料が作成された文明九年（一四七七）には、九州に在所していたことがわかる。「上杉系図」（「続群書類従」巻一五四）には、「嗣碩屋法孫」とあり、碩屋の法嗣になったことが知られる。

［上条家］

上杉定顕

上条家清方の長男で、越後家房定の兄。「上杉系図」（「続群書類従」巻一五三など）には、清方の長男としてみえ、官途名兵庫頭を称したとされる。ただし、官途・実名とも確実な史料による所見はない。長禄二年（一四五八）九月以降に享徳の乱で上杉方の本陣とされた武蔵国五十子陣に在陣する武将として、「上杉上条」があり（「松陰私語」）、これが定顕にあたる可能性が高い。寛正元年（一四六〇）四月二十一日付けで室町幕府将軍足利義政から、前年十月の上野国羽継原合戦での戦功を賞されているものに「上杉播磨守」がある（「御内書案」『越佐史料巻三』一〇四頁）。上杉氏一族において同受領名は上条家に継承されることから、この人物が上条家当主であり、定顕にあたる可能性が高いとみられる。(13) この播磨守については、その後、明応五年（一四九六）に比定される閏二月二十八日付けで将軍足利義材から御内書を与えられているものに「上杉播磨入道」がみえている（「和簡礼経」同前四〇〇頁）。両者は同一人物とみてよく、同年までの存在が確認される。

［山浦家］

上杉右馬頭

寛正四年（一四六三）十二月十二日に、越後軍の大将として信濃国高井郡高橋まで侵攻し、同地で戦死したものとして「馬頭」がみえる（「諏訪御符礼之古書」『信濃史料第八巻』四六六頁）。また、十二月二十二日付けで古河公方足利成氏が上野国新田（岩松）左京亮（成兼）に宛てた書状にも、「於上杉右馬頭信州討死」とみえている（「正木文書」戦古三二〇）。

この右馬頭は、越後軍の大将を務め、越後国から侵攻しているので越後上杉氏一族とみて間違いない。右馬頭の官途に注目すると、「上杉系図大概」に山内家憲方の四男山浦家憲重について、「典厩方先祖」と記されていることが注目される。山浦家は越後家の一族として存在したから、右馬頭はこの山浦家の人物の可能性が高いとみられる。

「上杉系図」（「続群書類従」巻一五三ほか）では、憲重の子に六郎・某の二男があげられており、右馬頭は、世代的にはその子にあたるとみられるので、憲重の孫の可能性が想定される。なお山浦家は、憲重のあとは、越後家房方の次男頼方に継承されていたが、憲重には実子があったにもかかわらず頼方を養子に迎えたことになる。その後、頼方は越後家を継承するので、それにともない憲重の実子が山浦家を継承したのかもしれない。

なお寛正元年四月二十一日付けで室町幕府将軍足利義政から、前年十月の上野国羽継原合戦における戦功を賞されているものに「上杉右馬頭」がみえる（「御内書案」）。この右馬頭にあたる可能性もある。その場合は、越後家房定に従って関東に出陣していたが、その後に越後国に帰国したことになる。ただし、その「上杉右馬頭」は、庁鼻和上杉房憲の可能性もある。

〔庁鼻和家〕

上杉憲信（性順）

庁鼻和家憲光の次男で、憲長の弟。右馬助を称した。なお、「上杉系図」（「続群書類従」巻一五三ほか）では武蔵守を注記し、「鎌倉大草紙」もそれに同調しているが、当時の史料にみえるのは右馬助のみである。また、出家し、法名性順を称したが、「鎌倉持氏記」では、永享の乱の時点で同名で記していることから、乱以前に出家していたとみられる。山内家憲実が鎌倉公方足利持氏と対立して上野国に退去した際に、それに従っているので、惣領家の山内家に忠実な立場にあった存在ととらえられる。

永享十二年（一四四〇）の結城合戦においては鎌倉府軍の先陣を務め、三月十五日に鎌倉を出陣、七月四日の武蔵国村岡河原合戦で勝利している（「鎌倉持氏記」）。その後の動向は不明だが、続いて進軍してきた山内家長棟

（憲実）に合流して、長棟のもとで下野国祇園城に在城したと推測される。翌嘉吉元年（一四四一）十二月六日には、上野国に在陣する長棟から、武蔵国国人を率いて同陣への参陣を命じられている。そこでは「右馬助入道」とみえていて、官途名と出家が確認される（「安保文書」憲実六四）。

享徳三年（一四五四）十二月に山内家憲忠が鎌倉公方足利成氏に誅殺された際には、扇谷家顕房らとともに上野国で軍備を整えており、誅殺後は鎌倉に向けて進軍、翌康正元年（一四五五）正月二十一日・二十二日の成氏方との武蔵国高幡・分倍河原合戦を戦った（「武家事紀」戦古一一六）。「深谷上杉系図」（「続群書類従」巻一五四）などに「正月廿一日逝去」、「上杉系図」（同前巻一五三）などに「正月廿二日死」とあり、この後、憲信の行動は確認されないので、この合戦で戦死したことがわかる。「鎌倉大草紙」では、合戦で深手を負ったため、高幡寺で自害したと記している。子女には、嫡子房憲のみが伝えられている。

上杉房憲

庁鼻和家憲信の嫡子。仮名三郎、官途名右馬助を称したと伝えられるが（「上杉系図」など）、当時の史料では確認できない。仮名三郎は庁鼻和家嫡流のものであり、父憲信は「六郎」を伝えられ、伯父憲長が「三郎」を伝えられているので、憲長の死去後に庁鼻和家の嫡流に位置したことが推定される。長禄二年（一四五八）以降に享徳の乱で上杉方が本陣とした武蔵国五十子陣に在陣する武将として「上杉庁鼻和」がみえているが（「松陰私語」）、これは房憲のことと推定される。

なお、寛正元年（一四六〇）四月二十一日付けで室町幕府将軍足利義政から、前年十月の上野国羽継原合戦における戦功を賞されているものに「上杉右馬頭」がみえる（「御内書案」）。この右馬頭は房憲にあたる可能性がある。ただし、この右馬頭は山浦家と推定される上杉右馬頭にあたる可能性もある。

「上杉系図」（「続群書類従」巻一五三）には「人見山昌福寺建立之、五月五日死、昌福寺的応」、「深谷上杉系図」（同前巻一五四）には「昌福寺的翁静端、人見山昌福寺開基、十一月五日逝去」とある。武蔵国人見郷の昌福寺開基となっているので、同郷を本拠としたことが推定される。ただし、人見郷を本拠としたのは、伯父憲長の子憲武と伝えられているので（「上杉系図」など）、憲武の後に同地を本拠にした可能性がある。仮名三郎と人見郷のいずれも、憲長系から房憲に移行されているところからすると、両系の政治関係について検討が必要である。

また、（明応五年〈一四九六〉七月二十四日付け上杉顕定書状（「宇津江文書」山内三九）に、武蔵国鉢形城で留守したものに「庁鼻和三郎」がみえる。房憲が生存していたら、それにあたる可能性もあるが、その嫡子憲清も仮名三郎を称したとされているので、年代的にみれば、これは子の憲清にあたる可能性が高いであろう。なお、憲清についてもこれが唯一の史料所見となる。

上杉憲武・憲視

憲武は庁鼻和家憲長の長男で、仮名六郎を称し、憲視は憲長の次男で、仮名七郎を称したと伝えられる（「上杉系図」など）。享徳の乱初期の康正元年（一四五五）十二月三日・四日の武蔵国崎西城合戦で、山内家家宰長尾昌賢（景仲）とともに、同城に在城したものとして「同（上杉）庁鼻和六郎・同七郎」があげられており（「武家事紀」戦古一一六）、仮名が一致することから、これが憲武・憲視兄弟にあたると推定される。当時の史料での所見は、両者ともにこれのみである。なお、「鎌倉大草紙」は七郎について、憲長・憲信の弟七郎憲明にあてているが、世代的にみて憲武弟の憲視とみるのが妥当と思われる。

憲武・憲視兄弟は、長尾昌賢とともに崎西城に在城していることから、それ以前から昌賢と行動をともにしていたと推定され、そうであれば、叔父憲信とともに上野国から武蔵国に進軍、正月の高幡・分陪河原合戦を戦い、敗戦後に昌賢とともに常陸国小栗城・下野国天明・只木山に在陣し、崎西城に移動してきたとみられる。

また、憲武の仮名六郎は、叔父憲信のそれを継承したものとみられ、すでに憲信の生前に、庁鼻和家の嫡流は憲信に移り、本来の嫡流であった憲長の系統は庶家に位置した可能性が想定される。憲武について「上杉系図」（「続群書類従」巻一五三）には、「近代武州人見屋形、四月三日死、法名常折（「深谷上杉系図」〈同前巻一五四〉では「浄忻」）越岩」とあり、武蔵国人見郷を本拠としたことが知られる。庁鼻和郷が憲信系に継承されたのにともない、憲武は庶家として、人見郷に移った可能性が想定される。

憲武の子として、憲勝（左衛門大夫）・憲親（七郎）・定為（蔵人大夫・常悦懌翁）があげられており、このうち定為については、（明応五年〈一四九六〉七月二十四日付け上杉顕定書状〈「宇津江文書」山内三九〉に、武蔵国鉢形城で留守したものに「庁鼻和三郎」（房憲の子憲清か）とともに、「同蔵人大夫」とあるのが、それにあたるとみられる。

憲視の子として、憲春（七郎・華林）・憲政があげられているが、いずれも当時の史料にはみられていない。

上杉四郎

年未詳五月十九日付けと六月一日付けで、古河公方足利成氏が常陸国芹沢土佐守に宛てた二点の書状に（「芹沢文書」戦古二三九・二四五）、「上杉庁鼻和四郎」とみえる。治療のために芹沢のもとに赴くことがみえているので、四郎は足利成氏に従う存在であったことがわかる。

これ以外に所見はなく、系譜位置も明確ではない。ただし、成氏の書状に所見されることからすると、房憲や憲武・憲視と同世代の可能性が高い。その場合、仮名から類推すると、三郎房憲の弟の可能性があるように思われる。

［犬懸家］

上杉憲秋

犬懸家氏憲の六男とみられ、応永五年（一三九八）から同十五年の間の生まれ。仮名五郎を称した。実名について、「上杉系図」などでは「憲顕」とされているが、「上杉系図大概」に「憲秋」とあるのが正しいと考えられる。

応永三十年八月に、「室町殿」足利義持から鎌倉公方足利持氏討伐軍の大将に任じられて伊豆国まで下向したが、これが憲秋に関する当時の史料所見としては最後であった。「上杉系図大概」では、「再在京」とあるので、その後に再び在京したとみられる。また、同系図では憲秋について「宮内大夫」と記している。他の「上杉系図」では、「中務大輔」「刑部大輔」を注記しているが、それらの官途は他の人物が使用していることからみて、

「上杉系図大概」の記載が正しいととらえられる。「宮内大夫」に関する所見はないが、おそらく帰京後に任官されたと推測される。

また、「上杉系図大概」には、その後について、山内家憲忠が誅殺された時に、所領の武蔵国池亀で自殺した、と記している。「浅羽本上杉系図」(「続群書類従」巻一五四)では「康正元年正月二十一日於武州池亀討死」としていて、異なっている。正月二十一日は高幡・分倍河原合戦にあたり、同合戦で戦死した「右馬助入道(庁鼻和家憲信)」は、「鎌倉大草紙」などでは「憲顕」(憲秋)にあてられており、それによる影響と推測される。むしろ、山内家憲忠が誅殺された際に自殺した、とあることからすると、享徳三年(一四五四)十二月末のことであった可能性が想定される。

憲秋が、山内家憲忠が誅殺された際に、所領の池亀で自殺したとすれば、再び関東に下向してきていたことになる。その時期は不明であるが、憲忠誅殺よりも以前のことと推測される。その間、幕府軍が関東に下向したのは、永享十二年(一四四〇)の結城合戦の時のこととなるが、その時に下向した上杉氏一族のなかに憲秋の存在は確認されていないので、それよりも以降のことであった可能性が高い。この点については今後の検討課題であろう。

「上杉系図大概」では、その子については、「御子一人、豊寿丸」と記している。「浅羽本上杉系図」などでは、憲久(五郎)・憲定(豊寿丸・刑部大輔・永正二年十二月□日卒・法名朗俊)をあげている。憲久については当時の史料所見はないが、憲秋と同じ仮名五郎を称したとされているので、早世した嫡子であった可能性が想定される。「上杉系図大概」が伝える「御子一人」とは、憲秋死去時のことであった可能性が高い。それについても、単に豊寿丸と記されているだけからすると、次男とされる憲定は、憲秋の死去時にはまだ元服前であったとみられる。

憲定については、死後のものとなるが、「妙本寺大堂常什過去帳」一日条に、「朗俊　上杉憲定　永正二　十二」とあり、実名と法名、永正二年（一五〇五）十二月一日の死去で、鎌倉比企谷妙本寺・池上本門寺両山九世日純の父であることが確認される。(14) 子の日純は、文明十四年（一四八二）生まれで、母は扇谷家宿老上田上野介（正忠の父）の娘であった。婚姻はその数年前頃のこととすれば、憲定は父憲秋自殺後は、扇谷家に従うかたちになっていて、そのため宿老上田氏と婚姻関係を結んだとみられる。

上杉教朝

犬懸家氏憲の七男とみられ、応永十五年（一四〇八）生まれ。永享十一年（一四三九）には三十二歳。治部少輔を称した。永享の乱の際に、室町幕府軍の大将として、実兄の四条家持房とともに関東に進軍してきたが、乱後は京都に帰還した。翌永享十二年の結城合戦においても、同じく四条家持房とともに幕府軍の大将として関東に進軍し、五月一日に鎌倉に着陣した（「鎌倉持氏記」）。教朝は、その後はさらに下総国結城城まで進軍し、十月十五日には在陣が確認される（同前）。

翌嘉吉元年（一四四一）四月十七日に結城城を攻略した際には、城主結城氏朝の首をあげる戦功をたてている（「鎌倉持氏記」）。五月十九日付けで常陸国鳥名木国義に、前年の同国長堀原合戦での戦功を、将軍に取り次ぐことを約している（「鳥名木文書」『茨城県史料中世編Ⅰ』三六六頁）。合戦後も常陸国に在陣し、六月二十六日には幕府から常陸国佐竹義憲討伐の遂行を命じられている（「足利将軍御内書并奉書留」憲実五五）。同年七月八日付けで、京都醍醐寺三宝院満済の奉者経祐から、実兄の四条家持房が同院領武蔵国高田郷を押領していることについて、事情の糺明を依頼されている（「醍醐寺文書」）[15]。これらはいずれも、幕府軍の大将の一人としての役割ととらえられる。

その後、教朝は京都に帰還したとみられる。同三年十二月に、越中国守護畠山持国は徳大寺家領の同国宮河庄年貢を、教朝の代官に渡すよう命じており、同庄代官を務めていることが知られる（「徳大寺家文書」『富山県史史料編Ⅱ』七〇二号）。康正二年（一四五六）五月十八日には、幕府から預けられていた南禅寺領遠江国初倉庄代官職を改替されている（「南禅寺文書」『静岡県史資料編6』二二四六号）。

長禄二年（一四五八）八月までに、幕府から鎌倉公方に任じられた堀越公方足利政知が伊豆国に下向するが、教朝はその「執権」として同行した。なお、「鎌倉大草紙」は子の政憲にあてているが、明確な誤認である。しかしその後、「依心中難決事、不慮自殺」（「上杉系図大概」）した。五十四歳であった。時期は明記されていないが、寛正二年（一四六一）十月に、嫡子政憲が足利政知のもとに下向していることから、その直前のことと推定され、自殺の理由も、その頃に展開されていた扇谷家との政争にあったとみられている。

子女には、一色義直の養子に入った政凞（七郎・治部少輔・式部少輔）[16]と、家督を継いだ政憲（四郎・治部少輔）の二人が伝えられている（「上杉系図」〈続群書類従巻一五三〉など）。

上杉政憲

犬懸家教朝の子。実名のうち「政」字は、室町幕府将軍足利義政からの偏諱（享徳二年〈一四五三〉以降）と推定される。仮名四郎、後に官途名治部少輔を称した。寛正二年（一四六一）十月頃に父教朝が自殺したことをうけて、堀越公方足利政知のもとに下向することになり、同月二十三日に、将軍足利義政は足利政知・渋川義鏡・山内家房顕・越後家房定・扇谷家道朝（持朝）に対して政憲の下向を伝え、それへの支援を命じている（「御内書案」『新編埼玉県史資料編5』九〇九～一一号）。ここで実名政憲と仮名四郎で記されている。政知のもとに下向してからは、父教朝の跡を継いでその「執権」として存在した。

同三年十一月九日には、将軍足利義政から、扇谷家道朝の「雑説」について事実無根と報告したことを賞されている（「御内書案」同前九一九号）。これは、堀越公方家と扇谷家との政争が決着したことにともなうものになる。ここで治部少輔と称されているので、それまでに父教朝と同じ官途に任じられたことがわかる。なお、同史料には「治部少輔」について、扇谷家道朝の子「五郎」（定正か）とする注記があるが、明確な誤認である。

同六年六月十九日には、堀越公方家の大将として、政知が義政から与えられた「天子御旗」を掲げて、上杉方の本陣の武蔵国五十子陣に向けて伊豆国を出陣、箱根山を越えて相模国に進軍し、七月六日は武蔵国に入る状況にあった（「親元日記」『新編埼玉県史資料編8』二八一頁）。その後、五十子陣に着陣した。その際に、三河国吉良氏・駿河国小鹿今川氏、宅間家憲能などを率いている（「御内書案」）。彼らに同陣在陣を賞する将軍足利義政の感状が、翌文正元年（一四六六）六月三日付けで出されているので（同前）、政憲らの在陣はその頃まで続いたとみられる。その後は伊豆国に帰陣したと考えられる。

文明八年（一四七六）三月、駿河国今川義忠の戦死をうけて、その家督をめぐり内紛が発生し、扇谷家は縁戚にあたる今川小鹿範満（祖母が扇谷家氏定の娘）を支援し、家宰太田道灌を派遣した。道灌は六月に相模国を越えて駿河国に進軍し、範満を今川家家督に据えて、十月に伊豆国堀越公方足利政知のもとに出仕したうえで、本拠の武蔵国江戸城に帰陣している（「太田道灌状」『新編埼玉県史資料編5』一〇〇三号）。このときの太田道灌の駿河進軍には、堀越公方家も同陣したらしく、「今川記（富麓記）」（『続群書類従第二十一輯上』所収）には、政憲が堀越公方軍の大将を務めて、道灌とともに駿河国駿府まで進軍したことが記されている。当時の史料では確認されていないが、道灌が帰途に堀越に参上していることから、事実とみてよい。ちなみに、範満の母は政憲の娘とする説があるが、当時の史料からは確認されず、これは範満祖母との混同と思われる。

同十二年三月二十日には、「都鄙和睦」のために幕府管領細川政元に書状を出している（「蜷川文書」『古河市史資料中世編』二九四号）。これが、確実な史料における政憲に関する終見となる。なお、その後については「今川記」に、延徳三年（一四九一）四月に堀越公方足利政知が死去する以前、政知が継室の意見をうけて長男茶々丸を幽閉したことに対して、政知に諫言したものの容れられなかったため、自殺したと記されている。

［四条家］

上杉持房

四条家氏朝の養子で、犬懸家氏憲の三男。応永五年（一三九八）から同十五年の間の生まれ。初名は持憲。中務少輔を称した。永享の乱の際に、室町幕府軍の大将として、実弟の犬懸家教朝とともに関東に進軍してきたが、乱後は京都に帰還した。翌永享十二年の結城合戦においても、同じく犬懸家教朝とともに幕府軍の大将として関東に進軍し、五月一日に鎌倉に着陣し、以後は鎌倉の守備を務めている（「鎌倉持氏記」）。

その直後にあたる五月二十二日、室町幕府政所頭人伊勢貞国から、京都寺社本所領と奉公衆所領のうち、不知行地の年貢・夫役を、下向した幕府軍の兵糧料所に宛てることについて、同じく幕府軍の大将として下向した岩松長純（後の家純）と相談しながら、配分するように命じられている（「醍醐寺文書」）。ちなみに、岩松長純の将軍への出仕は、持房の取り成しによるものであった。そのことを伝える「松陰私語」には、「四条之上杉方」とあるが、具体的には持房にあたる。

合戦後の翌嘉吉元年（一四四一）六月二十六日には、幕府から常陸国佐竹義憲討伐の遂行を命じられている（「足利将軍御内書并奉書留」憲実五五）。同年七月八日付けで、京都醍醐寺三宝院満済の奉者経祐から犬懸家教朝に対して、持房が同院領武蔵国高田郷を押領していることについて、事情の糺明を依頼しており（「醍醐寺文書」）、持房が京都寺社本所領を押領していたことが知られる。

その後の動向は不明であるが、京都に帰還したと推測される。「上杉系図大概」には、「再在京、以微疾逝去」とあるので、帰陣後、病気で死去したとみられる。子には、教房（中務少輔）・憲秀（刑部大輔）の二子があったらしい。

上杉教房

四条家持房の嫡子。仮名四郎、官途名中務少輔を称した。永享の乱以前までは仮名四郎でみえている。享徳の乱後は、室町幕府軍として関東に下向したと考えられる。その際、康正元年（一四五五）四月八日に、幕府から武家御旗を与えられたものの一人に「上杉」があるが（「康富記」）、これはこの教房の可能性が高い。そうだとすれば教房は、父持房に続いて幕府軍の大将を務めたことになる。

関東下向後は、山内家房顕らと同陣したとみられ、長禄二年（一四五八）九月頃からは上杉方の本陣となった武蔵国五十子陣に在陣したとみられる。同三年十月十四日・十五日の武蔵国太田庄・上野国羽継原・同海老瀬口合戦で戦死した（「御内書案」『新編埼玉県史資料編5』八九二号）。

子には、嫡子政藤（三郎・中務少輔）の一人が伝えられている（「上杉系図」など）。ただ、史料の所見からすると、もう一人四郎がいた可能性が想定される。

上杉政藤

四条家教房の嫡子。実名は「上杉系図」などによる。現在のところ、当時の史料では確認できない。実名のうち「政」字は、室町幕府将軍足利義政からの偏諱（享徳二年〈一四五三〉以降）と推定される。仮名三郎、官途名中務少輔を称した。

寛正元年（一四六〇）四月十九日に、将軍足利義政から、前年の武蔵国太田庄合戦で父教房が戦死した戦功を賞された感状を与えられているのが初見（「御内書案」『新編埼玉県史資料編5』八九二号）。仮名三郎でみえている。父教房の仮名は「四郎」であったが、祖父持房の仮名は「三郎」と伝えられているので、おそらく三郎が嫡流の仮名と推測され、政藤はそれに戻したものと思われる。父教房は、当初は庶子であった可能性が推測される。

父の戦死時、政藤が関東に在陣していたのかは確認できない。ただし、先の御内書が「関東方」に分類されているので、父教房とともに在陣していたとみておきたい。しかし、その後の動向は確認できないので、最終的には京都に帰陣したと推測される。文明十二年（一四八〇）・十三年頃と推定されている「永享以来御番帳」に、「外様衆」のなかにみえる「上杉中務少輔」は、政藤のことと思われる。しかし、長享元年（一四八七）九月の将軍足利義尚の近江国出陣に際して従軍した際には、「上杉代」とあり、当主が幼少のため代官が出陣しているので、それまでに死去していた可能性が想定される(17)。

子には、その後に家督を継承した材房（幸松丸・三郎・右衛門佐）があったとみられる。

上杉材房

四条家政藤の嫡子。幼名幸松丸、仮名三郎、官途名右衛門佐を称した。実名の「材」字は、室町幕府将軍足利義材からの偏諱とみられる。文明十八年九月二十一日に幼名幸松丸で所見されているのが史料上での初見（「後法興院記」）。すでに父政藤は死去していたとみられ、幼名ながら四条家の当主であったとみられる。明応元年（一四九二）正月まで幼名でみえるが、同五年正月からは仮名三郎でみえているので、その間に元服して、仮名三郎、実名材房を称したとみられる。実名については「後法興院記」文亀三年（一五〇三）六月十六日条により確認される。

永正二年（一五〇五）正月まで仮名三郎でみえ、同九年正月からは官途名右衛門佐でみえる。同官途は、犬懸家氏憲が称したものであったから、材房は同官途を名乗ることで、四条家が犬懸家の嫡流に位置することを示したものと推測される。同十四年正月まで所見がみられるが、同十六年正月には虎千代、同年六月には後家がみえるので、その間に死去したと推測される。

同十六年に所見される虎千代は、その嫡子と推定される（「殿中申次記」）。しかし、同年六月に材房後家がみえるから、その間に死去した可能性がある。大永六年（一五二六）正月には幸松丸がみえ、これが新たな当主とみられる。しかし、これも享禄四年（一五三一）正月には「上杉母」がみえるので、その間に死去した可能性がある。

上杉四郎

文正元年（一四六六）七月八日付けで、武蔵国五十子陣にあって関東の情勢を伝える書状を、室町幕府政所頭人伊勢貞親に宛てて出した人物に、「上杉四郎」がいる（「親元日記」『新編埼玉県史資料編8』二八一頁）。これまでは山内家顕定にあてる見解が出されているが、当時は山内家房顕の死去後、後継の顕定はまだ幼名を称していた時期にあたるので、顕定には該当しない。当時の関東在国の上杉氏一族のなかで、仮名四郎を称していた人物としては、同年六月に宅間家憲能とともにみえる「四郎」がある（「御内書案」）。ただしその「四郎」は、宅間家憲能とともに、犬懸家政憲に従って武蔵国五十子陣に進軍しているので、先の四郎には該当しない。

この四郎は、京都に報告を入れていることから、享徳の乱に際して、京都から下向してきた人物と想定される。乱初期に京都から下向した上杉氏一族として確認されるのは、四条家教房のみであることから、四郎は四条家の人物の可能性が出てくる。四条家の一族としてはこの時、戦死した教房の嫡子政藤と、教房弟の憲秀が確認されるが、いずれも仮名は異なっている。そうであれば四郎は、三郎政藤の弟の可能性がでてこよう。

その後、この四郎も京都に帰陣したとみられる。兄にあたるかもしれない政藤が死去した後で、その嫡子材房が元服する以前にあたる延徳三年（一四九一）八月の将軍足利義材の近江国進軍に際して、「四条上杉」として「上杉四郎」が参陣している（「大乗院寺社雑事記」「後法興院記」）。材房はまだ元服前であったから、この参陣はその代官としてのものと推測され、その場合には、叔父にあたる可能性が高いであろう。

四郎の系譜的位置について確定することはできないが、ここでは四条家教房の次男、政藤の弟とみる見解を提示しておきたい。

上杉憲秀

四条家持房の次男で、教房の弟。仮名五郎、官途名刑部大輔を称した。本文を欠いていて確定はできないが、寛正元年（一四六〇）四月十九日と推定される、将軍足利義政から御内書を出されているものに「上杉五郎」があり、「憲秀、中務少輔教房弟也」という注記がみられている。内容はおそらく、前年の武蔵国太田庄合戦で兄教房が戦死した戦功を賞されたものと推測される（「御内書案」）。これにより少なくとも、教房の弟五郎の存在、実名が「憲秀」であることが確認できる。

当時の史料での所見はこれのみであり、その後の動向は不明である。「上杉系図大概」には、教房の弟として「刑部、在武州陣」と記しているので、その後に官途名刑部大輔を称し、武蔵国に在陣し続けたことがうかがわれる。なお、「上杉系図」などには、その子として藤憲（弥五郎）があげられている。

［扇谷家］

上杉持朝（道朝）

扇谷家氏定の次男で、持定の弟。応仁二十二年（一四一五）生まれで、永享十一年（一四三九）には二十五歳。修理大夫を称した。同年十一月末に関東管領であった山内家憲実が隠遁した後の同年十二月四日に、室町幕府を通じて修理大夫に任じられ、実質的な鎌倉府の首班代行者とされている。また同乱後は、相模国・上総国守護を務め（「宝菩提院文書」扇谷一五）[18]、それまで務めてきたと推定される安房国守護とともに、三ヶ国守護を務めるようになっている[19]。

翌同十二年に結城合戦が勃発すると、三月までは、鎌倉府の事実上の首班として扱われ、関東管領管轄の武州一揆への指揮などを担っている。四月に入ると、山内家名代の清方が関東管領の職務を務め、鎌倉府軍の惣大将を担うようになるが、山内家長棟（憲実）が帰参するまでの間は、軍勢への兵糧料所の手配を命じられるなど、持朝はそれと並ぶ有力者として存在している（「政所方引付」「足利将軍御内書并奉書留」「成簣堂文庫文書」『埼玉県史料叢書11』四六九～七一・四七五～七号）。以後の持朝は、鎌倉府において関東管領山内家に次ぐ政治的地位を確立している。

鎌倉公方足利成氏が成立した後の宝徳元年（一四四九）八月までに、隠居し出家して、修理大夫入道、法名道朝を称し、家督を嫡子顕房に譲った（「足利将軍御内書并奉書留」同前四九二号）。同時に、この時まで維持してきた相模国・安房国守護職も顕房に譲られた。またこの頃、娘を山内家憲忠の妻にしたと推測される。同二年四月の江の島合戦では、上杉方の事実上の惣大将として、山内家家宰長尾景仲らをも軍事指揮し、相模国七沢城に籠もって足利成氏方に対抗した。合戦後の和睦交渉でも、道朝・顕房父子の赦免とそれによる成氏への出仕再開が、最後まで争点として残されている。

享徳三年（一四五四）十二月に山内家憲忠が足利成氏に誅殺された際には、相模国で軍備を整えており、翌康正元年（一四五五）正月初めに鎌倉に向けて進軍し、上杉方の一方の大将を務めている。同月に顕房が戦死すると、再び扇谷家の家督を管掌した。享徳の乱では、守護分国の相模国から武蔵国東部にかけて勢力を展開し、そのなかで武蔵国河越城・江戸城を軍事拠点として取り立て、河越城を本拠にしている。

応仁元年（一四六七）九月七日に死去した。五十三歳。河越城において死去したと伝えられている。子女は七男五女があり、男子は顕房・高救（三浦時高の養子、道含）・定正・梵寿（鎌倉建長寺住持）・朝昌・自竜（円覚寺僧）・祐覚（喝食）、女子は山内家憲忠妻・武蔵国長井広房妻・理等（武蔵国金沢海岸尼寺）・武蔵国吉良成高妻・理繁（比丘尼）であった。家督は顕房の嫡子政真に継承された。

上杉顕房

扇谷家持朝の長男で、永享七年（一四三五）生まれ。同十一年には五歳。仮名三郎を称した。「上杉系図」では、官途名弾正少弼を伝えているが、当時の史料では確認されない。死去した時も「三郎」のままであったから、それは誤伝とみられる。

十五歳の時の宝徳元年（一四四九）八月までに、父持朝から家督を譲られ（「足利将軍御内書并奉書留」同前四九二号）、同時に相模国・安房国守護職も譲られた。この時に仮名三郎が確認される。同年十二月十三日付けで家臣恒岡源左衛門尉に安房国で所領を与えており、これが初見の発給文書になるとともに、実名顕房が確認される（「常陸誌料雑記五一」扇谷一八）。

享徳三年（一四五四）十二月に山内家憲忠が鎌倉公方足利成氏に誅殺された際には、庁鼻和家性順（憲信）・山内家宿老長尾昌賢（景仲）らとともに上野国で軍備を整えており、翌康正元年（一四五五）になって鎌倉に向けて進軍し、正月二十一日・二十二日に

上杉顕房花押

成氏方と武蔵国高幡・分倍河原合戦を戦った（「武家事紀」戦古一一六）。そこでは「大夫三郎」とみえていて、仮名のままであったことがわかる。同合戦で負傷し、二十四日に自害した。二十一歳。場所について、「上杉系図」（「続群書類従」巻一五三）は多西郡由井とし、「上杉系図」「浅羽本上杉系図」「深谷上杉系図」（「続群書類従」巻一五四）「鎌倉大草紙」などは入東郡夜瀬と伝えている。嫡子政真は幼少であったため、家督は再び父道朝が管掌した。

子女には、嫡子政真（修理大夫）、小山田家を継いだ朝重（三郎）、武蔵国千葉実胤妻があったと伝えられている（「上杉系図」など）。小山田家を継承した朝重については、当時の史料に所見はないが、「上杉系図」（「続群書類従」巻一五四）には、「早世、二十歳」と注記があり、兄政真よりも早くに死去したことがうかがわれる。その家督は、朝長（六郎）が継承したが、「実［　　］子」とあるので、おそらく宅間家憲能の子「朝重（六郎）」がこれにあたると推測される。

上杉政真

扇谷家顕房の嫡子で、宝徳二年（一四五〇）もしくは享徳二年（一四五二）生まれ。修理大夫を称した。実名の「政」字は、室町幕府将軍足利義政からの偏諱とみられる。応仁元年（一四六七）九月に祖父道朝（持朝）が死去したことにともない、扇谷家の家督を継いだ。十八歳もしくは十六歳であった。それにともない、祖父道朝の官途修理大夫に任じられたとみられる。

文明三年（一四七一）七月二日付けで、将軍足利義政から、下野国足利庄・上野国佐貫庄攻めの戦功を賞す感状を与えられており、「上杉修理大夫」とみえている（「御内書符案」『新編埼玉県史資料編5』九六八号）。また、年未詳で十二月二日付けで陸奥国白川直朝に宛てた書状があり、「修理大夫政真」と署名しており、実名政真が確認される（「白川文書」扇谷二五）。しかし、同五年十一月に古河公方足利成氏による上杉方の本陣の武蔵国五十子陣を攻撃され、同二十四日に戦死した。二十四歳もしくは二十二歳。嗣子がなかったため、家督は叔父定正に継承された。

上杉政真花押

上杉定正

扇谷家持朝の三男で、顕房の弟。文安三年（一四四六）生まれ。仮名五郎、官途名修理大夫を称した。仮名については当時の史料で確認されないが、寛正三年（一四六二）十一月九日付けで、室町幕府将軍足利義政から犬懸家政憲に出された御内書に、「修理大夫入道（道朝・持朝）息五郎」と注記があり（「御内書案」『新編埼玉

上杉定正花押

県史資料編5』九一九号）、また、定正の後は扇谷家当主の仮名は「五郎」になっているので、五郎であったと推測される。実名のうち「定」字は、扇谷家の通字である。

文明五年（一四七三）十一月に甥の政真が死去したことにともなって、扇谷家の家督を継いだ。これにより父持朝、甥政真と同じく修理大夫を称した。家督相続は、扇谷家の「老臣ども評定」によるものであったという（「鎌倉大草紙」）。二十八歳であった。同九年正月に山内家宿老長尾景春の叛乱で、上杉方の本陣であった武蔵国五十子陣が崩壊するまで、同陣に在陣していた。景春の攻撃後は山内家顕定らとともに上野国に退去し、同十年正月に武蔵国に帰還すると、以後は河越城に在城し、そのため「河越」とも称されるようになっている。

同十八年七月に相模国の本拠である糟屋館で家宰太田道灌を謀殺し、翌長享元年（一四八七）から、山内家顕定との間で長享の乱を展開させる。当初は、古河公方足利成氏の嫡子政氏の支援をうけた。延徳二年（一四九〇）十二月に和睦が成立するが、明応二年（一四九三）に伊豆国に侵攻した伊勢宗瑞と同盟を結び、同三年七月に山内家との抗争が再開された。その際に、古河公方足利政氏は山内家に味方したとみられる。そして同年十月五日、山内家顕定の本拠武蔵国鉢形城攻撃のため荒川を渡河する際に落馬して死去してしまった。享年四十九。子女はなかったため、弟朝昌の次男朝良を養子としており、朝良が家督を継いだ。

上杉朝良

扇谷家定正の養子で、定正の弟朝昌の次男。仮名五郎、官途名治部少輔を称した。延徳元年（一四八九）三月一日付けの「上杉定正状」（『新編埼玉県史資料編5』一〇一九号）に、定正の嫡子として「五郎」とみえているのが初見。これ以前に元服していたことがうかがわれる。仮名五郎を称していることから、定正の養子になってから元服したと想定され、仮にこの年の元服であれば、生年は文明七年（一四七五）頃のことになる。

延徳元年三月付けで、相模国三浦郡和田郷竜徳院に禁制を出しているのが、発給文書の初見（「光明寺文書」扇谷二八）。それと同じ花押型を据えた九月十六日付け書状（「青木信孝氏所蔵文書」扇谷二九）には、実名朝良を署名している。明応三年（一四九四）十月に養父定正が死去したことにより、扇谷家の家督を継いだ。同五年七月には官途名治部少輔が確認される（「宇津江文書」山内三九）。

上杉朝良花押１

上杉朝良花押２

上杉朝良花押３

上杉朝良花押４

上杉朝良花押５

上杉朝昌

扇谷家持朝の五男とみられ、顕房・定正の弟。官途名刑部少輔を称した。実名は「上杉系図」などによる。現在のところ、当時の史料では確認できない。初めは僧とされて、「随応院」を称し（「上杉系図」）、法名本東を称した。長禄二年（一四五八）正月には、道朝（持朝）の「末子」本東喝食が、京都鹿苑院寮舎蔭凉軒に居住しており（「蔭凉軒日録」同年正月二十五日条）、これが朝昌にあたるとみられる。

その後に還俗して、関東に居住したと推測され、文明九年（一四七七）四月には、扇谷家家宰太田道灌の指示のもと武蔵国江戸城の守備にあたり、そこで「刑部少輔」とみえている（「太田道灌状」『新編埼玉県史資料編5』一〇〇三号）。これが還俗後の初見になり、それまでに還俗して官途名刑部少輔を称したことがわかる。定正には他に一門が存在していなかったから、定正を支える存在となるため、還俗したと推測される。

「上杉系図」には「相州七沢居住」とあるので、相模国における軍事拠点の七沢要害に在城したことがうかがわれる。長享の乱が展開された後、長享二年（一四八八）二月に、七沢要害は山内家によって攻略され、その後は相模国大庭要害を守備した。明応八年（一四九九）九月には、そのことが確認される（「玉隠和尚語録」『北区史資料編古代中世2』第三編五二号）。

［八条家］

上杉満定

八条家満朝の嫡子。中務大輔を称し、在京した[20]。文安二年（一四四五）十一月二十五日付けで九条満家から書状を出されている「上杉八条入道」は、この満定にあたると推測される（「九条満家公引付」『上越市史資料編1中世史料一一〇号』）。越後国白河荘の領家職を九条満家から預けられているのが満定に関する終見となり、この頃には出家していたことがわかる。

上杉持定

八条家満定の嫡子。中務大輔を称した。実名と官途については、「親元日記」寛正六年（一四六五）六月十三日条に「上杉中務大輔持定」とみえていることにより、確認できる。実名のうち「持」字は、室町幕府将軍足利義持からの偏諱とみられる。

寛正元年四月二十一日付けで、将軍足利義政から、前年十月の上野国羽継原合戦での戦功を賞す感状を与えられている（「御内書案」）。これにより、享徳の乱勃発後は関東に下向して、享徳の乱において上杉方の本陣とされた武蔵国五十子陣に在陣したことがわかる。下向の時期は明確ではないが、その戦功は越後家房定から注進されていることから、越後家の軍事指揮に従っていたことがわかり、越後家と行を共にしていたとみられる。そうすると、山内家房顕が越後国経由で関東に下向した際に、それに従って下向してきた可能性が高い。五十子陣に在陣する上杉氏一族として「八条」がみえるが、これは持定に比定される（「松陰私語」）。

同六年六月十三日に、幕府に年始御礼を行っている（「親元日記」）。ただし、持定自身は参上しておらず、雑掌が進物を進上していることからすると、いまだ関東に在陣していたのかもしれない。ただ、その後は関東での行動は確認されない。文明三年（一四七一）四月の下野国佐野庄攻めにおいては、八条家としては治部少輔・刑部少輔が参加しているだけなので、持定はそれまでに京都に帰還していたように思われる。

また、同十三年夏頃の成立とされる「老葉」に、「上杉中書」とみえているのは持定に比定される可能性がある(四条家政藤の「中務少輔」の可能性もある)。その後は明確な所見はないようである。なお文亀二年(一五〇二)十二月二日付けで、将軍足利義澄から、越後国松山保に関する所領相論に関わって御内書を与えられている「上杉中務大輔」は(「杼木古文書」『新潟県史資料編五』三八九六号)、持定の後継者とみられるので、その間に死去したことがうかがわれる。

上杉三郎(中務大輔か)

寛正元年(一四六〇)四月二十一日付けで、将軍足利義政から前年十月の上野国羽継原合戦での戦功を賞す感状を与えられ(「御内書案」)、「上杉三郎」でみえている。戦功は、八条家持定と同じく、越後家房定から注進されていることから、越後家の軍事指揮に従っていたことがわかるから、越後家と行を共にしていたとみられる。この「上杉三郎」については、同時期に同名でみえる四条家政藤にあてられることがあるが、越後家の軍事指揮に従っていることから、それとは別人の可能性が高いとみられる。

八条家持定宛ての御内書に続いて掲載されていること、仮名三郎は八条家初代満朝の仮名であったから、八条家嫡流の仮名は三郎とみられ、持定の嫡子にあたる可能性があろう。ここではそのように推定しておきたい。そうであれば文亀二年(一五〇二)十二月にみえる「上杉中務大輔」は、その後身の可能性があろう。基本的には在京していたと思われる。父持定と同じく、寛正元年以降において関東での行動は確認されないので、文明三年

（一四七一）までには京都に帰還していたように思われる。

上杉治部少輔

長禄二年（一四五八）九月以降、享徳の乱における上杉方の本陣の武蔵国五十子陣に在陣した上杉氏一族として、「八条」（持定）に続いて「同治部少輔」とみえ、文明三年（一四七一）四月に下野国佐野庄に進軍したものとして、「上杉治部少輔」がみえている（「松陰私語」）。持定に続いてみえていることから、その弟の可能性が高いとみられる。なお、同時期の「上杉治部少輔」としては、犬懸家政憲が存在している。この時期になると、上杉氏一族のなかでも同官途を称するものが出てきていることがうかがわれる。

治部少輔について、その後の所見はないが、永正四年（一五〇七）に越後家房能殺害事件に際して死去したものとして「上杉治部大輔」がみえている（「東寺過去帳」『上越市史資料編3』五七六号）。「治部大輔」は「民部大輔」の誤記の可能性もあり、その場合は越後家房能のことになるが、誤記でなければ「治部大輔」は、文明期の治部少輔の後継者にあたるとみられる。そうするとこの治部少輔も、その後に越後国に下向したことになろう。

上杉刑部少輔（成定か）

長禄二年（一四五八）九月以降、享徳の乱における上杉方の本陣・武蔵国五十子陣に在陣した上杉氏一族として、「八条」（持定）・治部少輔に続いて「刑部少輔」とみえ、文明三年（一四七一）四月に下野国佐野庄に進軍したものとして、上杉治部少輔に続いて「同名刑部少輔」がみえている（「松陰私語」）。持定・治部少輔に続いてみえていることから、その弟の可能性が高いとみられる。

その後は京都に帰陣したとみられ、文明十二年（一四八〇）十月八日に、将軍足利義政らに年始御礼を行っている（「結番日記」）。また、幕府管領細川政元の書札礼書にみえる「上杉刑部少輔」は（「大館記所収書札調様」『北区史資料編古代中世2』第三編六九号）、この刑部少輔にあたるとみられる(21)。

その後は明確な所見はないが、永正五年（一五〇八）八月九日に、越後国守護代長尾為景に切腹させられたものに、「八条刑部入道、俗名成定」がみえている（「東寺光明講過去帳」『上越市史資料編3』五八九号）。実名は将軍足利義政から、前名義成を名乗っていた時期の偏諱とみられ、義政に改名する享徳二年（一四五三）以前の元服と推測される。そうすると成定は、文明期にみえた治部少輔の後身の可能性が高いとみられる。ここではそのように推定しておきたい。そうであれば、その後に越後国に下向し、また出家したことになろう。

上杉房藤

八条家満朝の次男で、満定の弟。修理亮を称した。「上杉系図大概」では官途名は「掃部助」と記し、「上杉系図」などには「修理亮・掃部助」とある。初め掃部助を称し、のちに修理亮を称したのであろうか。当時の史料からは修理亮のみが確認される。

永享十二年（一四四〇）の結城合戦に際しては、四条家持房らとともに関東に下向し、五月一日に鎌倉に着陣した後は、八月頃に、信濃勢の侵攻への備えとして、相模国守備のため同国高麗寺下徳宣に在陣しており、「上杉修理亮」とみえている（「鎌倉持氏記」）。享徳の乱勃発後は、甥持定とともに関東に下向したと推測され、寛正元年（一四六〇）四月二十一日付けで、将軍足利義政から前年十月の上野国羽継原合戦での戦功を賞す感状を与えられている（「御内書案」）。ここでも「上杉修理亮」とみえている。

房藤に関する所見はその後はみられないようである。永正六年（一五〇九）から同七年の越後国の戦乱のなかで、山内家顕定に従ったものに「八条修理亮」がみえているが（「歴代古案」山内九一）、これは房藤の子房繁のことと推定されるので、房藤はその後は越後国に下向して、それまでに死去していたとみられる。

上杉伊予守

八条家の一族で、伊予守を称した。文明年間の越後国の検地帳に、同国内で所領を有していたものとして「八条伊予守」がみえている（「上杉文書」『新潟県史資料編三』七七七号）。文明年間に受領名を称しているので、少なくとも享徳の乱勃発前後頃の生まれと推定される。「八条」を名字のように記されているので、越後国に在国した一族の可能性が高いとみられる。しかし、系譜的な位置は不明であり、その頃の八条家の一族には、嫡流の持定（中務大輔）とその弟とみられる治部少輔・刑部少輔（成定か）、その叔父の房藤（修理亮）の存在が確認される。そのうち越後国に在国していないのは持定と治部少輔（成定）であり、そうすると治部少輔か房藤の後身か、持定らの子弟にあたった可能性が想定される。(22)

上杉房孝

八条家の一族で、尾張守を称した。確実な史料所見としては、延徳三年（一四九一）に高野山正智院に祈願している越後家房定の一族として、「八条尾張守房孝」とみえるのが初見となる（「正智院文書」）。実名のうち「房」字は、八条家庶家の房藤に通じるので、同じく八条家では庶家にあたるとともに、延徳三年には越後国に在国して、越後家の一族として存在したことがうかがわれる。

その後では、明応七年（一四九八）から同八年頃の「園塵」に、「上杉尾州」とみえる。文亀三年（一五〇三）八月には、嫡子竜松丸が越後家房能の養嗣子に決められている（「三浦和田中条氏文書」「中条家文書」『新潟県史資料編4』一三二八・一九三一号）。そして永正四年（一五〇七）八月に、越後家房能、その養子となった竜松丸とともに、守護代長尾為景に殺害されている（「東寺過去帳」『上越市史資料編3』五七六号）。

この時、竜松丸は五歳というから、文亀三年生まれである。その父である房孝は、遅くても文明年代の生まれと推測されるが、すでに延徳三年に受領名を称していることからすると、それよりも二十年ほど早い生まれであったかもしれない。その場合、系譜的な位置としては、持定の庶子で中務大輔の弟か、治部少輔の後継者か、房藤の子か、といったところが想定されるであろう。

［小山田家］

上杉藤朝・八郎

小山田家定頼の嫡子とされる。当時の史料にはみられないが、「上杉系図」（「続群書類従」巻一五四）に、藤朝（八郎）とあげられていて、「於夜瀬顕房同討死」とある。扇谷家顕房は、享徳の乱勃発当初の康正元年（一四五五）正月二十一日・二十二日の武蔵国高幡・分倍河原合戦で深手を負ったため、二十四日に入東郡夜瀬もしくは多西郡由井で自害したが、それと同時に自害したことが知られる。

その子として八郎があげられている。同年十二月三日・六日の武蔵国崎西城合戦を、山内家家宰長尾昌賢とともに戦ったものとして「上杉八郎」があり、それにあたると考えられる（「武家事紀」戦古一一六）。なお、「鎌倉大草紙」ではこれを藤朝にあてているが、藤朝は夜瀬で自害したとみられるので、この八郎は、その子の八郎とみるのが妥当であろう。長尾昌賢は、扇谷家顕房・庁鼻和家性順（憲信）とともに高幡・分倍河原合戦を戦い、敗戦後も常陸国・下野国で足利方と戦い、崎西城に移ってきていた。同行者には、庁鼻和家性順の甥にあたる同憲武・憲視もいたから、八郎も高幡・分倍河原合戦に参加し、敗戦後は長尾昌賢と行をともにしていたとみられる。

その後の所見はない。小山田家は、扇谷家顕房の次男朝重（三郎）が藤朝の養子に入って継承されたとされているので（「上杉系図」）、八郎もすぐに死去したものと推測される。朝重について当時の史料所見はないが、「上杉系図」（「続群書類従」巻一五四）に「早世、二十歳」と注記があり、実兄政真が死去した文明五年（一四七三）以前に死去したことがうかがわれる。その家督は朝長（六郎）が継承したが、「実□子」とあるので、おそらく宅間家憲能の子「朝重（六郎）」がこれにあたると推測される。その朝長の時とみられるが、同九年三月に長尾景春の乱のなかで、景春方が武蔵国横山庄から、小山田家の本拠の小山田庄に侵攻している（「鎌倉大草紙」）。この後、横山庄由井城を本拠にした長井氏が同庄を領有したとみられるから[23]、小山田家はこの時に滅亡したとみられる。

[宅間家]

上杉憲能

宅間家憲俊の子とされる。憲俊は正長元年（一四二八）に死去したとされているから（「浅羽本上杉系図」〈続群書類従巻一五四〉など）、その後に宅間家の当主になったことがうかがわれる。讃岐守を称した。年未詳十月七日付けで菩提寺鎌倉報国寺に宛てた書状で、「讃岐守憲能」と署名しており、実名と官途が確認される（「報国寺文書」『神奈川県史資料編3上』五一二一号）。文正元年（一四六六）六月三日に、室町幕府将軍足利義政から、前年から犬懸家政憲に従って武蔵国五十子陣に在陣していることを賞す感状を与えられている（「御内書案」）。このことからみて、この時期は、堀越公方足利政知に従う存在であったことがうかがわれる。

文明三年（一四七一）に、菩提寺報国寺の寺領に扇谷家家宰太田道灌から夫役が賦課されたことについて、同寺から訴えられたため、それを山内家家宰長尾景信に訴え、六月十六日付けで長尾景信から報国寺に年貢についても違乱があってはならないことの保証をうけた文書を出してもらっており、正文は憲能が所持している（「報国寺文書」『神奈川県史資料編3下』六三一七号）。同九年からの長尾景春の乱では、武蔵国河越城から太田道灌が移った際に、「本郷入道」とともに、道灌から依頼をうけて同城に在城している（「太田道灌状」『新編埼玉県史資料編5』一〇〇三号）。この頃から扇谷家に従う存在になっていたとみられる。なお、「本郷入道」については不明だが、憲能に続けてあげられており、かつ道灌から「殿」付けで呼ばれていることから、宅間家の一族の可能性があろう。

その後の所見はないが、正長元年に家督を継いでいたとすれば、すでに五十年近くが経っているので、しばらくして死去したものとみられる。子女には、憲清（左衛門佐）・能香（六郷五郎）・朝重（六郎、「朝長」か、小山田家朝重の養子）・統栄（建長寺僧）・順星（極楽寺）・長怡（極楽寺地蔵院）・恵胤（極楽寺宝塔院）・上総国長南武田宮内少輔妻（星川殿母）・女子があったと伝えられている（「浅羽本上杉系図」「上杉系図」〈続群書類従巻一五四〉）。家督は嫡子憲清が継いだ。

上杉四郎・弥五郎

宅間家の一族か。文正元年（一四六六）六月三日に、室町幕府将軍足利義政から、前年から犬懸家政憲に従って武蔵国五十子陣に在陣していることを賞す感状を与えられている（「御内書案」）。宅間家憲能に並んで、「同四郎」「同弥五郎」とみえている。これまで、四郎は山内家顕定に、弥五郎は四条家憲秀の子藤秀に比定されることもあるが、犬懸家政憲の軍事指揮に従っていることからみて、別人と考えるのが妥当であろう。宅間家憲能に並んでみえていることからすると、その子の可能性が高いとみられる。その場合、四郎は憲能の嫡子憲清に、弥五郎は次男能香に比定される可能性があろう。

上杉憲清

宅間家憲清の嫡子。左衛門佐を称した。実名は「上杉系図」などによる。現在のところ、当時の史料では確認できない。文明九年（一四七七）正月に長尾景春の乱によって、享徳の乱における上杉方の本陣であった武蔵国五十子陣が崩壊した際に、弟能香とともに扇谷家定正に従って上野国に退去したことが知られる（「太田道灌状」

『新編埼玉県史資料編5』一〇〇三号)。「左衛門佐殿」とみえているので、同官途を称したことが確認される。それまで定正とともに、同陣に在陣していたことがうかがわれる。

当時の史料所見はこれのみであり、子に定兼(三郎)があったと伝えられている。実名のうちの「定」字は、山内家顕定からの偏諱と推測されるので、長尾景春の乱後、具体的には長享の乱の時期には、山内家に従う存在になったことがうかがわれる。

上杉能香

宅間家憲能の次男で、憲清の弟。五郎を称した。実名は「上杉系図」などによる。現在のところ、当時の史料では確認できない。文明九年(一四七七)正月に長尾景春の乱によって、享徳の乱における上杉方の本陣であった武蔵国五十子陣が崩壊した際に、兄憲清とともに扇谷家定正に従って上野国に退去したことが知られる(「太田道灌状」『新編埼玉県史資料編5』一〇〇三号)。それまで定正とともに、同陣に在陣していたことがうかがわれる。「六郷五郎」とみえているので、武蔵国六郷保を所領としたことがうかがわれる。

当時の史料所見はこれのみであるが、「三浦系図伝」(『北区史資料編古代中世2』第五編二三号)では、三浦時高の娘に「上杉宅間五郎能香妻」とあるので、妻は三浦時高の娘であったことが知られる。三浦時高は扇谷家持朝と同世代の人物であり、その養子高救は持朝の次男であった。そうすると、時高の娘は高救と同世代とみられるから、およそ永享年間(一四二九~四一)の生まれと推測され、能香もその頃の生まれとみられるであろう。

［不明］

上杉宮内大輔

〈寛正元年（一四六〇）〉四月二十一日付けで、前年の上野国羽継原合戦での戦功を賞した室町幕府将軍足利義政から感状を与えられたものとして、「上杉宮内大輔」がみえている（「御内書案」）。現在のところ、この時期の同官途を称している上杉氏一族の存在は確認されていない。官途名からすると、それ以前の時期には犬懸家憲秋がそれを称していたとみられるが、彼は享徳の乱勃発時に死去しており、この時期には存在していない。

そうすると、この「宮内大輔」はその後継者ともみられるが、憲秋の子には、憲秋死去以前に死去したと想定される長男憲久と、享徳の乱勃発後の元服と想定される次男憲定しか知られず、ともに該当しない。この「宮内大輔」は、官途名を称していることからみて、少なくとも三十歳代に達していた可能性が高く、永享年間頃に誕生した人物であったと推測される。

したがって現在のところ、この「宮内大輔」がどの系統に位置する人物なのかは、不明としておくしかない。

おわりに

本稿では、鎌倉公方四代足利持氏が死去した永享十一年（一四三九）から、鎌倉公方五代で古河公方初代の足利成氏の政治行動の終見である延徳二年（一四九〇）までの五十年間に、当時の史料に所見された上杉氏一族について、個々に取り上げてきた。対象となった期間が長いこともあり、ここで取り上げた人物も四十九人の多きにのぼるものとなった。

永享の乱後から享徳の乱勃発までは、まがりなりにも室町幕府・鎌倉府体制が維持されていたため、上杉氏一族もその枠組みのなかで存在していた。鎌倉府では、関東管領を歴任した山内家が中心的な位置を占め、それに次いで永享の乱後に著しく政治的地位を上昇させた扇谷家が位置した。一族ではこの両家が卓越的な地位にあり、その他の一族については、庁鼻和家は山内家に忠実に従う立場をとっていたことがうかがわれる他は、小山田家や宅間家についてでは史料所見すらみられない状況になっている。また、この時期には、在京の上杉氏一族に関する史料所見が増えており、越後家や犬懸家・四条家・八条家の動向が顕著になっている。

享徳の乱による鎌倉府の崩壊は、上杉氏一族の在り方を決定的に変化させた。乱の展開においては、在京上杉氏一族のほとんどが関東に下向して乱を戦ったが、四条家の嫡流や八条家の一族は途中で京都に帰還して、以後は室町幕府の直臣としての活動に特化させている。また、乱の結果として、山内家・扇谷家・越後家については、それぞれ領域権力化を遂げて、いわゆる戦国大名化していったが、その他の一族については、それらに家臣化していく状況がみられていった。また、戦乱のなかで小山田家は滅亡し、庁鼻和家と宅間家は山内家に従う存在になった。犬懸家は堀越公方足利家の「執権」を務めたが、断絶している。上条家・山浦家、この時期に所見はないが山本寺家、それに八条家庶流数家は、越後家に従う存在になっている。

それらを経た結果として、自立的な領域権力として存続したのは、山内家・扇谷家・越後家であり、四条家・八条家が室町幕府の直臣として存続するにすぎなくなっている。また、享徳の乱以降においては、系譜的位置が明確ではない一族の存在が顕著になっている。それらのうち、右馬頭を山浦家、四郎を四条家、三郎を八条家、四郎・弥五郎を宅間家と推定したが、その当否については今後の検証に委ねたい。また、系統はわかっているものの、系譜的位置が明確ではないものに、庁鼻和家四郎、八条家治部少輔・刑部少輔・伊予守・房孝があった。それらの系譜的位置の確定は、今後における関連史料の発見に委ねざるをえない。さらには、系譜的位置がまったく推定できなかったものに、宮内大輔があったが、これについても今後の関連史料の発見に委ねたい。

享徳の乱以降は、所見される一族の数量は増えている一方で、それぞれの所見は少ないために、系譜関係の復元は容易ではない。それぞれは領域権力化するにせよ、その家臣化するにせよ、実質的には自力で存立を遂げることが基調になっており、それだけに没落する存在も多くみられるようになっている。鎌倉府の主要構成員として展開してきた上杉氏一族であったが、その体制崩壊にともなって、他の領主と同じく、自力による存立を果たしていくものとなっていったといえる。

上杉氏略系図

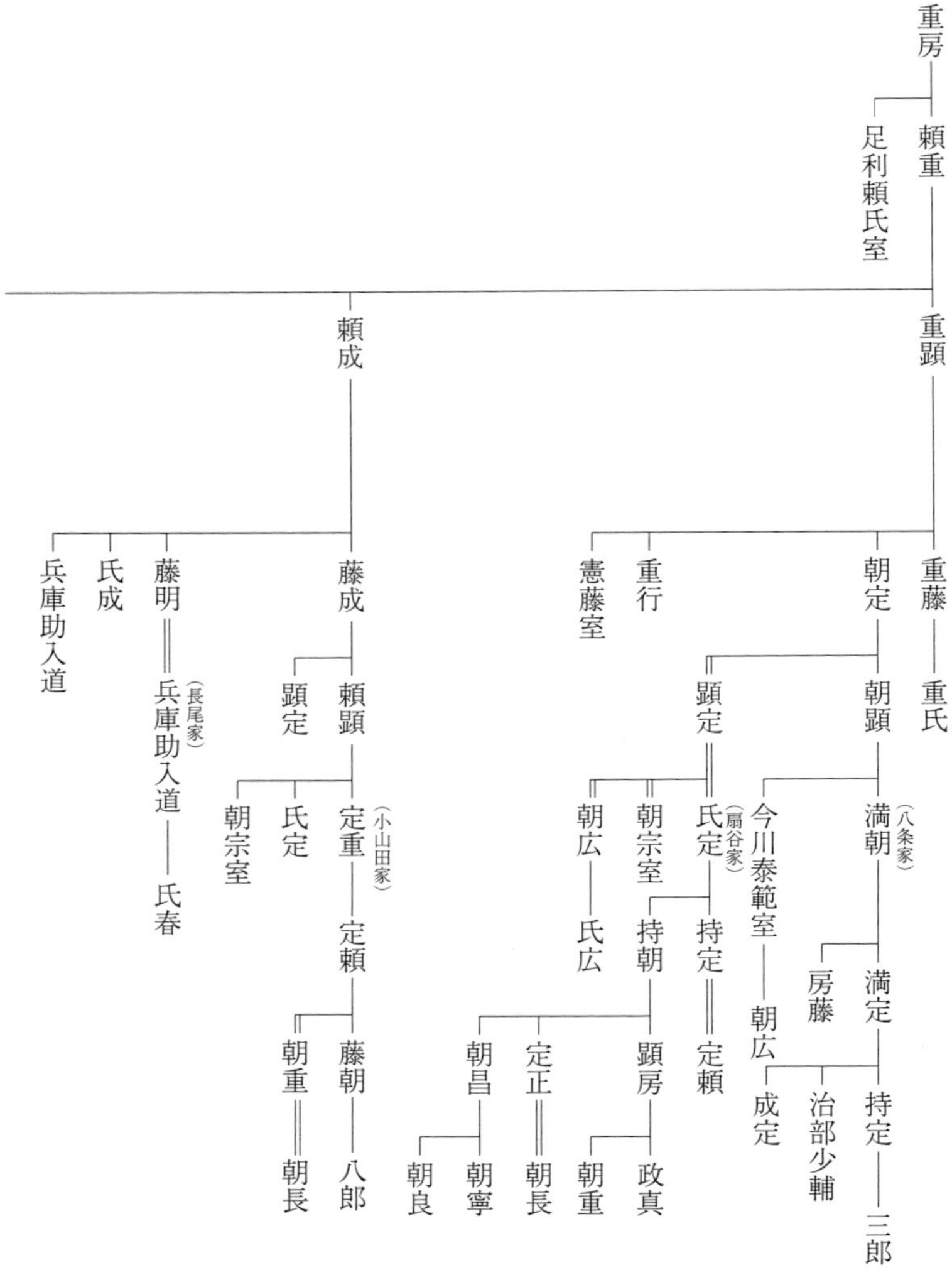
重房
頼重
足利頼氏室
重顕
頼成
重藤
重氏
朝定
朝顕
満朝
(八条家)
満定
持定
三郎
治部少輔
成定
房藤
今川泰範室
朝広
顕定
氏定
(扇谷家)
持定
定頼
持朝
顕房
政真
朝重
定正
朝長
朝昌
朝寧
朝良
朝宗室
朝広
氏広
重行
憲藤室
藤成
頼顕
定重
(小山田家)
定頼
藤朝
八郎
朝重
朝長
氏定
朝宗室
顕定
藤明
兵庫助入道
(長尾家)
氏春
氏成
兵庫助入道

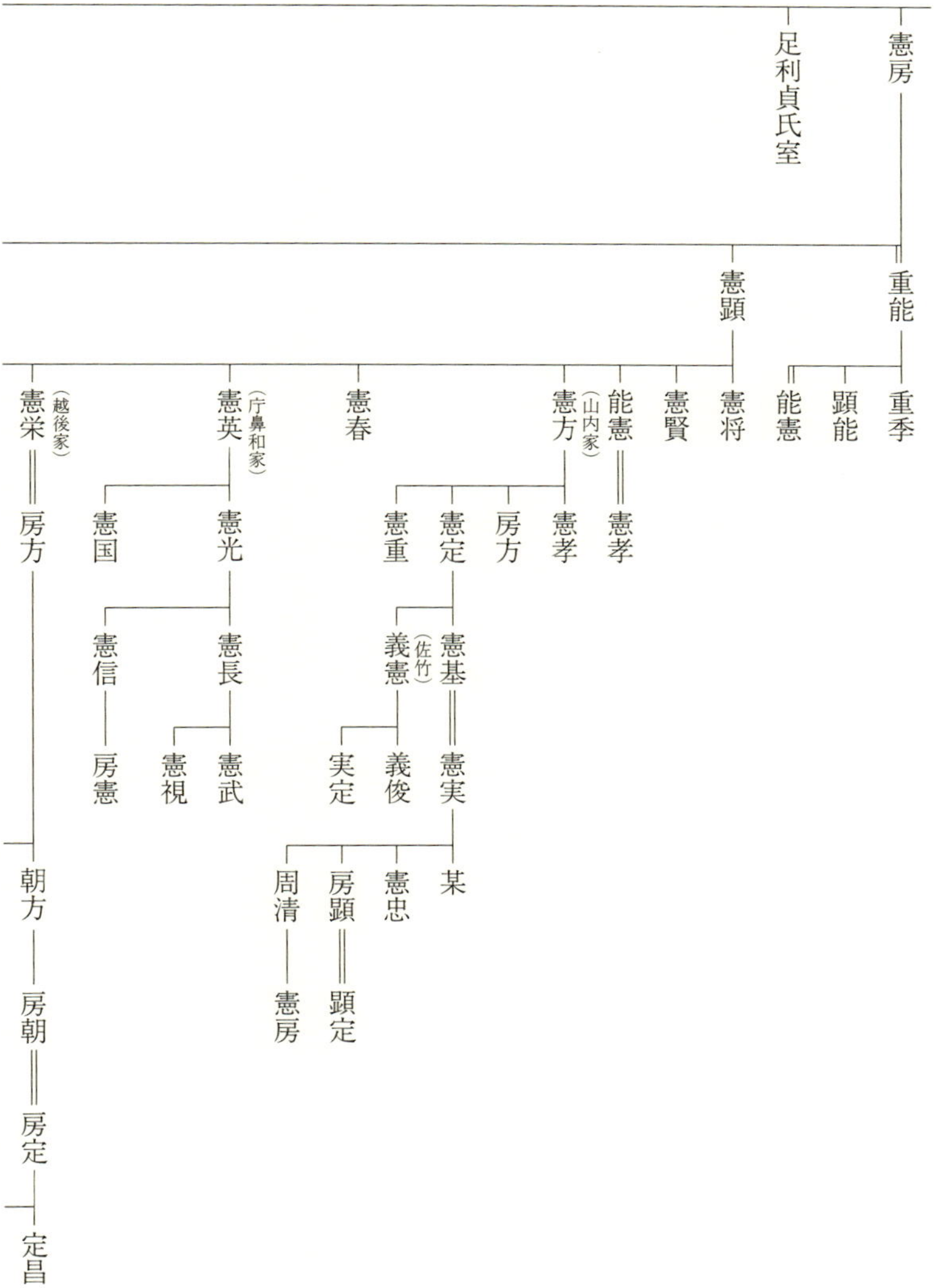
憲房
足利貞氏室
重能
憲顕
重季
顕能
能憲
憲将
憲賢
能憲
憲孝
憲方（山内家）
憲孝
房方
憲定
憲重
憲基
義憲（佐竹）
憲実
義俊
実定
某
憲忠
房顕
顕定
周清
憲房
憲春
憲英（庁鼻和家）
憲光
憲国
憲長
憲信
憲武
憲視
房憲
憲栄（越後家）
房方
朝方
房朝
房定
定昌

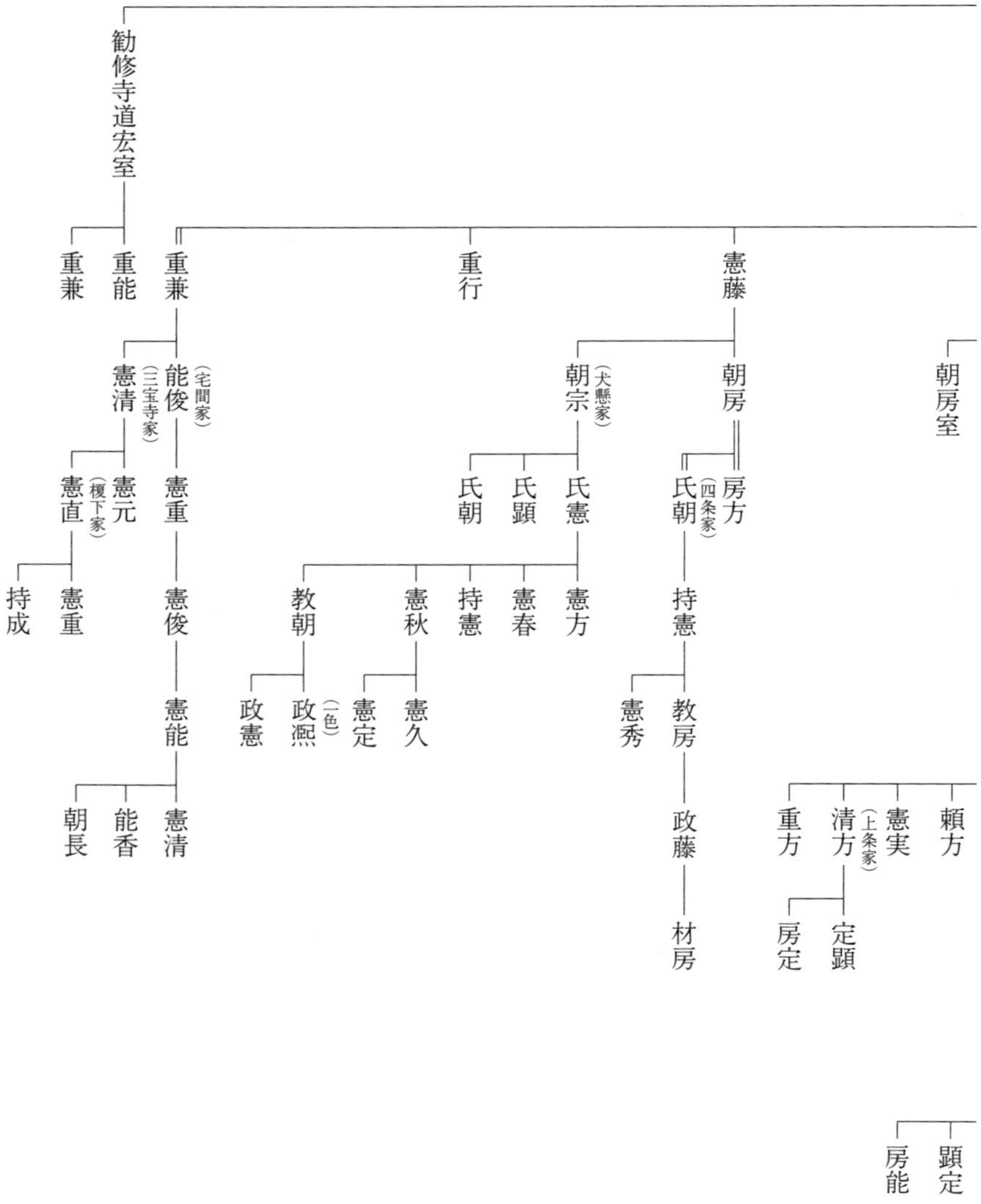
勧修寺道宏室
重兼
重能
重兼
重行
憲藤
朝房室
憲清（三宝寺家）
能俊（宅間家）
朝宗（犬懸家）
朝房
憲直
憲元（榎下家）
憲重
氏朝
氏顕
氏憲
氏朝（四条家）
房方
持成
憲重
憲俊
教朝
憲秋
持憲
憲春
憲方
持憲
政憲
政凞（一色）
憲定
憲久
憲秀
教房
憲能
朝長
能香
憲清
政藤
重方
清方（上条家）
憲実
頼方
材房
房定
定顕
房能
顕定

註

（1）拙稿「史料紹介・上杉憲実文書集（1）（2）」（『駿河台大学論叢』四六・四七号、二〇一三年）における文書番号を示す。以下、同じ。
（2）拙稿「史料紹介・上杉房顕文書集」（『駿河台大学論叢』四四号、二〇一二年）における文書番号を示す。以下、同じ。
（3）『戦国遺文　古河公方編』における文書番号を示す。以下、同じ。
（4）拙稿「史料紹介・上杉憲忠文書集」（『駿河台大学論叢』四三号、二〇一一年）における文書番号を示す。以下、同じ。なお本文書の月日は「十月十一日」付けだが、状況から十一月の可能性が高いとみられる。また、年代については、文安四年に比定していたが、拙著『長尾景仲〈中世武士選書26〉』（戎光祥出版、二〇一五年）で同年に比定した。
（5）上杉憲実の事蹟の詳細については、田辺久子『上杉憲実〈人物叢書222〉』（吉川弘文館、一九九九年）および前注拙著『長尾景仲』を参照。
（6）上杉清方の動向については、拙稿「上杉清方の基礎的研究」（拙編『関東管領上杉氏〈シリーズ・中世関東武士11〉』戎光祥出版、二〇一三年）を参照。
（7）拙編「戦国期山内上杉氏文書集」（拙著『戦国期山内上杉氏の研究〈中世史研究叢書24〉』岩田書院、二〇一三年）における文書番号を示す。以下、同じ。
（8）荒川善夫『戦国期北関東の地域権力〈戦国史研究叢書3〉』（岩田書院、一九九七年）。
（9）上杉顕定の事蹟の詳細については、森田真一『上杉顕定〈中世武士選書24〉』（戎光祥出版、二〇一四年）を参照。
（10）この頃の上杉憲房の立場については、拙稿「上杉憲房と長尾景春」（註7拙著所収）を参照。
（11）上杉房定については、山田邦明「上杉房定」（『新潟県史通史編2』第二章第二節第二項、新潟県、一九八七年）を参照。
（12）片桐昭彦「山内上杉氏・越後守護上杉氏の系図と系譜」（拙編『山内上杉氏〈シリーズ・中世関東武士12〉』戎光祥出版、二〇一四年、所収）。
（13）森田真一「上条家と享禄・天文の乱」（『笹神村史通史編』中世第四章第二節、笹神村、二〇〇四年）。

(14) 新倉善之「両山九世日純と上杉氏」(拙編『武蔵上田氏〈論集戦国大名と国衆15〉』岩田書院、二〇一四年、所収)。
(15) 湯山学「禅秀の乱後の犬懸上杉氏」(同著『関東上杉氏の研究〈湯山学中世史論集1〉』岩田書院、二〇〇九年)二六七頁。
(16) 一色政凞については、家永遵嗣『室町幕府将軍権力の研究〈東京大学日本史学研究叢書1〉』(東京大学日本史学研究室、一九九五年)三四〇～一頁に詳しい。
(17) 四条上杉氏に関する史料については、谷合伸介「八条上杉氏・四条上杉氏の基礎的検討」(『新潟史学』五一号、二〇〇四年)を参照。
(18) 拙編「扇谷上杉氏関連史料集」(拙編『扇谷上杉氏〈シリーズ・中世関東武士5〉』戎光祥出版、二〇一二年)における文書番号を示す。以下、同じ。
(19) 以後における扇谷家の動向の詳細については、拙稿「扇谷上杉氏の政治的地位」(前註拙編書所収)・拙著『扇谷上杉氏と太田道灌〈岩田選書・地域の中世1〉』(岩田書院、二〇〇四年)を参照。
(20) 八条上杉氏に関する史料については、註(17)谷合論文・森田真一「越後守護家・八条家と白河荘」(『笹神村史通史編』中世第四章第一節、笹神村、二〇〇四年)・註(9)森田著書を参照。
(21) なお註(19)拙著では、扇谷家朝昌に比定したが、その後の八条家に関する研究により、八条家刑部少輔(成定)に比定するのが妥当と考える。
(22) なお、片桐昭彦「房定の一族と家臣」(『上越市史通史編2』第三部第一章第二節、上越市、二〇〇四年)は、この伊予守について、明応八年(一四九九)三月四日とされる百韻連歌会に参加した「上杉伊予守能重」にあてる見解を示している。しかし、同連歌会の参加者には、高師直・大高重成・長井広秀がみえるから、南北朝期のものととらえるのが妥当である(『連歌資料のコンピュータ処理の研究』〈明治書院、一九八五年〉五八頁)。したがって伊予守能重も、同期の上杉氏一族となるが、残念ながら系譜的位置は不明である。世代的には、朝定・憲顕・重能と同世代にあたるとみなされるから、それらの兄弟・従兄弟であったと推測される。伊予守の受領名はこの後、朝定の養子顕定(朝定の従弟藤成の子)が継承しているので、それらの血統に属した人物かもしれない。その系譜的位置の解明は、今後の課題である。

（23）　長井氏については、拙稿「戦国時代の椚田長井氏」（註7拙著所収）を参照。

Ⅸ　足利成氏の妻と子女

谷口雄太

本稿は、足利成氏の妻と子女について整理・確認するものである。なお、このテーマについてはすでに佐藤博信氏が詳しく述べておられる[1]ので、以下それを参照しつつ、改めて見ていくことにする。

一、足利成氏の妻

各種系図によれば、足利成氏の妻は簗田長門守直助女（『簗田系図』・『与五将軍系図』『総和町史』資料編原始・古代・中世、七一八頁・七二〇頁）、あるいは、簗田長門守直助孫（『簗田系図』七一九頁）、あるいは、簗田河内守持助女（『系図纂要』一〇、五九〇頁）とある。だが、世代的には直助孫か持助女が妥当だろう。なお、系図以外につき、享徳の乱時、「若御料」（足利政氏）が「河内守」（簗田持助）の「館江御移候」という記述が「真壁文書」（足利成氏書状『戦国遺文』古河公方編、六六頁）の中に見られることから、成氏の妻が簗田氏だということは事実としてよいであろう。すなわち、足利持氏に続き、成氏も簗田氏から妻を迎えたことになる。自らを実態的に支える被官（近臣・奉公衆）層とのさらなる結合の結果といえよう。

二、足利成氏の子女

つづけて、ここからは足利成氏の子女について見ていく。各種系図等によれば、成氏には複数の子女が確認される。彼ら・彼女らについて、以下順次解説を加えていくことにする。

足利政氏

六代公方。文明十四年（一四八二）の都鄙和睦（享徳の乱の終結）以後、関東では上杉氏内部の対立が始まる。政氏は当初、扇谷上杉氏を支援したが、のちに山内上杉氏（関東管領上杉顕定）の支持に回り、自らの子（弟とも。後述）を顕定の養子（上杉顕実と称す）として、結び付きを深めた。だが、当該期、政氏は自らの子・足利高基と不和を生じさせており、政氏・高基両者の調停役となっていた顕定が越後国にて戦死（自害）すると、顕定の後継をめぐる山内上杉氏の内紛と連動して、父子抗争は全面化していく。さらに、政氏の子・空然（後の足利義明）も父からの自立を企て、伊勢宗瑞も関東に進出してくるなど、東国は混沌とした状態へと陥る。そうした中で結局、政氏は出家（吉山道長と称す）、武蔵国（久喜）へと移座し、享禄四年（一五三一）に死去した[2]。

以上のような政治面に加え、政氏は以下のような文化面も注目される。たとえば、猪苗代兼載（連歌師）・玉隠英璵（鎌倉五山禅僧）・賢江祥啓（関東水墨画僧）らといった文人との交流や、サロン的雰囲気の醸成に伴う政氏本人及びその周辺の文化的志向性、さらに、鎌倉五山・関東十刹をはじめとする寺社宗教勢力との関係や、都市鎌倉・文芸復興への支援などである。[3] ほかにも、「足利政氏書札礼」を作成して、儀礼的秩序の再編・固定化も図り、それが以後の公方の規範となっていく[4]など、政氏（政氏期）の文化・宗教・儀礼関係の諸動向には目を見張るものがある。

足利成経

西尾市岩瀬文庫蔵『公武大体略記』（一四八函五番）の奥書には「長禄二年三月十四日　空蔵〈六十四歳〉書レ之」とあるが、そのさらに奥に以下のようにある。

鎌倉殿
成氏　御息成経
成氏御舎弟
若宮殿　経義
キヤウケン院殿
政義

これによると、足利成氏の子として足利成経という人物がいたことになる。その他、「成氏御舎弟」として定尊らしき人物、また、「キヤウケン院殿」（香厳院殿）として足利政知らしき人物なども載せられている。いずれも新知見であり、関係史料も現状見当たらないが、仮に事実だとすると、成経は政氏の兄となろうか（ただし、早世したものと思しい）。

周璸

足利政氏の弟。『系図纂要』（一〇、五九〇頁）によれば、若宮別当とある。だが、鶴岡八幡宮の社務としての動きは確認できていない。

貞岩（貞厳）

足利政氏の弟、あるいは子。武蔵（久喜）甘棠院の初代住持（開山）。甘棠院は政氏の隠居所を寺にしたものといわれる。(5)貞岩は、各種系図類等には政氏の子とあるが、近世成立の『甘棠院由緒書上』・『武州太田庄久喜之郷永安山甘棠院由緒之事』（「甘棠院文書」『久喜市史』資料編三近世二、三六四頁～三六六頁・三七八頁～三七九頁）には政氏の弟とある。この問題につき、佐藤博信氏は(6)「津久井光明寺文書」の中に「貞岩和尚」なる人物を見い出して（上杉朝良書状『津久井市史』資料編考古・古代・中世、七六四頁～七六五頁）、津久井桐谷宝積寺(7)（このとき建長寺末）領の保護に関し、彼が扇谷上杉朝良に対して「一筆」を啓上していることから、年代的に見て、貞岩＝政氏弟説を支持している。また、佐藤氏は甘棠院所蔵の足利政氏画像に「自書」した「甘棠小比丘」（『古河市史』資料中世編、一八八頁～一八九頁）についても貞岩ではないかとしている（なお、「賛」をしたのは、当時の鎌倉禅林を代表した建長寺の玉隠英璵である）。いずれも従うべき見解であろう。貞岩と足利氏・上杉氏・津久井桐谷宝積寺・建長寺との関係がうかがえる。

上杉顕実？

足利政氏の弟、あるいは子。足利四郎義綱（『喜連川判鑑』・『下野喜連川足利家譜』『古河市史』資料編中世、七一二頁・七二六頁）ともいわれる。顕実は、そうじて足利氏にかかる各種系図類等には政氏の弟とあるが、上杉氏にかかるそれには政氏の子とある（『上杉系図』『続群書類従』六下、七〇頁・一〇一頁）。この問題につき、彼は永正年間（一五〇四～一五二一）初頭頃、関東管領上杉顕定の養子として入嗣しており(8)、政氏・顕定両者がおおよそ同世代と見られることから、顕定の養子となった顕実は（政氏の弟というよりも）政氏の子と考えた方がよいか(9)。

女子

足利政氏の姉妹。昌全。鎌倉太平寺住持。足利成氏の姉妹・昌泰も太平寺に入っており、そうした路線を継承して昌全も同寺に入ったものと考えられる。すなわち、在古河の公方による御連枝の鎌倉寺院入りである。古河公方にとっての鎌倉の重要性のほどがうかがえる。

女子

足利政氏の姉妹。『古河公方系図』（『古河市史』資料編中世、六九八頁）によれば、六角高頼の妻とある。これについては佐々木哲(10)・和氣俊行(11)の両氏が詳しく検討しており、それらよると、同説につき、年齢的には問題はなく、政治的にもありえるのではないか（対東幕府上における、古河公方―西幕府の提携）という。家格的にはなお微妙であるが、拙稿「足利基氏の妻と子女」（黒田基樹編著『足利基氏とその時代』戎光祥出版、二〇一三年）でも触れたように、関東足利氏と近江六角氏とはすでに南北朝期には姻戚関係があった可能性がある。したがって、成氏の娘が六角氏に嫁いだことも、ありえようか。とはいえ、いまだ可能性のレベルにとどまっている段階であり、なお検討の余地は十分にある。

以上、足利成氏の妻と子女について検討を加えた次第である。

註

（1）「足利政氏とその文書」（同『中世東国足利・北条氏の研究』岩田書院、二〇〇六年、初出一九七三年）五五頁～七六頁（以下、佐藤A論文と表記）。

（2）佐藤A論文、同「足利政氏の印判について」（同『中世東国の支配構造』思文閣出版、一九八九年、初出一九七五年）三〇九頁～三一五頁、同「足利政氏とその時代」（同『古河公方足利氏の研究』校倉書房、一九八九年、初出一九八三年）一〇一頁～一一二頁（以下、佐藤B論文と表記）、同「東国における永正期の内乱について」（同『続中世東国の支配構造』思文閣出版、一九九六年、初出一九九三年）五〇頁～七六頁、同「古河公方足利政氏に関する一考察」（同『中世東国の権力と構造』校倉書房、二〇一三年、初出二〇一〇年）一〇五頁～一一五頁（以下、佐藤C論文と表記）。

（3）佐藤博信「古河公方周辺の文化的諸相」（同『続中世東国の支配構造』思文閣出版、一九九六年、初出一九九一年）九四頁～一二二頁（以下、佐藤D論文と表記）、長塚孝「古河公方足利氏と禅宗寺院」（『葦のみち』二、一九九〇年）六四頁～八八頁、同「足利成氏の公帖」（『戦国史研究』三七、一九九九年）二六頁～二七頁、阿部能久「関東公方の関東禅院支配」（同『戦国期関東公方の研究』思文閣出版、二〇〇六年、初出二〇〇〇年）一五五頁～一七三頁、斎藤夏来「室町期関東公方の公

帖発給」(『禅文化研究所紀要』二八、二〇〇六年)一七九頁〜二〇二頁、田中宏志「古河公方と曹洞宗」(『曹洞宗総合研究センター学術大会紀要』一二、二〇一一年)二三五頁〜二三八頁、平井良直「古河公方ゆかりの美術」(古河歴史シンポジウム実行委員会編『古河の歴史を歩く』高志書院、二〇一二年)一三六頁〜一五五頁、川本慎自「室町時代の鎌倉禅林」(村井章介編『東アジアのなかの建長寺』勉誠出版、二〇一四年)二九四頁〜三〇三頁。

(4) 和氣俊行「「足利政氏書札礼」の歴史的性格をめぐって」(荒川善夫・佐藤博信・松本一夫編『中世下野の権力と社会』岩田書院、二〇〇九年)一〇七頁〜一三八頁。

(5) 『久喜市史』通史編上巻(久喜市、一九九二年)三一一頁〜三一二頁・八一二頁。なお、甘棠院全体については『甘棠院文書展』(久喜市公文書館、一九九三年)も参照。

(6) 佐藤C論文、一一三頁〜一一四頁。なお、貞岩については佐藤D論文、一〇一頁・一一八頁。

(7) 同寺については川本慎自「光明寺と二つの宝積寺」(『津久井光明寺』神奈川県立金沢文庫、二〇一五年、初出二〇一二年)八頁〜一五頁。

(8) 佐藤B論文、一〇六頁。

(9) 黒田基樹「扇谷上杉氏と渋江氏」(同『戦国期東国の大名と国衆』岩田書院、二〇〇一年、初出一九九四年)七三頁。

(10) 「六角氏」(小和田哲男編『戦国大名閨閥事典』二、新人物往来社、一九九六年)二一〇頁、『佐々木六角氏の系譜』(思文閣出版、二〇〇六年)一一六頁。

(11) 「享徳の乱と応仁・文明の乱」(『法政史学』六二、二〇〇四年)四一頁〜六二頁。

足利成氏発給文書目録

黒田基樹 編

表　足利成氏発給文書目録

NO	年月日	様式	署判	宛所	出典	刊本
1	(嘉吉元)12・29	書状	万寿王丸	石川中務少輔	石川文書	戦古1
2	(宝徳2)5・12	書状写	成氏	左衛門督入道	鎌倉大草紙	戦古4
3	宝徳2・5・25	願文写	左馬頭源朝臣成氏（花押）	稲荷大明神	古証文	戦古5
4	(宝徳2)	条書			喜連川文書	戦古6
5	宝徳2・7・17	御教書写	（花押）	鶴岡八幡宮神主山城守	鶴岡神主家伝文書	戦古7
6	宝徳2・9・21	御教書	（花押）	当社少別当	大庭文書	戦古8
7	宝徳2・10・29	御教書	（花押1）	若宮別当	鶴岡八幡宮文書	戦古9
8	宝徳2・11・14	御教書	（花押1）	簗田中務少輔	妙国寺文書	戦古10
9	宝徳3・9・5	御教書	（花押1）	鶴岡八幡宮神主	鶴岡八幡宮文書	戦古12
10	宝徳3・9・23	御教書	（花押1）	恵光院卿法印	相模文書	戦古13
11	宝徳3・9・23	御教書	（花押1）	（欠）	荏柄天神社文書	戦古14
12	享徳2・2・16	御教書写	（花押1）	香取大禰宜	香取大禰宜家文書	戦古16
13	享徳2・5・8	御教書	従四位下（花押1）	当寺別当	妙国寺文書	戦古17

14	享徳2・12・15	御教書	（花押1）	当寺長老	浄光明寺文書	戦古18
15	（年未詳）3・23	書状	（花押1）	真壁安芸守	真壁文書	戦古218
16	（年未詳）3・25	書状写	成氏（花押1カ）	逸見源太郎	逸見文書	戦古222
17	（年未詳）6・18	書状写	（花押1）	小山下野守	栃木県庁採集文書	戦古252
18	（年未詳）7・22	書状	（花押1）	小山下野守	松平基則氏所蔵文書	戦古264
19	（年未詳）8・16	書状	（花押1）	円城寺下野守	円城寺文書	戦古273
20	（年未詳）8・16	書状写	（花押1）	大山因幡守	秋田藩家蔵文書	戦古274
21	（年未詳）9・17	書状	（花押1）	小山下野守	小山文書	戦古286
22	（享徳3）12・29	感状写	成氏	岩松右京大夫	正木文書	戦古19
23	享徳4・1・5	願文	左兵衛督源朝臣成氏（花押2）	稲荷大明神	烏森神社文書	戦古20
24	（享徳4カ）1・5	書状写	御判	鹿島又次郎	常陸遺文	戦古15
25	享徳4・1・7	御教書写	（花押2）	大山因幡守	秋田藩家蔵文書	戦古21
26	（享徳4）1・13	書状写	成氏在判	岩松左京大夫	正木文書	戦古194
27	享徳4・1・14	御教書	（花押2）	豊島勘解由左衛門尉	豊島宮城文書	戦古22
28	享徳4・1・14	御教書	（花押2）	豊島三河守	豊島宮城文書	戦古23
29	（享徳4カ）1・27	書状	（花押2）	赤堀掃部助	赤堀文書	戦古201
30	享徳4・1・29	御教書写	（花押2）	大山因幡守	秋田藩家蔵文書	戦古24
31	享徳4・2・6	御教書写	（花押）	□□寺	武州文書	戦古25
32	（享徳4）2・7	感状写	（花押）	小田出羽太郎	常陸志料	戦古26
33	享徳4・2・丨	加判状写	（花押2）	（岩松右京大夫）	正木文書	戦古27
34	享徳4・3・3	御教書	（花押2）	高左京亮	高文書	戦古28
35	（享徳4）3・3	書状写	成氏在判	岩松左京大夫	正木文書	戦古29

36	(享徳4)3・5	書状写	成氏	岩松左京大夫	正木文書	戦古30
37	享徳4・3・12	感状	(花押2)	間宮肥前守	岩本院文書	戦古32
38	(享徳4)3・14	書状写	成氏	岩松左京大夫	正木文書	戦古33
39	(享徳4)3・19	書状	(花押2)	白川修理大夫	白河結城文書	戦古35
40	(享徳4)3・19	書状写	成氏	岩松左京大夫	正木文書	戦古36
41	(享徳4)3・23	書状写	成氏在判	岩松左京大夫	正木文書	戦古37
42	(享徳4)3・26	書状写	成氏在判	岩松右京大夫	正木文書	戦古39
43	(享徳4)4・3	書状写	成氏	岩松右京大夫	正木文書	戦古40
44	(享徳4)4・6	書状写	成氏在判	岩松右京大夫	正木文書	戦古44
45	(享徳4)4・11	書状写	成氏在判	岩松右京大夫	正木文書	戦古46
46	(享徳4)4・28	書状	成氏(花押3)	黄梅院	黄梅院文書	戦古47
47	(享徳4)4・晦	書状写	成氏	岩松右京大夫	正木文書	戦古48
48	(享徳4)閏4・2	書状	(花押3)	豊島太郎三郎	豊島宮城文書	戦古49
49	(享徳4)閏4・2	感状	(花押3)	那須越後守	那須文書	戦古50
50	享徳4・閏4・8	加判状写	(花押)	(岩松右京大夫)	正木文書	戦古51
51	(享徳4)閏4・9	感状	(花押3)	小田出羽太郎	宍戸文書	戦古52
52	(享徳4)閏4・11	書状	成氏(花押3)	岩松右京大夫	塚本文書	戦古53
53	(享徳4)閏4・13	書状写	成氏在判	岩松右京大夫	正木文書	戦古54
54	(享徳4)閏4・13	感状	(花押3)	那須越後守	那須文書	戦古55
55	(享徳4)閏4・19	書状写	成氏	岩松右京大夫	正木文書	戦古56
56	(享徳4)閏4・29	書状写	成氏	岩松右京大夫	正木文書	戦古57
57	(享徳4)5・12	書状	(花押3)	赤堀下野守	赤堀文書	戦古59

58	(享徳4)5・13	書状写	成氏	岩松右京大夫	正木文書	戦古60	
59	(享徳4)5・18	書状	(花押3)	赤堀下野守	赤堀文書	戦古61	
60	(享徳4)5・20	書状写	成氏在判	岩松左京大夫	正木文書	戦古62	
61	(享徳4)5・21	書状	(花押3)	那須越後守	那須文書	戦古63	
62	(享徳4)5・21	書状	(花押3)	那須越後守	那須文書	戦古64	
63	(享徳4)5・22	感状	(花押3)	比楽遠江守	中島大住氏所蔵文書	戦古65	
64	(享徳4)5・25	書状写	成氏在判	岩松左京大夫	正木文書	戦古66	
65	(享徳4)5・25	書状写	成氏在判	岩松左京大夫	正木文書	戦古67	
66	(享徳4)5・27	書状写	成氏	岩松左京大夫	正木文書	戦古68	
67	(享徳4)5・晦	書状写	成氏在判	岩松右京大夫	正木文書	戦古69	
68	(享徳4)6・2	書状写	成氏	岩松右京大夫	正木文書	戦古70	
69	(享徳4)6・6	書状写	成氏	岩松右京大夫	正木文書	戦古71	
70	(享徳4)6・10	書状写	成氏	岩松右京大夫	正木文書	戦古72	
71	(享徳4)6・11	書状写	成氏	岩松右京大夫	正木文書	戦古73	
72	(享徳4)6・13	書状写	成氏	岩松右京大夫	正木文書	戦古74	
73	(享徳4カ)6・19	加判状写	(花押)	(岩松右京大夫持国)	正木文書	戦古253	
74	享徳4・6・26	願文	左兵衛督源朝臣(花押3)	足利荘伊勢宮	鑁阿寺文書	戦古75	
75	享徳4・6・26	願文	左兵衛督源朝臣(花押3)	足利荘熊野宮	鑁阿寺文書	戦古76	
76	享徳4・6・26	願文	左兵衛督源朝臣(花押3)	足利荘熊野宮	鑁阿寺文書	戦古77	
77	享徳4・6・26	願文	左兵衛督源朝臣(花押3)	足利荘蔵王権現	鑁阿寺文書	戦古78	
78	(享徳4)7・6	書状写	成氏在判	岩松右京大夫	正木文書	戦古79	
79	(享徳4)7・13	書状	(花押3)	那須越後守	那須文書	戦古80	

80	享徳4・7・13	加判状写	（花押）	（岩松右京大夫）	正木文書	戦古81
81	享徳4・7・13	加判状写	（花押）	（岩松右京大夫持国）	正木文書	戦古82
82	享徳4・7・13	加判状写	（花押）	（二階堂信濃三郎）	静嘉堂文庫集古文書	戦古83
83	（康正元）7・29	書状	（花押3）	那須越後守	那須文書	戦古84
84	（康正元）8・19	書状	（花押3）	那須越後守	那須文書	戦古85
85	（康正元カ）8・19	書状	（花押3）	那須越後守	那須文書	戦古126
86	（康正元）9・26	感状	（花押3）	白川修理大夫	白河結城文書	戦古86
87	（康正元）10・28	感状写	成氏（花押）	那須越後守	那須隆氏所蔵那須文書	戦古87
88	（康正元）10・28	感状写	（花押）	桐生次郎左衛門尉	桐生文書	戦古88
89	享徳4・10・1	加判状写	（花押）	（宍戸一木伊勢守持周）	安得虎子	戦古89
90	（康正元）11・1	書状写	（花押）	白川修理大夫	楓軒文書纂	戦古90
91	（康正元）11・7	書状	（花押3）	白川修理大夫	白河結城文書	戦古91
92	（康正元）12・13	書状写	成氏	岩松右京大夫	正木文書	戦古92
93	（康正元）12・15	書状	成氏（花押3）	鑁阿寺供僧中	鑁阿寺文書	戦古93
94	（康正元）12・18	書状	（花押3）	那須越後守	那須文書	戦古94
95	享徳4・12・23	禁制	（花押3）	鑁阿寺	鑁阿寺文書	戦古95
96	（康正2）1・7	書状写	成氏	岩松右京大夫	正木文書	戦古96
97	（康正2）1・13	書状写	成氏	岩松右京大夫	正木文書	戦古97
98	（康正2）1・16	書状写	成氏在判	岩松左京大夫	正木文書	戦古98
99	（康正2）1・16	書状	（花押3）	那須越後守	那須文書	戦古99
100	（康正2）1・20	書状写	成氏	岩松右京大夫	正木文書	戦古100
101	（康正2）1・25	書状	（花押3）	高左京亮	高文書	戦古101

102	（康正２）１・25	書状写	成氏在判	岩松右京大夫	正木文書	戦古102
103	（康正２）１・27	書状写	成氏在判	岩松左京大夫	正木文書	戦古103
104	（康正２）１・28	書状写	成氏在判	岩松右京大夫	正木文書	戦古104
105	（康正２）２・２	書状写	成氏在判	岩松右京大夫	正木文書	戦古105
106	（康正２）２・５	書状	（花押３）	那須越後守	那須文書	戦古106
107	享徳５・２・10	願文	左兵衛督源朝臣成氏（花押３）	武蔵国太田荘鷲宮大明神	鷲宮神社文書	戦古107
108	（康正２）２・21	書状	（花押３）	赤堀孫太郎	赤堀文書	戦古204
109	（康正２）２・27	書状写	成氏在判	岩松右京大夫	正木文書	戦古108
110	（康正２）２・29	書状写	成氏	岩松右京大夫	正木文書	戦古206
111	（康正２）３・３	感状	（花押３）	赤堀亀増丸	赤堀文書	戦古109
112	（康正２）３・５	書状写	成氏	岩松右京大夫	正木文書	戦古209
113	（康正２）３・６	書状	（花押４カ）	那須越後守	那須文書	戦古110
114	（康正２）３・９	書状写	成氏	岩松右京大夫	正木文書	戦古111
115	享徳５・３・９	証文	成氏（花押）	小山下野守	天翁寺文書	戦古112
116	（康正２）３・11	書状写	成氏	岩松右京大夫	正木文書	戦古31
117	（康正２）３・15	書状写	成氏	岩松右京大夫	正木文書	戦古34
118	（康正２）３・15	書状	（花押３）	那須越後守	那須文書	戦古113
119	（康正２）３・16	書状	（花押３）	簗田越後守	高文書	戦古114
120	（康正２）３・18	書状写	成氏	岩松左京大夫	正木文書	戦古115
121	（康正２カ）３・24	書状写	成氏	岩松右京大夫	正木文書	戦古38
122	（康正２カ）３・24	書状写	成氏	岩松右京大夫	正木文書	戦古220
123	（康正２）４・４	書状写	成氏	三条	武家事紀	戦古116

124	(康正2)4・4	書状写	成氏	右京大夫	武家事紀	戦古117
125	(康正2)4・5	感状写	成氏	岩松次郎	正木文書	戦古41
126	(康正2)4・5	書状写	成氏	岩松右京大夫	正木文書	戦古42
127	(康正2)4・5	書状写	成氏	岩松右京大夫	正木文書	戦古43
128	(康正2)4・5	書状	(花押3)	那須越後守	那須文書	戦古118
129	(康正2)4・7	書状写	成氏	岩松右京大夫	正木文書	戦古45
130	(康正2)4・19	書状	(花押3)	那須越後守	那須文書	戦古119
131	(康正2)4・22	書状	成氏(花押3)	六字院	鑁阿寺文書	戦古120
132	(年未詳)4・16	書状写	(花押3カ)	武田右馬助入道	士林証文	戦古230
133	(年未詳)	加判状	(花押3)	(赤堀亀増丸)	赤堀文書	戦古339
134	(康正2)5・1	書状写	成氏(花押)	那須越後守	集古文書	戦古58
135	(康正2)5・18	書状	(花押4)	那須越後守	那須文書	戦古121
136	(康正2)6・7	書状	(花押4)	那須越後守	那須文書	戦古122
137	(康正2)6・11	書状	(花押4)	那須越後守	那須文書	戦古123
138	(康正2)8・8	書状	(花押4)	那須越後守	那須文書	戦古124
139	(康正2カ)8・17	書状写	御判	鹿島六郎	常陸遺文	戦古125
140	(康正2)9・3	書状	(花押4)	那須越後守	那須文書	戦古127
141	(康正2)9・18	書状写	成氏	岩松右京大夫	正木文書	戦古128
142	(康正2)9・19	感状写	成氏	岩松右京大夫	正木文書	戦古129
143	(康正2)9・19	感状	(花押4)	高左京亮	高文書	戦古130
144	(康正2)11・8	書状	(花押4)	那須越後守	那須文書	戦古131
145	(康正2)11・14	書状	成氏(花押4)	小山下野守	小山文書	戦古132

146	（康正2）12・5	書状	（花押4）	那須越後守	那須文書	戦古133	
147	（康正2）	加判状	（花押4）	（赤堀孫太郎政綱）	赤堀文書	戦古338	
148	享徳6・4・13	加判状	（花押4）	（円覚寺黄梅院）	黄梅院文書	戦古134	
149	享徳6・6・21	御教書	（花押4）	真壁安芸守	真壁文書	戦古135	
150	（長禄2）閏1・11	契状写	成氏（花押）	小山下野守	小山氏文書	戦古136	
151	（長禄2）閏1・17	書状写	成氏	岩松右京大夫	正木文書	戦古137	
152	（長禄2カ）2・4	書状	（花押4）	石川治部少輔	石川文書	戦古138	
153	享徳7・4・20	感状	（花押4）	梅沢太郎	島津文書	戦古139	
154	（年未詳）1・13	感状	（花押4）	安保中務少輔	安保文書	戦古195	
155	（年未詳）3・23	書状	（花押4）	安保中務丞	安保文書	戦古219	
156	（年未詳）5・26	書状	（花押4）	安保中務少輔	安保文書	戦古241	
157	（年未詳）5・26	書状	（花押4）	安保中務少輔	安保文書	戦古242	
158	（年未詳）9・18	書状	（花押4）	宇都宮四郎	小田部好伸氏所蔵文書	戦古287	
159	（年未詳）11・28	感状	（花押4）	那須越後守	那須文書	戦古309	
160	（長禄2）9・17	書状写	書判如前	一族中	武家書簡	戦古140	
161	（長禄2カ）9・26	書状写	成氏（花押5カ）	小山下野守	小山氏文書	戦古141	
162	享徳7・12・11	感状写	成氏書判如前	長岡幸寿丸	武家書簡	戦古142	
163	（長禄3）10・21	感状	（花押5）	高三郎	高文書	戦古143	
164	享徳8・12・13	感状	（花押）	飯塚勘解由左衛門尉	山崎文書	戦古144	
165	（寛正2）10・2	書状	（花押5）	石河治部少輔	板橋文書	戦古145	
166	（寛正4）6・28	書状写	成氏	岩松三郎	岩松文書	戦古146	
167	（寛正4）閏6・8	書状写	成氏	岩松三郎	正木文書	戦古147	

168	(寛正4)7・5	書状写	成氏	岩松三郎	正木文書	戦古148
169	(寛正4)9・10	書状写	成氏	恩江和尚	正木文書	戦古149
170	(寛正4)11・27	書状写	成氏	新田左京亮	正木文書	戦古307
171	(寛正4)11・27	書状写	(花押)	沼尻和泉守	正木文書	戦古308
172	(寛正4)12・22	書状写	成氏	新田左京亮	正木文書	戦古320
173	(寛正4)12・27	書状写	成氏在判	岩松左京亮	正木文書	戦古336
174	(寛正5)3・5	書状写	成氏	岩松左京亮	正木文書	戦古210
175	(寛正5)3・5	書状写	成氏	岩松左京亮	正木文書	戦古211
176	(寛正5)3・11	書状写	成氏	岩松左京亮	正木文書	戦古212
177	(寛正5)6・13	書状写	成氏	岩松左京亮	正木文書	戦古249
178	享徳15・閏2・9	感状写	(花押)	小塙河内守	賜廬文庫文書	戦古150
179	(文正元カ)7・17	書状	成氏(花押5)	岩松左京亮	古河歴史博物館所蔵正木文書	戦古262
180	(応仁元カ)4・11	書状写	成氏在判	岩松左京亮	正木文書	戦古152
181	「享徳16」11・15	書状	成氏(花押5)	結城七郎	別符文書	戦古151
182	享徳17・1・16	御教書写	(花押)	大禰宜	塙不二丸氏所蔵文書	戦古153
183	享徳17・1・16	御教書	(花押)	香取大禰宜	香取大禰宜家文書	戦古154
184	(応仁2)10・11	感状写		別符三河守	駿河志料	戦古155
185	享徳17・10・15	感状写	(花押5カ)	河原屋七郎	秋田藩家蔵文書	戦古156
186	(応仁2)閏10・1	書状	成氏(花押5)	那須越後守	那須文書	戦古157
187	(応仁2)閏10・14	書状	成氏(花押5)	那須越後守	那須文書	戦古158
188	(応仁2)閏10・29	感状	(花押5)	高民部少輔	高文書	戦古159
189	(応仁2)11・1	書状	成氏(花押5)	那須越後守	那須文書	戦古160

190	（応仁2）11・28	感状	成氏（花押5）	那須越後守	那須文書	戦古161
191	（応仁2カ）12・14	書状	成氏（花押5）	那須越後守	那須文書	戦古162
192	享徳18・11・12	加判状	（花押5）	（高民部少輔師久）	高文書	戦古163
193	（文明3）4・5	書状	（花押5）	横瀬信濃守	園田文書	戦古226
194	（文明3）5・1	書状	（花押5）	高民部少輔	高文書	戦古164
195	（文明3）7・21	書状	（花押5）	茂木式部大夫	茂木文書	戦古165
196	享徳20・7・22	加判状	（花押5）	（茂木式部大夫持知）	茂木文書	戦古166
197	（文明3）8・6	書状	（花押）	香取大禰宜	香取大禰宜家文書	戦古167
198	（文明3）8・18	書状	（花押）	香取大禰宜	香取大禰宜家文書	戦古168
199	（文明3）8・19	書状	（花押）	香取大禰宜	香取大禰宜家文書	戦古169
200	（文明3）8・19	書状写	（花押）	小塙河内守	賜蘆文庫文書	戦古170
201	（文明3）11・27	書状	成氏（花押5）	那須越後守	那須文書	戦古306
202	（文明3）12・14	書状	成氏（花押5）	那須越後守	那須文書	戦古315
203	（文明9）3・7	感状	（花押5）	豊島勘解由左衛門尉	豊島宮城文書	戦古172
204	享徳26・9・10	加判状写	（花押）	（報国寺）	相州文書	戦古173
205	（文明9カ）12・1	書状	（花押5）	茂木上総介	茂木文書	戦古174
206	（文明10カ）1・24	書状写	成氏	兵部少輔	喜連川家文書案	戦古175
207	（文明10）2・9	書状写	成氏（花押）	小山梅犬丸	小山氏文書	戦古176
208	（文明10）2・29	書状写	成氏御判（花押）	安保中務少輔	安保清和氏所蔵安保文書写	戦古207
209	（文明10）3・3	書状写	（花押）	安保中務少輔	安保清和氏所蔵安保文書写	戦古171
210	享徳27・4・7	加判状	（花押5）	（安保中務少輔氏泰）	安保文書	戦古177
211	（文明10カ）7・21	書状	（花押5）	赤堀左馬助	赤堀文書	戦古178

212	(文明11)1・8	感状	(花押5)	安保中務少輔	安保文書	戦古179
213	(文明11)7・11	書状写	成氏御判	上杉民部大輔	蜷川文書	戦古182
214	(文明11)閏9・24	書状	(花押5)	別符三河守	別符文書	戦古180
215	(文明12)2・25	書状写	成氏御判	細川九郎	蜷川文書	戦古181
216	(文明12)10・8	書状写	成氏御判	以浩和尚	蜷川文書	戦古183
217	(文明12)10・23	書状写	成氏御判	細川九郎	蜷川文書	戦古184
218	(文明12・10・23)	書状写	御判	細川右馬頭	蜷川文書	戦古185
219	文明13・8・6	感状写	成氏(花押)	大島豊後	相州文書	戦古187
220	文明15・6・11	書状写	成氏	上杉民部大輔	異本上杉家譜	戦古188
221	文明15・8・10	公帖写	従四位下御判	顕騰西堂	蔭凉軒日録	戦古189
222	文明15・10・15	感状写	(花押)	綿延縫殿助	石塚文書	戦古190
223	(延徳元カ)7・5	書状写	(花押)	横瀬雅楽助	集古文書	戦古191
224	長享4・4・10	公帖	従四位下(花押)	秀伝西堂	永徳寺文書	戦古192
225	(年未詳)1・12	書状写	(花押)	横瀬信濃守	集古文書	戦古193
226	(年未詳)1・13	書状	(花押5)	茂木式部丞	茂木文書	戦古196
227	(年未詳)1・14	書状	(花押5)	茂木上総介	茂木文書	戦古197
228	(年未詳)1・19	書状	(花押5)	真壁安芸守	真壁文書	戦古198
229	(年未詳)1・23	書状	成氏(花押5)	遍照寺	遍照寺文書	戦古199
230	(年未詳)1・25	書状写	成氏(花押)	新田三郎	正木文書	戦古200
231	(年未詳)1・29	感状写	(花押)	渡辺周防守	石塚文書	戦古202
232	(年未詳)2・5	書状写	(花押)	石川五郎	石川氏文書	戦古203

233	（年未詳）2・9	書状	（花押5）	高瀬隼人入道	高瀬文書	行田市郷土博物館研究報告6集2頁
234	（年未詳）2・21	書状写	成氏御判	佐野一族中	喜連川家御書案留書	戦古205
235	（年未詳）2・29	書状	成氏（花押5）	中恩西堂	東慶寺文書	戦古208
236	（年未詳）3・11	書状写	（花押）	印東下野守	芹沢文書	戦古213
237	（年未詳）3・14	書状	（花押）	赤堀孫太郎	赤堀文書	戦古214
238	（年未詳）3・14	書状	成氏（花押5）	那須越後守	那須文書	戦古215
239	（年未詳）3・20	書状	（花押5）	小塙大炊助	小塙文書	戦古216
240	（年未詳）3・22	書状	成氏（花押5）	宇都宮右馬頭	弘前市立図書館所蔵阿保文書	戦古217
241	（年未詳）3・25	感状	（花押）	飯塚勘解由左衛門尉	山崎文書	戦古221
242	（年未詳）3・26	書状写	成氏	岩松左京亮	正木文書	戦古223
243	（年未詳）3・29	書状	（花押5）	島津隼人佐	島津文書	戦古224
244	（年未詳）4・3	書状	（花押5）	高民部少輔	高文書	戦古225
245	（年未詳）4・11	感状写	（花押5カ）	大山因幡入道	秋田藩家蔵文書	戦古227
246	（年未詳）4・11	書状	（花押5）	芳賀兵衛入道	遍照寺文書	戦古228
247	（年未詳）4・13	書状写	成氏（花押）	新田三郎	正木文書	戦古229
248	（年未詳）4・17	書状	（花押5）	（欠）	赤堀文書	戦古231
249	（年未詳）4・19	書状	（花押5）	白川修理大夫入道	白河結城文書	戦古232
250	（年未詳）4・19	書状	（花押5）	安保中務少輔	安保文書	戦古233
251	（年未詳）4・22	書状写	（花押）	二階堂信濃前司	静嘉堂文庫集古文書	戦古234
252	（年未詳）4・23	書状写	成氏	岩松右京大夫	正木文書	戦古235
253	（年未詳）4・28	書状	（花押5）	真壁掃部助	真壁文書	戦古236

254	（年未詳）5・6	書状写	成氏	岩松左京亮	正木文書	戦古237
255	（年未詳）5・8	書状	（花押5）	白川修理大夫入道	白河結城文書	戦古238
256	（年未詳）5・19	書状	（花押5）	芹沢土佐守	芹沢文書	戦古239
257	（年未詳）5・21	書状写	成氏（花押）	（欠）	集古文書	戦古240
258	（年未詳）5・27	感状	（花押5）	小塙小五郎	小塙文書	戦古243
259	（年未詳）5・27	書状写	成氏在判	岩松左京亮	正木文書	戦古244
260	（年未詳）6・1	書状	（花押5）	芹沢土佐守	芹沢文書	戦古245
261	（年未詳）6・6	書状	（花押5）	真壁掃部助	真壁文書	戦古246
262	（年未詳）6・11	書状	成氏（花押5）	小山下野守	小山文書	戦古247
263	（年未詳）6・11	書状	（花押5）	千野加賀守	千野文書	戦古248
264	（年未詳）6・14	書状	（花押5）	那須越後守	那須文書	戦古250
265	（年未詳）6・17	書状写	成氏	新田三郎	正木文書	戦古251
266	（年未詳）6・21	書状	成氏（花押5）	那須越後守	那須文書	戦古254
267	（年未詳）6・24	書状	（花押）	小田湊太郎	宍戸文書	戦古255
268	（年未詳）6・24	書状写	成氏御判	岩松右京大夫	正木文書	戦古256
269	（年未詳）6・25	書状	成氏（花押5）	極楽寺長老	極楽寺文書	戦古257
270	（年未詳）7・4	書状写	成氏（花押）	黄梅院主	集古文書	戦古258
271	（年未詳）7・4	書状	成氏（花押）	中恩首座	三浦光祥氏所蔵文書	戦古259
272	（年未詳）7・12	書状写	成氏	岩松右京大夫	正木文書	戦古260
273	（年未詳）7・17	感状	（花押5）	小塙大炊助	小塙文書	戦古261
274	（年未詳）7・18	書状	（花押5）	真壁掃部助	真壁文書	戦古263
275	（年未詳）7・28	書状写	成氏（花押）	西谷下野入道	武家書簡	戦古265

276	（年未詳）8・1	書状	（花押5）	茂木上総介	茂木文書	戦古266
277	（年未詳）8・1	書状	（花押5）	茂木式部丞	茂木文書	戦古267
278	（年未詳）8・1	書状写	成氏	岩松三郎	正木文書	戦古268
279	（年未詳）8・1	書状	（花押5）	那須越後守	那須文書	戦古269
280	（年未詳）8・5	書状	（花押5）	江島岩本坊	岩本院文書	戦古270
281	（年未詳）8・6	書状	成氏（花押5）	小山下野守	古河歴史博物館所蔵文書	戦古271
282	（年未詳）8・24	書状	成氏（花押5）	鷲宮神主	丸山千里氏所蔵文書	戦古272
283	（年未詳）8・16	感状写	（花押）	彦部中務丞	彦部文書	戦古275
284	（年未詳）8・18	書状写	成氏判如前	岩松右京大夫	武家書簡	戦古276
285	（年未詳）8・25	書状写	成氏	岩松左京亮	正木文書	戦古277
286	（年未詳）8・27	書状	（花押5）	那須越後守	那須文書	戦古278
287	（年未詳）8・27	書状	（花押5）	那須越後守	那須文書	戦古279
288	（年未詳）8・28	書状	（花押5）	小峰参河守	白河結城文書	戦古280
289	（年未詳）8・29	書状写	成氏	岩松左京亮	正木文書	戦古281
290	（年未詳）9・2	書状写		去沢蔵人佑	喜連川家文書案	戦古282
291	（年未詳）9・5	書状	成氏（花押5）	那須越後守	那須文書	戦古283
292	（年未詳）9・11	感状	（花押5）	鳥名木弾正忠	鳥名木文書	戦古284
293	（年未詳）9・13	書状	（花押5）	鑁阿寺	鑁阿寺文書	戦古285
294	（年未詳）9・21	書状写	成氏在判	岩松三郎	正木文書	戦古288
295	（年未詳）9・22	書状	（花押5）	南民部少輔	高文書	戦古289
296	（年未詳）9・24	書状	（花押5）	赤堀孫太郎	赤堀文書	戦古290
297	（年未詳）9・26	書状写	（花押）	小田出羽太郎	常陸志料	戦古291

298	（年未詳）10・2	書状	（花押5）	真壁掃部助	真壁文書	戦古292
299	（年未詳）10・12	書状	（花押5）	小野寺藤右衛門入道	小野寺文書	戦古293
300	（年未詳）10・17	書状	（花押）	赤堀孫太郎	赤堀文書	戦古294
301	（年未詳）10・20	書状	（花押5）	伊東右馬允	伊東文書	戦古295
302	（年未詳）10・20	書状写	（花押5カ）	福田帯刀左衛門尉	秋田藩家蔵文書	戦古296
303	（年未詳）10・22	書状写	（花押）	二階堂信濃前司	静嘉堂文庫集古文書	戦古297
304	（年未詳）10・28	書状写	成氏	岩松三郎	正木文書	戦古298
305	（年未詳）10・29	書状	（花押5）	那須越後守	那須文書	戦古299
306	（年未詳）11・3	感状	（花押）	（欠）	山崎文書	戦古300
307	（年未詳）11・13	書状	（花押5）	高民部少輔	高文書	戦古301
308	（年未詳）11・16	感状	（花押5）	二階堂篠窪次郎	青木信孝氏所蔵文書	戦古302
309	（年未詳）11・16	書状	（花押5）	南民部少輔	高文書	戦古303
310	（年未詳）11・19	感状写	（花押5カ）	簗右京亮	秋田藩家蔵文書	戦古304
311	（年未詳）11・20	感状	（花押）	飯塚勘解由左衛門尉	山崎文書	戦古305
312	（年未詳）12・5	書状写	成氏判	一色左馬助	喜連川家文書案	戦古310
313	（年未詳）12・6	感状	（花押5）	高民部少輔	高文書	戦古311
314	（年未詳）12・7	感状	（花押5）	那須越後守	那須文書	戦古312
315	（年未詳）12・9	書状	成氏（花押5）	那須越後守	那須文書	戦古313
316	（年未詳）12・11	書状	（花押5）	江戸越後守	江戸文書	戦古314
317	（年未詳）12・12	書状	（花押5）	高瀬隼人入道	高瀬文書	行田市郷土博物館研究報告6集2頁
318	（年未詳）12・15	書状	（花押5）	早河田民部少輔	高文書	戦古316

319	（年未詳）12・15	書状	成氏（花押5）	鑁阿寺	鑁阿寺文書	戦古317
320	（年未詳）12・17	書状	成氏（花押5）	鑁阿寺	鑁阿寺文書	戦古318
321	（年未詳）12・17	書状	成氏（花押5）	鑁阿寺	鑁阿寺文書	戦古319
322	（年未詳）12・22	書状	成氏（花押5）	鑁阿寺	鑁阿寺文書	戦古321
323	（年未詳）12・24	書状	（花押5）	興善寺	鑁阿寺文書	戦古322
324	（年未詳）12・24	書状	成氏（花押5）	鑁阿寺	鑁阿寺文書	戦古323
325	（年未詳）12・25	書状	成氏（花押5）	鑁阿寺	鑁阿寺文書	戦古324
326	（年未詳）12・25	書状	成氏（花押5）	鑁阿寺	鑁阿寺文書	戦古325
327	（年未詳）12・25	書状	成氏（花押5）	鑁阿寺	鑁阿寺文書	戦古326
328	（年未詳）12・25	書状	成氏（花押5）	鑁阿寺	鑁阿寺文書	戦古327
329	（年未詳）12・26	書状	（花押5）	興善寺	鑁阿寺文書	戦古328
330	（年未詳）12・26	書状	成氏（花押5）	鑁阿寺	鑁阿寺文書	戦古329
331	（年未詳）12・26	書状	成氏（花押5）	鑁阿寺供僧中	鑁阿寺文書	戦古330
332	（年未詳）12・26	書状	成氏（花押5）	鑁阿寺	鑁阿寺文書	戦古331
333	（年未詳）12・26	書状	成氏（花押5）	鑁阿寺	鑁阿寺文書	戦古332
334	（年未詳）12・26	書状	成氏（花押5）	小野崎越前守	阿保文書	戦古333
335	（年未詳）12・27	書状	成氏（花押5）	鑁阿寺	鑁阿寺文書	戦古334
336	（年未詳）12・27	書状	成氏（花押5）	鑁阿寺	鑁阿寺文書	戦古335
337	（年未詳）12・28	書状	（花押5）	鑁阿寺	鑁阿寺文書	戦古337

足利成氏・享徳の乱主要文献目録

石渡洋平　編

凡　例

一、本目録は足利成氏・享徳の乱に関する主要文献の目録である。なお一部、木下聡編「鎌倉府関係論文目録」（黒田基樹編著『足利満兼とその時代』戎光祥出版、二〇一五年）と重複するが、そのままとしたことを付記する。
一、自治体史類は、すべて割愛した。
一、再録書は初出以外はタイトルのみを示す。また、再録論文が多い場合は著書に代表させたものもある。

一九〇六　辻善之助「「都鄙」和睦と禅僧の居中斡旋」（『史学雑誌』一七―三、同『日本仏教史之研究』続編、金港堂、一九三一）
一九一七　渡辺世祐「都鄙和睦について」（『史学雑誌』二八―六、同『国史論叢』文雅堂、一九五六）
一九二六　渡辺世祐『関東中心足利時代之研究』（雄山閣、後復刊、新人物往来社、一九七一）
一九五二　永原慶二「東国における惣領制の解体過程」（『史学雑誌』六一―三、同『日本封建成立過程の研究』岩波書店、一九六一）

一九六三　峰岸純夫「東国における十五世紀後半の内乱の意義」（『地方史研究』六六、同『中世の東国―地域と権力』東京大学出版会、一九八九）
一九七二　佐藤博信「『殿中以下年中行事』に関する一考察」（『民衆史研究』一〇、同『中世東国足利・北条氏の研究』岩田書院、二〇〇六）
一九七四　稲垣泰彦「古河公方と下野」（『栃木県史研究』七、同『日本中世の社会と民衆』三省堂、一九八四）
一九七四　佐藤博信「足利成氏とその文書」（『日本歴史』三〇八、同『中世東国足利・北条氏の研究』）
一九七八　浅沼徳久「室町時代における日光山の私年号使用」（『古文書研究』一二）
一九七八　勝守すみ編著『長尾氏の研究』（名著出版）
一九八一　百瀬今朝雄「足利成氏の家督相続と鎌倉帰還の時期について」（『神奈川県史研究』四六）
一九八一　佐藤博信「享徳の大乱の勃発をめぐって」（『戦国史研究』二、同『中世東国足利・北条氏の研究』）
一九八二　百瀬今朝雄「足利成氏の幼名について」（『日本歴史』四一四）
一九八六　市村高男「古河公方の権力基盤と領域支配」（『古河市史研究』一一）
一九八九　佐藤博信『古河公方足利氏の研究』（校倉書房）
一九八九　同　『中世東国の支配構造』（思文閣出版）
一九九一　千田孝明「足利成氏花押研究ノート」（『栃木県立博物館研究紀要』八）
一九九三　高橋浩昭「足利成氏の滝・島名御陣」（『市史編さんだより〈高崎市〉』六）
一九九四　市村高男『戦国期東国の都市と権力』（思文閣出版）

一九九四　長塚孝「享徳の乱に関する一史料」(『千葉史学』二四)
一九九五　家永遵嗣『室町幕府将軍権力の研究』(東京大学日本史学研究叢書)
一九九五　江田郁夫「享徳の乱と那須氏」(『戦国史研究』二九)
一九九五　山田邦明『鎌倉府と関東　中世の政治秩序と在地社会』(校倉書房)
一九九六　佐藤博信『続中世東国の支配構造』(思文閣出版)
一九九七　古河歴史博物館『古河公方展―古河足利氏五代の興亡―』(同館企画展示図録)
一九九七　佐々木茂「足利成氏文書と不改年号」(『歴史民俗資料学研究』二)
一九九八　久保賢司「享徳の乱における古河公方方の戦略的配置と御旗」(『泉石』四、黒田基樹編著『武田信長』戎光祥出版、二〇一一)
一九九九　久保賢司「二通の医療関係文書から―庁鼻和上杉氏の系譜と動向―」(『鎌倉』八九、黒田基樹編著『関東上杉氏一族』戎光祥出版、二〇一七)
一九九九　田辺久子『上杉憲実』(吉川弘文館)
一九九九　長塚孝「足利成氏の公帖」(『戦国史研究』三七)
二〇〇二　久保賢司「上杉憲忠の西御門参上をめぐって―将軍と有力大名の関係にも言及して―」(『泉石』六、黒田基樹編著『山内上杉氏』戎光祥出版、二〇一四)
二〇〇四　内山俊身「鳥名木文書に見る室町期東国の政治状況―永享の乱・結城合戦時の霞ヶ浦周辺と足利万寿王丸の鎌倉公方復権運動について―」(『茨城県立歴史館報』三一)

二〇〇四　黒田基樹『扇谷上杉氏と太田道灌』（岩田書院）
二〇〇四　和氣俊行「享徳の乱と応仁・文明の乱―両乱における政治的対立構造についての考察―」（『法政史学』六二）
二〇〇四　和氣俊行「古河公方袖加判申状からみる関東足利氏権力の変遷」（『古文書研究』五八）
二〇〇五　峰岸純夫「享徳の乱における城郭と陣所」（千葉城郭研究会編『城郭と中世の東国』高志書院）
二〇〇六　阿部能久『戦国期関東公方の研究』（思文閣出版）
二〇〇七　久保賢司「享徳の乱における足利成氏の誤算―貴種の格付け、正官と権官、主君と家臣の関係についても―」（佐藤博信編『中世東国の政治構造』岩田書院）
二〇〇七　佐藤博信「鎌倉公方足利成氏とその文書―特に花押形の検討から―」（『鎌倉』一〇三、同『中世東国の権力と構造』校倉書房、二〇一三）
二〇〇七　和気俊行「文明三年（一四七一）の足利成氏房総動座をめぐって―動座からみる関東足利氏の権力的性格―」（『千葉史学』五〇）
二〇〇八　石田晴男『応仁・文明の乱』（吉川弘文館）
二〇〇八　桜井英治「応仁二年の「都鄙和睦」交渉について」（『日本史研究』五五五）
二〇〇九　石橋一展「享徳の乱と下野―小山氏を中心に―」（荒川善夫・佐藤博信・松本一夫編『中世下野の権力と社会』岩田書院）
二〇〇九　植田真平「鎌倉府・古河公方奉行衆の動向と関東足利氏権力」（荒川・佐藤・松本編『中世下野の権力と社会』岩田書院）

二〇〇九　久保賢司「鎌倉公方家の重代の家宝に関する一試論―成氏の登場と伝来家宝および喜連川足利家宝物考―」（荒川・佐藤・松本編『中世下野の権力と社会』岩田書院）
二〇〇九　黒田基樹『図説太田道灌　江戸東京を切り開いた悲劇の名将』（戎光祥出版）
二〇〇九　黒田基樹編著『長尾景春』（戎光祥出版）
二〇〇九　佐藤博信「古河公方足利成氏の佐倉移座・古河帰座に関する一考察―白河結城・下総結城・下野小山諸氏との関係―」（『千葉県史研究』一七、同『中世東国の権力と構造』）
二〇〇九　長塚孝「鎌倉御所に関する基礎的考察」（広瀬良弘編『禅と地域社会』吉川弘文館）
二〇一一　家永遵嗣「応仁二年の「都鄙御合体」について」（『日本史研究』五八一）
二〇一一　群馬県立歴史博物館『関東戦国の大乱―享徳の乱、東国の３０年戦争―』（同館企画展図録）
二〇一二　戸谷穂高「享徳の乱前後における貴種足利氏の分立」（佐藤博信編『関東足利氏と東国社会』岩田書院）
二〇一三　内山俊身「戦国期東国の首都性について―古河公方成立とその歴史的前提から―」（江田郁夫・簗瀬大輔編『北関東の戦国時代』高志書院）
二〇一三　則竹雄一『古河公方と伊勢宗瑞』（吉川弘文館）
二〇一三　森田真一「享徳の乱期の五十子陣について」（江田・簗瀬編『北関東の戦国時代』）
二〇一三　山田邦明「十五世紀後半の関東」（江田・簗瀬編『北関東の戦国時代』）
二〇一四　石橋一展「享徳の乱前後における上総および千葉一族―千葉次郎と上総介―」（『千葉いまむかし』二七）
二〇一四　佐藤博信「安房『妙本寺文書』の雪下殿定尊安堵状について―享徳年号の襲用をめぐって―」（『戦国武将と城』サンライズ

出版）
二〇一四　杉山一弥『室町幕府の東国政策』（思文閣出版）
二〇一四　高橋裕文「享徳の乱と鑁阿寺領武蔵国戸守郷―用水・減免・戦乱について―」（『栃木史学』二八）
二〇一四　松島周一「上杉教朝と享徳の乱」（『日本文化論叢』二二）
二〇一四　森田真一『上杉顕定　古河公方との対立と関東の大乱』（戎光祥出版）
二〇一五　黒田基樹『長尾景仲　鎌倉府を主導した陰のフィクサー―』（戎光祥出版）
二〇一五　黒田基樹編著『上野岩松氏』（戎光祥出版）
二〇一五　山田邦明『享徳の乱と太田道灌』（吉川弘文館、二〇一五年）
二〇一五　山本隆志「公方足利成氏の古河陣営」（さくら市ミュージアム―荒井寛方記念館―企画展図録『関東公方・足利家の遺産　喜連川文書の世界　古河公方の成立・喜連川氏の誕生』）
二〇一六　伊藤一美「江ノ島合戦と公方足利成氏の動座―上杉憲忠殺害への道―」（『鎌倉』一二〇）
二〇一六　佐藤博信「鎌倉府による寺社支配の一様態―安房妙本寺・武蔵宝生寺を通じて―」（『千葉大学人文研究』四五）
二〇一六　清水克行「まぼろしの鎌倉公方―足利義永について―」（『駿台史学』一五七）
二〇一七　中田　愛「中世後期の雪下殿と鑁阿寺」（『地方史研究』三八七、二〇一七年）
二〇一七　峰岸純夫『享徳の乱　中世東国の「三十年戦争」』（講談社）

足利成氏略年表

石渡洋平

年齢	年	月日	成氏の活動　周辺の主なできごと	史料
1歳	永享三年（一四三一）	4月2日	成氏誕生、幼名万寿王丸	足利家通系図
9歳	永享一一年（一四三九）	2月10日	父持氏が上杉持朝・千葉胤直に攻められ、永安寺で自害	師郷記ほか
11歳	嘉吉元年（一四四一）	5月16日	持氏の遺児、安王および春王が美濃垂井で幕府方に殺される	建内記ほか
		12月1日	万寿王丸を奉じると思われる信濃勢力が挙兵する	安保文書
		12月29日	万寿王丸、石川氏に軍勢催促状を出す	石川文書
14歳	文安元年（一四四四）	11～12月	万寿王丸、信濃で御代始	鑁阿寺文書
17歳	文安四年（一四四七）	8月20日	前但馬守定之、鑁阿寺に対し、「還御」にともなう祈祷巻数の返事をする	鑁阿寺文書
		8月27日	万寿王丸、鎌倉に還御	鑁阿寺文書
18歳	文安五年（一四四八）	11月21日	この日までに上杉憲忠が関東管領に就任	覚園寺文書
19歳	文安六（宝徳元）年（一四四九）	7月3日	万寿王丸の名前が成氏に決定する	康富記
		8月27日	成氏の官位が左馬頭に決定する	判鑑
20歳	宝徳二年（一四五〇）	4月20日	成氏、江の島に移る	鎌倉大草紙所収文書
		同月21日	長尾景仲（昌賢）・太田資清（道真）軍と戦闘状態に入る（江の島合戦の勃発）	同右
		同月25日	成氏、稲荷大明神に対し、天下安全・武運長久・「凶徒」退治の願書を捧げる。	古証文
		8月4日	成氏、鎌倉桐谷に移る	喜連川判鑑
		9月21日	成氏、代始めとして鶴岡八幡宮に徳政令を出す	鶴岡神主家伝文書
		10月	上杉憲忠、職を辞して出奔するも上位に応じて政務に復帰	鎌倉大草紙
23歳	享徳二年（一四五三）	5月8日	成氏、品川妙国寺を祈願所とする	妙国寺文書
24歳	享徳三年（一四五四）	12月27日	成氏、上杉憲忠を西御門で謀殺（享徳の乱の勃発）	康富記

年齢	年	月日	事項	出典
25歳	康正元年（一四五五）	正月六日	成氏軍、鎌倉へ向けて進軍してきた上杉方を相模島河原で迎撃し、勝利	武家事記
		同月21日・22日	成氏、武蔵高幡・分倍河原で上杉方との戦いに勝利し、上杉憲顕・上杉顕房が討ち死にする	武家事記
		2月18日	成氏、武蔵村岡に在陣	赤堀文書
		3月3日	成氏、下総古河に着陣	赤堀文書
		同月5日	成氏、上野の上杉方に対し、「三大将」を派遣	正木文書
		同月30日	成氏征討のため関東に向かう上杉房顕に武家御旗が下賜される	康富記
		4月5日	成氏、上杉方が籠もる常陸小栗城に軍勢を派遣し、自身は結城城に着陣	正木文書
		5月11日	成氏、弟の雪下殿定尊を下野足利庄に派遣	正木文書
		同月20日	常陸小栗城の攻略を遂げる	正木文書
		同月晦日	成氏、結城城から西進して下野小山城に着陣	正木文書
		6月11日	小山城を出陣し、下野佐野庄天命に移る	正木文書
		同月24日	下野足利庄に着陣	赤堀文書
		同月26日	成氏、下野足利庄の熊野宮・蔵王権見に凶徒退治の願文を捧げる	鑁阿寺文書
		7月9日	成氏、上杉方の本軍が進軍してきたことを受け、小山に後退	赤堀文書
		7月29日	成氏、宇都宮等綱の離反のことについて、那須資持に伝える	那須文書
		12月13日	成氏、岩松持国に上杉方が籠もる下野天命・只木山を落としたので、古河へ帰参すると伝える	正木文書
		同月23日	成氏、鑁阿寺に禁制を与える	鑁阿寺文書
26歳	康正二年（一四五六）	正月20日	成氏、下総市川で上杉方に勝利したことを報じる	正木文書
		3月3日	成氏軍、下野茂木で上杉方と戦う	那須文書
		7月25日	成氏、上州での合戦で勝利する	那須文書

		9月17日	雪下殿定尊を大将とする成氏軍が武蔵岡部原で上杉方に勝利する	和田中条文書
		11月8日	成氏、下野国中根の敵軍が没落したと那須資持に伝える	那須文書
27歳	長禄元年（一四五七）	6月21日	成氏、真壁朝幹に鹿島社大使役郡銭の徴収のことを指示する	お茶の水図書館所蔵真壁文書
		7月10日	成氏、鎹城を攻める	早稲田大学図書館所蔵下野島津文書
28歳	長禄二年（一四五八）	11月17日	成氏軍、上野佐貫庄岡部で合戦する	武家書簡
29歳	長禄三年（一四五九）	10月15日	成氏軍、上野佐貫庄羽継原で合戦する	高文書
30歳	寛正元年（一四六〇）	11月	成氏軍と小田勢が常陸信太庄で戦い、小田治部少輔・同上総介が討ち死にする	御内書案
33歳	寛正四年（一四六三）	6月28日	成氏、上野国内嶋郷のことにつき、岩松成兼に文書を出し、問題の解決にあたる	正木文書
		11月27日	成氏、新野東光寺のことにつき、中勘西堂雑掌に渡し付けるよう命じる	正木文書
35歳	寛正六年（一四六五）	9月	成氏、武蔵国太田庄へ出陣する	親元日記
36歳	文正元年（一四六六）	2月12日	関東管領上杉房顕が武蔵五十子陣で没する	上杉系図大概
		閏2月4日	成氏軍、武蔵国騎西郡北根原で合戦する	賜蘆文庫文書
		11月15日	上杉方の長尾景人が下野国足利荘に入部	鑁阿寺文書
38歳	応仁二年（一四六八）	10月8日	成氏軍、上野毛呂島で合戦する	秋田藩家蔵文書四四
		閏10月1日	成氏、那須氏に西軍足利義視との都鄙合体について伝える	那須文書
		11月1日	成氏、那須氏に下野小曽禰（根）に陣をしくように命じる	那須文書
		12月14日	成氏、那須氏に下野勧農城の攻撃を命ずる	那須文書
41歳	文明三年（一四七一）	4月15日	上杉軍、下野赤見城・樺崎城を攻略	松陰私語・御内書符案
		5月23日	上杉軍、上野立林（館林）城を攻略	高文書

42歳	文明四年（一四七二）	6月24日	成氏、上杉軍に古河城を攻められ、下総千葉氏のもとへ逃れる	鎌倉大草紙
		春	成氏、古河に帰還する	鎌倉大草紙
43歳	文明五年（一四七三）	11月24日	成氏軍、武蔵国五十子の上杉方を攻め、扇谷上杉政真が戦死	鎌倉大草紙
47歳	文明九年（一四七七）	1月18日	長尾景春、五十子陣を襲撃し（長尾景春の乱）、上杉顕定は上野阿内に逃れる	太田道灌状
		7月	成氏、長尾景春支援のため、上野滝に出陣する	鎌倉大草紙
48歳	文明十年（一四七八）	1月2日	成氏、上杉方と和睦する	太田道灌状
49歳	文明十一年（一四七九）	1月8日	成氏、前年12月10日の下総境根原合戦での安保氏泰の戦功を賞する	安保文書
50歳	文明十二年（一四七九）	2月25日	成氏、細川政元に書状を出し、足利義政との和睦斡旋を要請する	蜷川家文書
52歳	文明十四年（一四八二）	11月	成氏と幕府の和睦がなる（都鄙和睦）	喜連川文書ほか
60歳	延徳二年（一四九〇）	4月10日	成氏、鎌倉禅興寺の住持職を定める（年記のある発給文書の終見）	永徳寺文書
67歳	明応六年（一四九七）	9月晦日	成氏、没する	足利家通系図

【執筆者一覧】

石橋一展　一九八一年生。現在、野田市立七光台小学校教諭。
駒見敬祐　一九八七年生。現在、明治大学大学院博士後期課程、杉並区立郷土博物館学芸員。
黒田基樹　別掲
中根正人　一九八六年生。現在、国立大学法人筑波技術大学職員。
杉山一弥　一九七三年生。現在、國學院大學文学部兼任講師、東京学芸大学大学院非常勤講師。
木下　聡　一九七六年生。現在、東京大学大学院人文社会系研究科助教。
植田真平　一九八五年生。現在、宮内庁書陵部図書課図書調査室研究員。
谷口雄太　一九八四年生。現在、日本学術振興会特別研究員。
石渡洋平　一九八六年生。現在、戎光祥出版株式会社編集部所属。

【シリーズ・中世関東武士の研究】本書関連書籍　Ａ５判／並製

第１巻
長尾景春
３５２頁／本体６０００円＋税
黒田基樹 編著

第５巻
扇谷上杉氏
３６０頁／本体６２００円＋税
黒田基樹 編著

第10巻
伊勢宗瑞
３８６頁／本体６５００円＋税
黒田基樹 編著

第12巻
山内上杉氏
４２０頁／本体６５００円＋税
黒田基樹 編著

第15巻
上野岩松氏
４１８頁／本体６５００円＋税
黒田基樹 編著

第20巻
足利持氏
３８２頁／本体６５００円＋税
植田真平 編著

第22巻
関東上杉氏一族
３９７頁／本体６５００円＋税
黒田基樹 編著

【中世武士選書】本書関連及びシリーズ近刊書籍　四六判／並製

第24巻
上杉顕定　古河公方との対立と関東の大乱
２３２頁／本体２５００円＋税
森田真一 著

第26巻
長尾景仲　鎌倉府を主導した陰のフィクサー
２１６頁／本体２５００円＋税
黒田基樹 著

第36巻
三浦道寸　伊勢宗瑞に立ちはだかった最大のライバル
２７６頁／本体２６００円＋税
真鍋淳哉 著

第37巻
島津貴久　戦国大名島津氏の誕生
２３９頁／本体２５００円＋税
新名一仁 著

第38巻
源頼朝　鎌倉幕府草創への道
２１４頁／本体２５００円＋税
菱沼一憲 著

第39巻
井伊直政　家康筆頭家臣への軌跡
２４２頁／本体２５００円＋税
野田浩子 著

第40巻
足利義昭と織田信長　傀儡政権の虚像
２２０頁／本体２５００円＋税
久野雅司 著

【編著者略歴】

黒田基樹（くろだ・もとき）

1965年生まれ。

早稲田大学教育学部卒。駒沢大学大学院博士後期課程満期退学。博士（日本史学、駒沢大学）。

現在、駿河台大学教授。

著書に、『図説　太田道灌』（戎光祥出版）・『戦国大名北条氏の領国支配』（岩田書院）・『中近世移行期の大名権力と村落』（校倉書房）・『戦国北条氏五代』（戎光祥出版）・『小田原合戦と北条氏』（吉川弘文館）・『増補改訂　戦国大名と外様国衆』（戎光祥出版）・『長尾景春』（編著、戎光祥出版）・『武田信長』（編著、戎光祥出版）・『扇谷上杉氏』（編著、戎光祥出版）・『伊勢宗瑞』（編著、戎光祥出版）・『関東管領上杉氏』（編著、戎光祥出版）・『足利持氏とその時代』（編著、戎光祥出版）・『山内上杉氏』（編著、戎光祥出版）・『関東上杉氏一族』（編著、戎光祥出版）ほか、多数。

装丁：川本　要

関東足利氏の歴史　第五巻
足利成氏《あしかがしげうじ》とその時代《じだい》

二〇一八年二月一日　初版初刷発行

編著者　黒田基樹
発行者　伊藤光祥
発行所　戎光祥出版株式会社
東京都千代田区麹町一－七
相互半蔵門ビル八階
電　話　〇三－五二七五－三三六一㈹
FAX　〇三－五二七五－三三六五
編集協力　株式会社イズシエ・コーポレーション
印刷・製本　モリモト印刷株式会社

ISBN978-4-86403-276-6